西欧化されない日本

スイス国際法学者が見た明治期日本

オトフリート・ニッポルト 著／中井 晶夫 編訳

えにし書房

オトフリート・ニッポルト教授　死去

水曜、数日来、ベルン市のリンデンホーフ病院に入院していたオトフリート・ニッポルト教授が死去した。同教授はザールランドの最高裁判所長官であったが、退任後、住居は以前と同様、トゥーンであった。七十五歳で亡くなったこの法学者は、1864年5月21日、当時ベルン大学の教会法教授の子として生まれ、ブルクドルフとベルンのギムナジウムに学んだ。その後、父がドイツのイェーナ大学に招聘されたので、オトフリートもまたドイツの大学に入り、そこでは早くから、国際法の研究に集中した。この法の完成こそ、彼の最大の関心事であった。25歳の時、彼は東京の大学に招聘され、そこで三年間、国際法を教えた。1892年、ヨーロッパに戻ると、ニッポルト博士は、スイスに定住し、シュテックホルツで市民権を得た。ベルンでは、司法試験に合格し、同市の有名な弁護士事務所に就職した。住居は以前から気に入っていたトゥーンに定めた。のち彼は、ベルン大学の教授資格を取得した。数多くの一連の著作の中で、彼は国際秩序への関心を深め、1909年には「国際理解のための連盟」を設立した。大戦中は、その著作や新聞への寄稿の中で、ドイツとその軍国主義と戦争目的を厳しく批判して、すこぶる有名になった。彼は三国協商国の勝利によって、国際協調と「国際連盟」の実現を期待していた。事実、彼は「国際連盟」の設立を体験したが、やがて他の多くの人々と同様に、この連盟が強国間の道具として用いられるに過ぎないと落胆せざるをえなくなった。彼は新聞記事の中で、連盟が「制裁措置」にのみに用いられることを厳しく批判している。1920年、彼は国際連盟からザールランドの最高裁判所長官に任ぜられ、70歳までその職にあった。この退職の年に、ザールランドの国際連盟による統治は終わったのである。晩年は再びトゥーンに住居を定めたが、なお、以前同様に政治問題に関心を持ち続けた。国際政治やスイスの政治について語る人々は皆、ニッポルト教授のような高貴な老人の確固不動な信念に驚嘆するに違いない。しかし彼は、その時、世情に疎い人でもあった。彼は、何事もその根本から問い直し、特に法的問題の改善によって、現実の目的を追求したのである。さて、彼は今や充実した人生を終え、数年前に亡くなった夫人のあとを追ったのであった。

（ベルン日報　1938年7月7日付）

† Prof. Otfried Nippold

Am Mittwoch verstarb im Lindenhofspital in Bern, wo er seit einigen Tagen weilte, Professor Dr. Otfried Nippold, der frühere Präsident des obersten Gerichtshofes im Saargebiet, der seit einigen Jahren wieder in Thun wohnte. Der im 75. Lebensjahr verstorbene Jurist wurde am 21. Mai 1864 in Bern als Sohn des damaligen Professors für Kirchenrecht an der Berner Hochschule geboren und besuchte die Schulen und Gymnasien in Burgdorf und Bern. Da sein Vater einen Ruf an die Universität Jena angenommen hatte, nahm Otfried Nippold seine Studien in Deutschland auf, wobei er sich schon früh auf das Gebiet des Völkerrechtes konzentrierte, dessen Vervollkommnung ihm besonders am Herzen lag. Schon mit 25 Jahren erhielt der jugendliche Gelehrte einen Ruf an die Universität Tokio, wo er während 3 Jahren internationales Recht lehrte. Nach seiner Rückkehr nach Europa im Jahre 1892 ließ sich Dr. Nippold aber in der Schweiz nieder, wo er als Bürger von Steckholz aufgewachsen war. Er bestand das bernische Fürsprecherexamen und trat in ein bekanntes Advokaturbureau in Bern ein. Seinen Wohnsitz schlug er in jenen ersten Jahren in Thun auf, das ihm irgendwie besonders entsprach und für das er zeitlebens eine besondere Vorliebe aufbrachte. Er habilitierte sich später an der Berner Hochschule für das Gebiet des Völkerrechts, dem er sich vollständig zuwandte. In einer großen Reihe von Schriften trat er im Laufe der Jahre für die Ausgestaltung der zwischenstaatlichen Rechtsbeziehungen ein und gründete im Jahre 1909 den Verband für internationale Verständigung. Sein Name wurde während des Krieges sehr bekannt, als er sich in verschiedenen Büchern und durch seine Mitarbeit an bestimmten Zeitungen sehr scharf gegen Deutschland, seinen Militarismus und seine Kriegsziele wandte. Er hoffte von einem Siege der Entente die Verwirklichung des Gedankens der zwischenstaatlichen Verständigung und des Völkerbundes. Tatsächlich erlebte er auch die Entstehung des Völkerbundes, mußte aber wie viele andere bald enttäuscht feststellen, daß er im wesentlichen als Instrument der Politik der Großmächte verwendet wurde. Er kritisierte in Zeitungsartikeln heftig derartige Mißgriffe wie beispielsweise die Sanktionenpolitik. Im Jahre 1920 war er zum Präsidenten des obersten Gerichtshofes im Saargebiet ernannt worden. Er versah dieses vom Völkerbund betreute hohe Amt bis zu seinem 70 Lebensjahr. Er trat dann in den Ruhestand, da das Völkerbundsregime im Saargebiet ohnehin zu Ende ging. Seinen Lebensabend verbrachte Prof. Nippold in Thun, wo er alte Fäden wieder anzuknüpfen hoffte. Er interessierte sich immer noch lebhaft für alle politischen Fragen, schloß sich der Bürgerpartei Thun an, wenn er auch nicht mehr in der Oeffentlichkeit hervorzutreten wünschte.

Wer wie der Schreiber dieser Zeilen in den letzten Jahren öfters Gelegenheit hatte, mit dem aristokratischen alten Herrn über Fragen der internationalen und eidgenössischen Politik zu sprechen, der mußte die Unwandelbarkeit und Festigkeit aller Anschauungen dieses Mannes bewundern. Dabei war Professor Nippold alles andere als ein weltfremder Gelehrter. Er sah den Dingen auf den Grund und suchte vor allem praktische Ziele durch Verbesserung der Rechtssätze zu erzielen. Nun hat er sein erfolgreiches Leben abgeschlossen und ist seiner vor einiger Zeit verstorbenen Gattin nachgefolgt.

ニッポルトの死亡記事
スイスの「ベルン日報」
1938年7月7日付

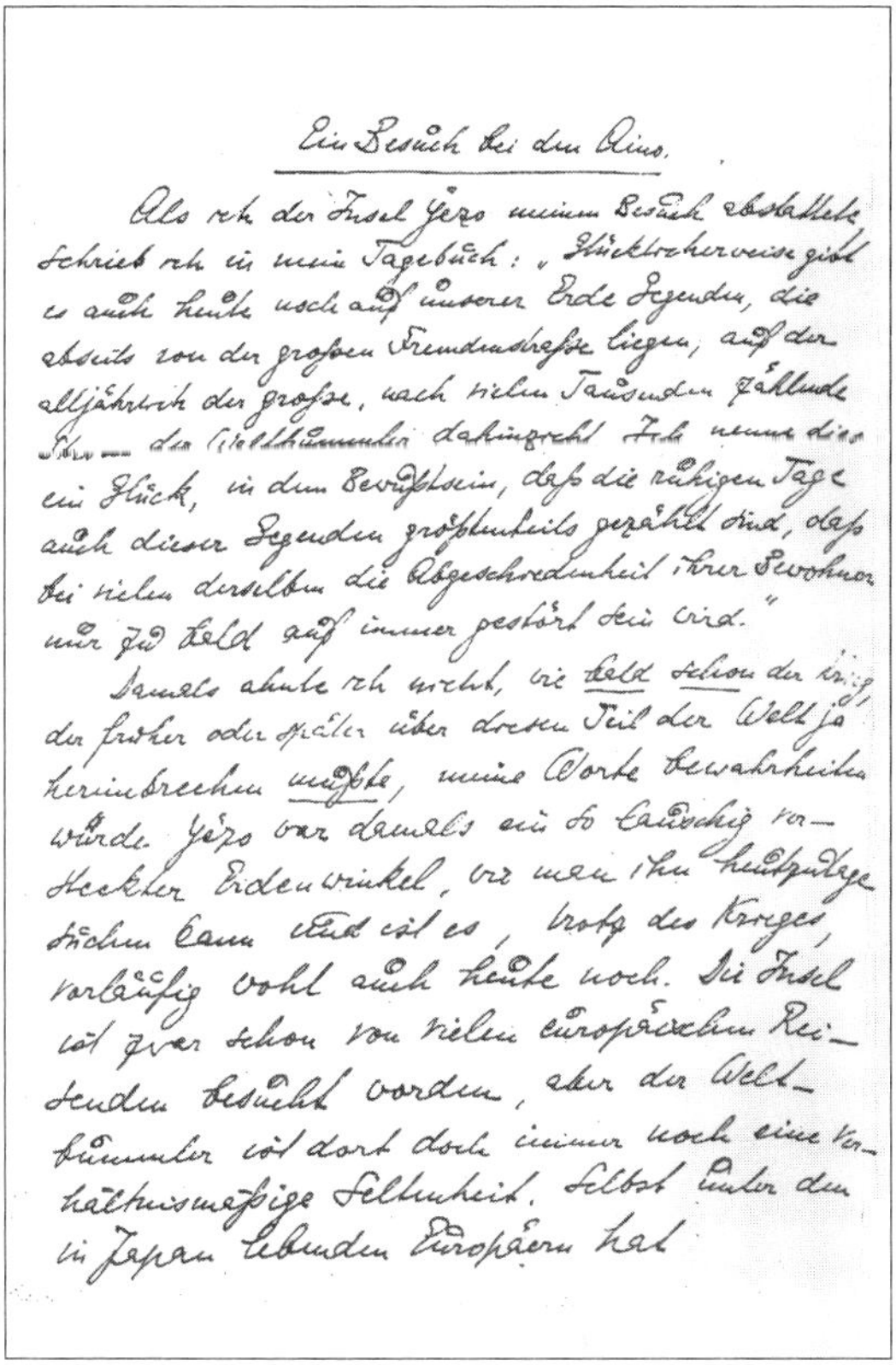

Ein Besuch bei den Ainos.

Als ich der Insel Yezo meinen Besuch abstattete schrieb ich in mein Tagebuch: „Glücklicherweise giebt es auch heute noch auf unserer Erde Gegenden, die abseits von der großen Fremdenstraße liegen, auf der alljährlich der große, nach vielen Tausenden zählende Strom der Weltbummler dahinzieht. Ich nenne dies ein Glück, in dem Bewußtsein, daß die ruhigen Tage auch dieser Gegenden größtenteils gezählt sind, daß bei vielen derselben die Abgeschiedenheit ihrer Bewohner nur zu bald auf immer gestört sein wird."

Damals ahnte ich nicht, wie bald schon der Krieg der früher oder später über diesen Teil der Welt hereinbrechen mußte, meine Worte bewahrheiten würde. Yezo war damals ein so lauschig versteckter Erdenwinkel, wie man ihn heutzutage suchen kann und ist es, trotz des Krieges, vorläufig wohl auch heute noch. Die Insel ist zwar schon von vielen europäischen Reisenden besucht worden, aber der Weltbummler ist dort doch immer noch eine verhältnismäßige Seltenheit. Selbst unter den in Japan lebenden Europäern hat

ニッポルトの肉筆

アイヌを訪問

私が蝦夷の島に訪れた時、日記に次のように記した。「幸いなのは、今日なお地球上には、毎年、何千という世界漫遊旅行者の流れがあるメインルートから外れた地方が存在することだ。私は、このことを幸いと思うが、それでも、これらの地に平穏な日々が今はあるとしても、やがては、この地方の人々の孤立も一気に妨げられると予想した。当時、私は、戦争が遅かれ早かれ、世界のこの部分にも襲ってくるとは予想しなかったが、その通りだった。蝦夷は、今日なお、人目に付かない世界の片隅の地であった。戦争が起こっても、今なお、さしあったてはそうなのである。この島には、すでに、多くのヨーロッパ人の旅行者が訪れてはいる。だが世界漫遊旅行者は、まだ滅多に来ない。日本に住んでいるヨーロッパ人のもとでも、……」

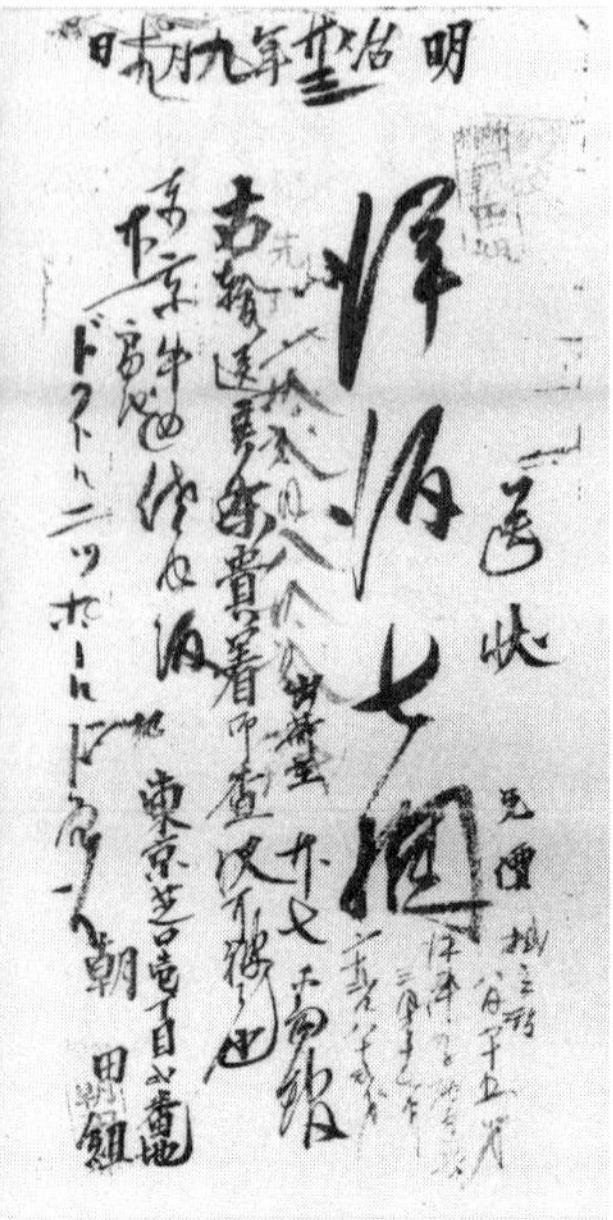

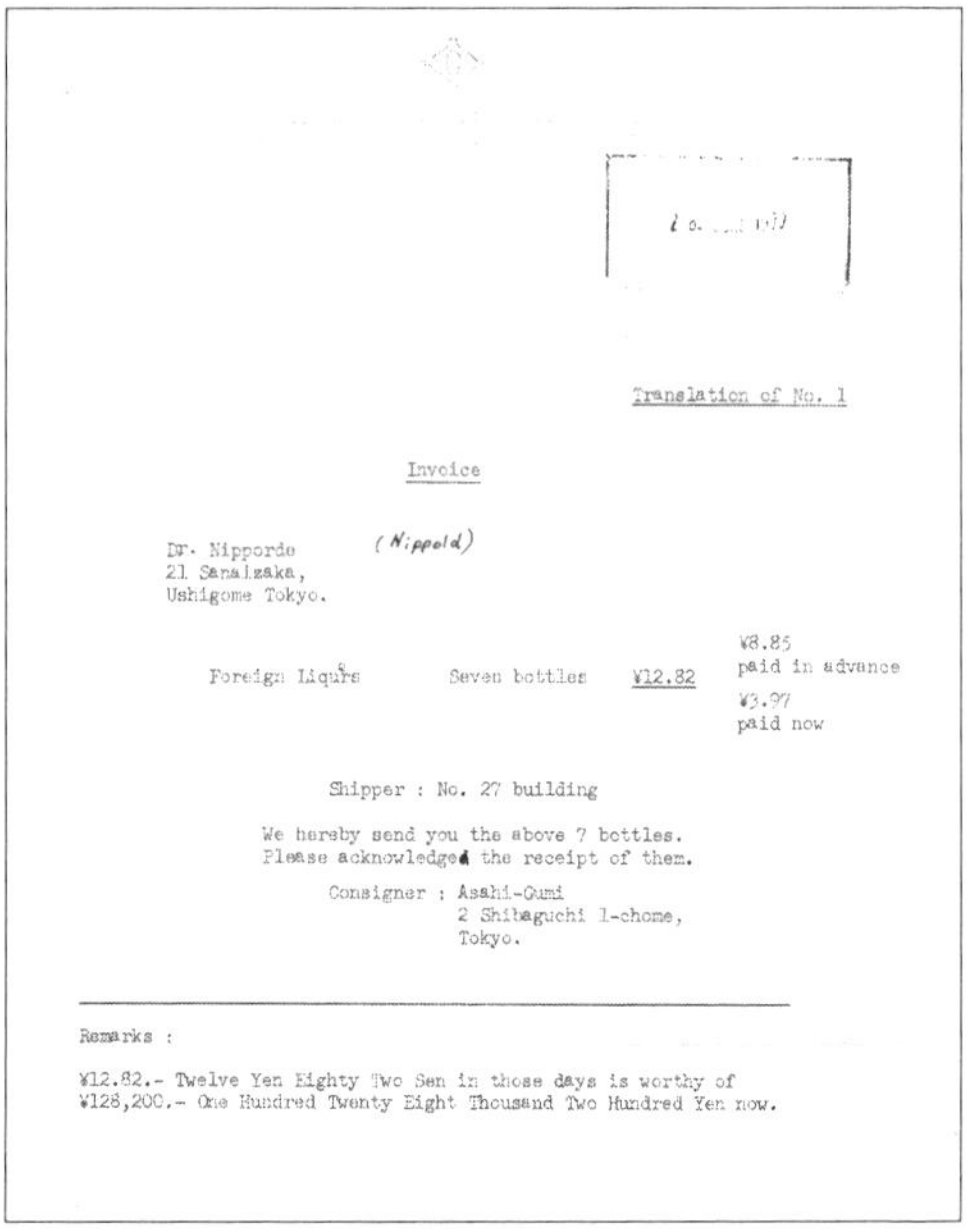

Translation of No. 1

Invoice

Dr. Nipporde (Nippold)
21 Sanaizaka,
Ushigome Tokyo.

Foreign Liqurs	Seven bottles	¥12.82	¥8.85 paid in advance ¥3.97 paid now

Shipper : No. 27 building

We hereby send you the above 7 bottles.
Please acknowledged the receipt of them.

Consigner : Asahi-Gumi
2 Shibaguchi 1-chome,
Tokyo.

Remarks :

¥12.82.- Twelve Yen Eighty Two Sen in those days is worthy of
¥128,200.- One Hundred Twenty Eight Thousand Two Hundred Yen now.

ニッポルトが購入した洋酒の送り状と勘定書（右は東洋綿花会社の知人による英訳）

訳者の序言

幕末から明治にかけて、二百八十年にわたる鎖国を解いた日本には、実に数多くの欧米人が訪れた。当時は十九世紀、「第二の大発見時代」だけあって「八十日間世界一周」の著に代表されるような「世界漫遊家」と称する人々も日本に渡来し、異国情緒たっぷりに、その印象記を世に問うた人も少なくない。本書の著者オトフリート・ニッポルトは、そのような探訪家ではない。彼はドイツに生まれた。青少年時代をスイスで過ごし、ドイツの大学で法律を学び、一時、ドイツ外務省に勤めたが、まもなく法曹界に転じて判事となっていた。明治憲法発布の翌年の一八九〇年に来日し、三年間独逸学協会学校（今日の獨協大学の前身）で法律、ことに国際法を講じた。

彼の理想とする国際法は、世界各国が法の下の平等の資格で、この法を守り、国家間の紛争も国際法に準じて解決して、平和の維持に寄与するものであった。それゆえ、幕末に欧米諸国から不平等条約を強制された日本に対しては、ニッポルトは同情を禁じえなかったし、欧米の強国が、国益のために国際法を軽視している事実から、現行のこの法の不完全さを認識せざるをえなかったのである。

本書の第Ⅰ部「日本逍遥記」は、彼が日本の各地を旅行した際の体験記である。この旅行記を読んで、直ちに気が付くことは、ニッポルトは「白人種」たるヨーロッパ人として、いわば「有色人種」たる日本人を見下す態度を全くとらなかったことである。もっとも、欧米の物質文明の豊かさには当時の日本は及ぶべくもない。だが、日本の精神文化は、欧米のそれに勝るとも劣らないと、彼は感じていた。当時の日本人は、欧米の文化に近づくため、必死の努力を重ねていた。そこで日本人の中には、かの鹿鳴館時代に象徴されるように、日本の上流階級のみならず、一般庶民の間でも、いわゆる「欧米かぶれ」が見受けられたのである。ニッポルトは、地方旅行中そのような青年を見つけて大きな嫌悪感を示している。西洋を模倣するあまり、日本の良さを忘れるなと言いたかったのであろう。一方、西洋文明とは無縁な田舎の素朴な人々の振る舞いを彼はすこぶる好ましく受け止めている。当時の西洋人は日本の宗教を一般に軽視していたようであるが、ニッポルトは、神秘な自然の中に鎮座する神社の雰囲気に共感を覚えている。ことに伊勢神宮参拝の際、恐らく貧しい人々が、遠路はるばる伊勢に到着した時に見せた、その晴れやかな笑顔には感激した。また、清水寺では、若い女性が、願かけのお百度参りに熱中する真摯な姿に、これはドイツでは見たことのない美しい姿と、印象深く記している。ニッポルトは、日本語が日常会話なら不自由しないくらい上達したので、その旅行は、日本人とじかに接し、日本人のほうも彼を単なる「外人」とは見なかったことも、彼の日本及び日本人観察を深いものにしたのであろう。

第Ⅱ部「開国後五十年の日本の発展」は、一九〇四年、日露戦争中に記された考察である。世界の強国ロシアに、小国日本が挑んだこの戦争に、日本が連戦連勝を重ねているという、まさかの事実に世界が驚倒している時、ニッポルトは、大国と戦えるまでになった日本の発展、強国化の原因は何かを、スイス人に説明しようとした。西洋文明の水準に達しようと、後進国がその模倣に夢中になるだけでは、わずか半世紀の間に、日本のようにはならない、とニッポルトは信じた。日本人がそこまでに至った推進力は何であったかが問題なのである。

第Ⅲ部「西欧化されない日本を見る」は、日露戦争で日本の勝利に終わった一九〇五年九月に書かれた。東洋の一島国の日本が世界の強国にこれほどの勝利を収めた原因は何かという疑問、この国の五十年の大発展の背景には、他の「発展途上国」にはない何かがあるとの推察から、ニッポルトは改めてスイス人に説明したのである。

ニッポルトはこの年、スイスに帰化している。彼は日本での勤務を終えた後、ドイツには帰らず、第二の故郷ともいうべきスイスに定住して弁護士を開業していたが、一九〇五年ベルン大学の講師となり、国際法を担当するようになった。

さて彼は主張する。欧米人はこの時、日本人が「われわれによって」すばらしいことを成し遂げたとの感慨に耽っているが、これほど誤った見解はない、と。今日の成果は「西欧化された日本」によるのではなく、「西欧化されない日本」によってなされたのである。この「西欧化されない日本」は、近代日本のどこに見出されるのであろうか？　ニッポルトは、日本人の全生活、衣・食・住・宗教・芸術等々には、西欧文化とは異質の文化が潜んでいると見る。さらに注目すべきは、日本人のあらゆる面に見られる美的感覚と、圧倒的に優勢な西洋文明による「外圧」に対してとった彼らの挑戦、「西欧化されない」魂の対応である。またそれは日本人の民族的矜持であり、「外圧」という屈辱に対する燃えたぎる復讐心でもあった。この熱烈な魂の叫びは、民族、国土、そして天皇に、生命を賭して奉仕するナショナリズムとなった。

ニッポルトは、日露戦争後、日本人が勝利の喜びのあまり、戦勝の真実を正しく認めえず、傲慢にすら陥り、さらに東洋の他の諸民族に対して、過剰な優越感から、国家権力の過度な行使をあえてするのではないかと憂慮している。この彼の記事はもちろん、当時の日本人には読まれなかったが、このようなニッポルトの考察を真摯に受け止めていたとしたら、日本の日露戦争後の歩みも、あるいは異なったものになったかと思われるのである。

凡　例

・本書は、オトフリート・ニッポルトの筆になる次の三つの書を訳出したものである。
第Ⅰ部『日本逍遥記』*Wanderungen durch Japan*, Jena 1893.
第Ⅱ部『開国後五十年の日本の発展』*Die Entwicklung Japans in den letzten fünfzig Jahren*, Bern 1904.
第Ⅲ部『西欧化されない日本を見る』*Ein Blick in das europafreie Japan*, Frauenfeld 1905.

・第Ⅰ部の『日本逍遥記』には、三ヵ所脚注が付されている。これは原注として訳注とともに、各章の末に、通し番号を付して示した。

・第Ⅱ部の標題は、実は『最近五十年の日本の発展』であるが、一九〇四年の刊行であるから、一八五四年の日本開国以後の五十年なので、理解しやすいように、標題に『開国後五十年の…』とした。

・第Ⅱ部には、脚注はない。訳注は文末に示した。

・第Ⅲ部には、脚注が付されている。これは、原注として訳注とともに、各章の末に通し番号を付して示した。

・各章の文節の分け方は、原著に拠っている。原文中の——の記号は、挿入句として用いられたり、行を新たにするほどでないと思われる文節の区切りに使われている。

・第Ⅲ部の文中、特に強調したい語には、イタリックで記されているが、これは「　」で示した。例「黄禍」

・原著のローマ字で記されている日本の人名、地名、官職名などは、できるだけ漢字に直して示した。

西欧化されない日本　目次

第Ⅰ部 日本逍遥記

Wanderungen durch Japan

日光ホテル絵葉書

也阿弥ホテル絵葉書

在京中のニッポルトの家。独逸学協会学校外国人用住宅。牛込左内坂（現在、新宿区市谷左内町）にあった。

序（原著）

この記述は事実そのままを伝える以上のものではない。それは心からの喜びに満たされて、東洋の太陽の輝く国を旅したひとりの遍歴者が抱いた、その時々の印象や心境を忠実に反映したものであり、またその体験を何よりも自分自身の思い出のために、次には肉親の人たちに、同じ体験を分かち合うために筆をとったものである。

この手紙の一部は、当時『ドイツ評論』に紹介され、好評を得た。そこでそのほかの報告も『伝道と宗教学雑誌』に掲載されることになった。

日本から帰国ののち、各方面から私の旅行中の手紙を全部出版してはどうかとの勧告があった。私は長い間考えた。なぜなら私は数知れぬ「日本案内書」を知っており、それらには価値あるものもあるが、また同じくらい数多くの無価値のものもある。そういった書物の数を増やすのではないかと私は疑ってみた。ましてや、私の控え目な記述には、日本を知る人々にとっては何一つ新しいものがないとしたら、なおさらのことである。

しかしついに説得が功を奏した！　つまり私への反対意見とは、東京ではわかり切った多くのものが、ヨーロッパではまだ目新しいこと、日本についてのドイツ語の旅行記は、——ことに英語のそれに比べて、――まだ少ないと言えるし、さらに現在ある旅行記の多くが「世界漫遊記」の類にすぎず、それらの良いものですら、一面的、皮相的と評価されていること、他方、日本に住む信頼できる人々で、――私自身はまだそういう人とは思わないのだが――その旅行体験を公開したのはごくわずかであるということであった――彼らもまた、私が公開をはばかったと同様の理由をもっている――。

そこで私はついに、他人に負わせていたと同じ責任が私にふりかかるという危険を冒しても、私が日本滞在の最後の年に行った旅行中の手紙を全部公開する決意を固めた。

このささやかな書には、先にあげた雑誌にすでに印刷された手紙と、未公開の記録とが含まれている。この二つによって、まとまった一連の作品が完成すると思われる。

この選集は、極東での私の旅行体験の全部ではない。ほかの多くの旅行についても、それが全体の性格をゆがめたり、厚かましくなるのを恐れる必要がないのなら、喜んで語りたい所である。例えば、宮ノ下、箱根、熱海、三島、修善寺、鎌倉、逗子、大磯、日光、仙台、松島といった所の旅行には――なかには再訪の地もあるが――多くの美しく、興味深いものがあった。また私には東京や横浜の周辺、つまり王子、大久保、板橋、目黒、池上、二子といった魅力的な村々、崇高な高尾山、あるいは東京湾を囲む忘れがたい連山や森林への遠足などにも、特に好ましい思い出がある。首都それ自体の生活や営みも華やかである。特に上野、芝といった美しい公園、隅田川岸、浅草、向島の桜祭りの時には、その中を見物しながら徘徊して、見たもの味わったものの全部を描きたいと考える人々に提供する素材はまさに無限なのである。

だが私は、そのためには私以上に巧みな文筆が必要なのを知っているので、私に迫ってきた誘惑には抵抗したのである――もし私の犯した小さな過ちが、それほど重いとされないならば、喜ばしいことであろう――。

手紙の形式に関しては、初めに記した性格をそのまま残すために、何一つ変更すべきでないと思っていた。それは、現在ではこうは書かないと思う部分でもである。同様な理由で、それぞれの記録の成立事情が連続していることから、自然に生じる繰り返しをも削除しなかった。

なお言及しておきたいのは、蝦夷（北海道）旅行の部分は、かつて地理研究サークルで私が行った講演がその大枠となっていることである。

一八九三（明治二十六）年五月一日　イェーナにて

オトフリート・ニッポルト

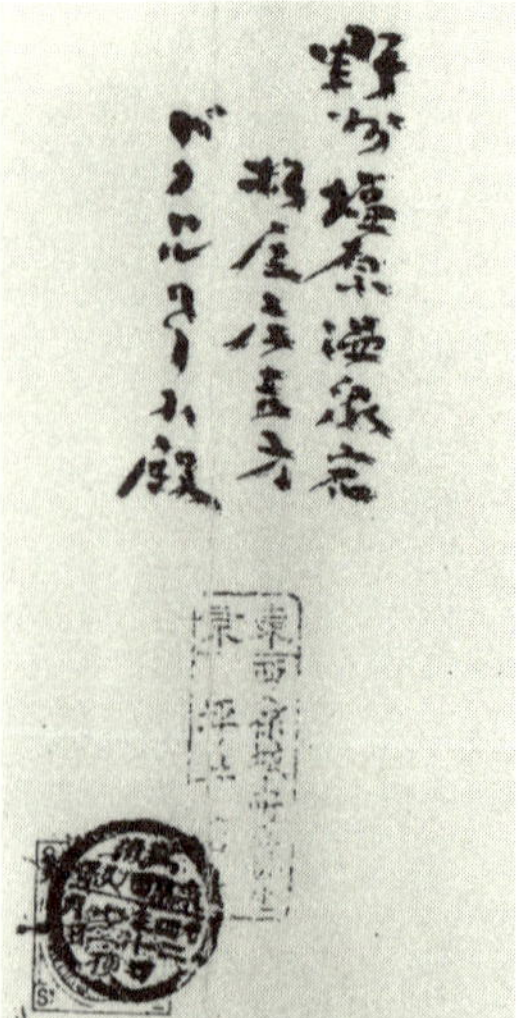

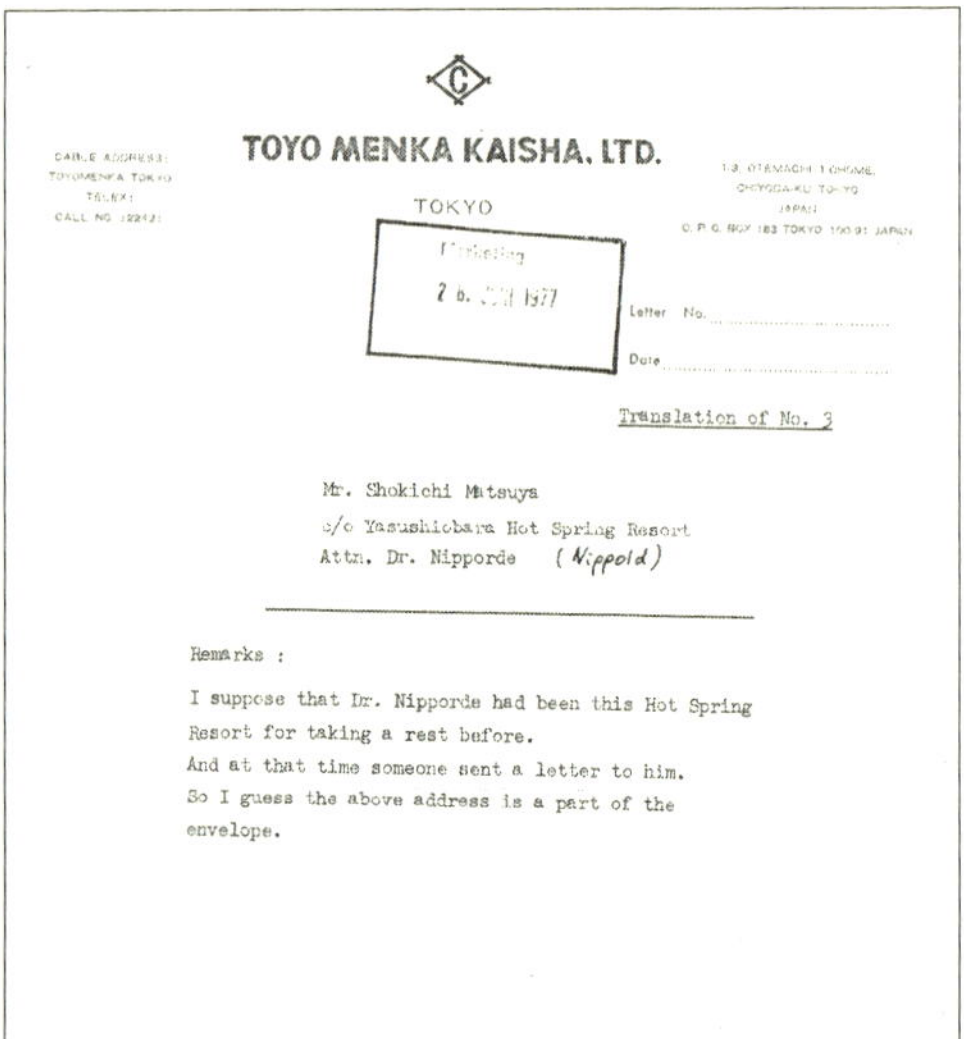

CABLE ADDRESS:
TOYOMENKA TOKYO
TELEX:
CALL NO. [illegible]

TOYO MENKA KAISHA, LTD.

TOKYO

1-3, OTEMACHI 1-CHOME,
CHIYODA-KU TOKYO
JAPAN
C. P. O. BOX 183 TOKYO 100-91 JAPAN

[illegible]
2 6. [illegible] 1977

Letter No. ....
Date ....

Translation of No. 3

Mr. Shokichi Matsuya
c/o Yasushiobara Hot Spring Resort
Attn. Dr. Nipporde (Nippold)

Remarks :

I suppose that Dr. Nipporde had been this Hot Spring Resort for taking a rest before.
And at that time someone sent a letter to him.
So I guess the above address is a part of the envelope.

塩原温泉にいたニッポルト宛の手紙
野州塩原温泉宿　松屋庄吉方ドクトルオート殿（オートとは、名前のオトフリートの略であろう）
右に、東洋綿花会社の知人による手紙の英訳がある

第一章　日本の夏休み

一　塩原温泉

塩原にて　一八九一（明治二十四）年七月十一日

この月の後半になると、東京在住の外国人にとっては、すこぶる重大な問題が生じる。「この夏どこへ行こうか」である。大部分の人々にとって、七月、八月、それに九月の一部も休みなので、この快い期間を東京で過ごすというのは馬鹿げているばかりか、健康にも良くない。東京の暑さは、家の中にあって考えるほどにはひどくはない。温度計は、ドイツでよりもずっと高くなるのではない。だがそれでも東京に留まると、何もかも台無しになる事情がある。それはまずドイツより暑さが連続すること、次に空気が大変湿っぽく、夜になっても涼しくならないこと。いつも同じように蒸し暑く、かび臭く、湿気の多い空気なのである。蚊の存在も快適な生活を損なっている。これらすべての理由から、旅心が生じ、この夏はどこへ足を延ばそうかとの問題が生じるのが常なのである。日本はその景観の美しさでは際立つ国である。魅惑的な土地の数は実に多い。だが事実は、よく考察していくと、その数はずっと少なくなってしまう。無欲な日本人なら、好き勝手に選べる所だが、いろいろな要求をもつ西洋人にとっては、行くべき地の選択肢は狭くなるのである。保養地の数といったら、日本ほど多い所はほかにないであろう。ここで保養地といっても、海辺のそれではない。日本のそういう地は、あまり頻繁に行く所でなく、また夏、暑さをしのぐ所でもない。しかし自然の温泉地は火山地帯であるだけに、その数は無限である。それらは美しい山中に存在する。またそこでは、人が自然から考え望むすべてのものが得られる。そして美しい自然の中で、飲みかつ食い、温浴し、暑さに悩むことなどない。これらの地には、どこにも何かしら魅力的なものがある。だが西洋人にとって、そのごくわずかな地のみが、長期滞在に利用できるのである。なぜなら、西洋人はよほど用心しないと、そこですっかり飢えやつれてしまうことになりかねないからで、これら保養地のうち、外国人向き、つまり洋風ホテルで、ベッドがあり、洋食もとれる所はごくわずかなのである。この適地のうち、宮ノ下は特に外国人が厚遇されるごく少ない所の一つである。宮ノ下と並んで、日光もほとんどすべての外国人が赴く地である。そこは、かの有名な神域を訪れる「いわゆる世界漫遊者（原注1）」ばかりでなく、日本に滞在する人々も夏の間好んで行く所である。

　この二つの地以外に、どうにか洋風な生活、正しく言えば洋食がとれる所は、伊香保と熱海くらいなものである。これらの地に向けて、西洋人のまさに熱い思いが寄せられる。またそのことこそ、多くの日本在留者が、外人のよく行き来する道からはずれた別の場所はあるまいか、何の邪魔も気兼ねもなく、好き勝手に生活し、休息もとれ、そこで日本人は、なお昔どおりに振る舞っていて、西洋人との頻繁な接触など耳に入ってこない場所はないかと探す理由なのである。私もこの夏は、そういった在日外人の一人であった。二、三週間私は、山の中で美しくて涼しく、ヨーロッパ人は行かなくて、それでも必要な飲食物が調達できる場所はないかと探してみた。そこで私は、六月の休みの日を利用して、友人のR博士（カール・ラートゲン）(訳注1)と一緒に、希望に沿う滞在地を探しに行った。そこは快適さと便利さとが備わっていなければならない。なぜかというと、見た限りでは美しい場所はいくつかあったのだが、それらは貸家がないとか、食料品の調達ができないとかで、長い滞在には適しておらず、落胆させられたのである。そういった場所として、例えば日本三景の一つである松島があった。これは本州の北東部、仙台から遠くなく、約八百六十の島々から成り立っており、その多くは海から切り立った崖で、立ち入ることはできず、美しい松の生えた、絵のように美しい眺めである。また白河という町のほうへ行った時、その近くに青根という有名な温泉地があると聞いた。しかしその地を詳しく調べてみると、そんな所はないという(訳注2)。そこで困惑していると、B博士（エルヴィン・ベルツ）(訳注3)が、私に塩原という温泉地を教えてくれた。そこも白河からそう遠くないという。われわれは、よく考えもせずに、すぐそこへ赴いた。そして幸いにも要求どおりのものを見つけたのである。それは、大きな山岳景観の中の願ってもない魅力的な夏の住居だった。われわれは、さしあたり一日だけそこで過ごし、一ヵ月借りることにして東京に戻った。東京ではいろいろ仕事が待っていたし、旅の支度もしなければならなかった。

　まず私には、一週間にわたって試験を行わなければならなかったが、それはむしろ楽しみだった。七月三日にこれは無事にすんだ。そこで私は、やりたい旅のために必要な準備を、熱心かつ入念に行うことができた。これは決して簡単なことではなかった。それは家ごとそっくりの引っ越し同様なのである！　これを説明するため、日本での旅行の準備という問題を述べてみよう。

二、三週間の旅行に出る時、衣服、下着、書物を持っていくのは言うまでもない。だが衣服については、さらに和服もいると付け加えたい。すでに知られているように、和服は、一片の布地だけでできており、縦に長く、前開きで、帯をしめるから、ガウン、ナイトガウンないしはバスローブとも呼ぶべきものである。このキモノと呼ばれる服は、夏には羽のように軽く、冬は、綿入れになっている。温暖な季節には、このキモノほど快適で面白い服はないであろう。またこれは、着付けのため長時間を必要としないし、一秒間で脱ぐこともできるという利点がある。これは日に何度か風呂に入る土地では重要なことなのである。それゆえ、夏には西洋の紳士たちも和服を好み、それが大変よく似合う。それゆえ、洋風になろうとして、虚栄に溺れて和服を止めてしまった日本人が多いのは、まさに不見識である。これは大きな誤りなのである。なぜなら、小柄な日本人は和服のほうが洋服より百倍も似合うのである。ヨーロッパにたまたま連行されたのでなくとも、彼らは洋服を正しく着ることができないからである。このように夏には和服のほうに利点があるのであるが、東京や宮ノ下、日光など、西洋人とりわけその女性が多く赴く所では　ヨーロッパの先入観やお上品ぶりにとらわれて洋服を着るのが多いのは残念である。それだけに、日本人が訪れるほかの場所では、気兼ねなく和服を着て歩き回れるのは嬉しい。そこで西洋人にはほとんど知られていない塩原に向けての私の旅の準備には、日本風の衣服のほうを多くした。しかし「衣服」、「下着」、「本」の旅行荷物はきわめて小さく、かつ運ぶにできるだけ軽くしつらえた。だがそれでも、ヨーロッパなら、このような場合、家に置いておくはずのものも多く持ってゆくことになった。日本には「家具付き住宅」と「家具なし住宅」との区別がない。どんな家も同じように見えるのである。室内には湯沸しに使う火鉢があるのみで、来客があると座布団が出される。夜は床に綿布団が敷かれる。これが日本の家具調度の全部である。ヨーロッパ人も、旅館に一日、二日滞在する時は、これで満足する。しかし彼らにとって、この家具調度で長期間を過ごすわけにはいかない。だから山の夏の家で過ごすためには、自ら家具も持って行かねばならない。寝台も運ぶし、机と椅子も必要である。しかもそれも、たったひとりでいる時、訪ねてくる一人、二人の客を迎えるために必要な数も揃える必要がある。照明器具も忘れるわけにはいかない。一番面倒なのは、「台所」はどうなのかである。私の場合は、レンジは持って行かなかった。きっちり並べた二つの火鉢がその代わりをするからである。だからそのほか、台所用具、皿、鉢、椀など必要品は、荷造りして発送することにした。これらの仕事を、当然のことながら、私は「ボーイ」に任せた。ついでに言うと、この「ボーイ」は、青春時代が既に過ぎた、女性的な男である。日本で「ボーイ」と言うのは、主人の服を着せるのを手伝ったり、衣服や下着の世話をしたり、食事の用意や給仕をしたり、来客のためにドアの開け閉めをするといったような、われわれのもとでは、「近習」と呼んでいる存在である。その他の、郵便、商品発送、靴みがきといったような仕事も、彼らが受け持ってくれるので、主人自らがわざわざ引き受けることはない。英語の「ボーイ」がここでは　年齢や性別をも問題にせず、借用されているのである。私の「ボーイ」は、すでに西洋の「ダンナサン」（主人のこと）と何度も旅行したことがあり、こういった時に必要なものなら何でも心得ていた。携行品のうち、特にあげておきたいものとしては、家庭常備薬がある。なぜなら山中では、自分が自身の医者であり薬屋であるからである。さらに武器もいる。そこでは、自己防衛が必要だからである。東京でさえ、ピストルを枕のそばに置かないと安眠できない。窃盗は最近、西洋人のもとで、しばしば生じている。私の友人の何人かも、すでに一、二度は盗まれて面白がっている。この多くは家内事情を知っている解雇された召使の犯行なのである。普通の日本人は、洋風の家にあえて入ろうとしない。これは、その家では勝手が分からないし、和風の家より入るのがむつかしいからである。刀を持った強盗は稀である。だがこれはすこぶる不愉快なもので、その場合、強盗には冷静に対応する心得が必要である。彼らは西洋の銃には、救いがたいほどの恐怖を抱いている。単身で生活するヨーロッパ人は自己防衛しなければならない。日本人の召使は目を覚まして気を付けてはいる。だが本当に目を覚まさねばならない場合は、敵に刀で斬られる危険に晒される。そこで「お前がやらないなら、俺もやらない」というのが、強盗もまた召使も信奉する原理である。刀は緊急の場合のみ使われる。つまり夜の訪問者の良からぬ意図に対して、力ずくで反撃する時だけなのである。東京でも洋館では、夜は施錠する。ところが日本の家には錠がない。夜、中に入りたい時は、夕方、家の周りを全部覆っている板戸を一枚開けるのみでよいのである。家の各部屋は、三方あるいは四方にふすまがあって、簡単かつ音もなく開く。だから招かれざる客といえども、あっという間に入ってしまう。そこで私は必需品に猟銃を加えた。弾丸をこめて寝台の脇に置いておくのである。さらにピストルも補充に持っていった。山へ行くために、自分の身の安全への配慮は、これで充分となる。なお飼い犬の小さいダックスフントも家の見張り役として連れて行くことにした。

さて旅行準備のうち、以上の点は片がついたが、なお大変重要な部分、すなわち賄いは配慮に至っていない。あらかじめ調べたところ、塩原は卵のみならず、——これはたいていの所で手に入るが——日本では購入がむつかしいミルクも買えるという特選の場所らしかった。一般に日本には乳牛はおらず、牝牛といえども乳は出さないのだ。これで朝食のため最小限度に必要なものは揃っていると言える。そのほか塩原の谷川には見事な鱒がいる。しかしこれで全部なのである。パン、肉、野菜などは問題にならない。この購入のためには、特別な配慮が必要となる。パンは私のコックが焼く。鶏肉と野菜は、平坦な隣の村々から辛うじて入手する。新鮮な肉類は、週一回、宇都宮市から運んでくる。その他はすべて東京から持って行かねばならない。塩原には私が飲めるような飲物は一つもない。そこで解決すべき第一のことがこれとなる。ビール、赤白のワイン、シャンペン、ミネラルウオーターの箱詰めは携行しなければならない。夏は喉が乾くし、正真正銘のドイツ人の客もやってくると、やはり喉が乾いている。塩原最大の旅館には、瓶詰めビールが五本あったが、そのうち二本は模造品だった。ともかく旅館はあてにできないのである。だからあらかじめ東京からやってくる人を待ちうけるより仕様がない。塩原で夏、何より憧れるのは白ビールだが、これは黄金と引き換えでもなかなか調達できない。たった一本の白ビールに何と大金を払ったことか！　しかしたいしたことはできず、欲しいものすべて手に入れるわけにはいかないのだった！――飲物問題はこれで終わりだが、コックは、持っていくべき食べ物のリストを作成しなければならなかった。ここで好都合なのは、考えうる食物を皆、テイン（つまりハンダ付けにした錫の容器）に入れておくことであった。そこで私のコックの提案で、そういうテインには、ローストビーフ、ローストマトン、ソーセージ、牛タンの燻製、ハム、魚、キャビア、野菜、果物、ジャムなどを十二分に詰めていった。この備蓄品を手に持って行くので、私は今後の塩原での生活を平然と待ちうけられるのである――これでついに旅行準備についての長い記述は終わりとなる。次は、旅行それ自体の実行に移ろう。

七月五日が出発と決めた日である。塩原まで私の伴をするのは、コックとボーイとである。残って留守番する者たちの仕事を軽減するために、大切なものは皆、二階にしまいこみ、そこの窓にはバリケードを築き、ドアは密閉してしまった。かくて私はこの件では、かなり安心することができた。大きな荷物は全部、前もって「カイシャ」（運輸業の会社）に委託した。そこで私は、七月五日の朝は、小さな手荷物だけの気軽な気持ちで迎えたのである。六時に、私の住いから一時間程の距離にある上野駅に着くため早起きした。遅くならないように、五台の人力車《クルマ》が――人間が引っ張る二輪車――並んで待っていた。この五台で私と使用人と荷物とを駅まで運ぶのである。すべて予定どおりで、私は――列車では唯一の西洋人だったが――一等のコンパートメントにひとりぼっちで座り、五時間の汽車の旅に出たのだった。日本のコンパートメントはすこぶる快適にできている。一等車では好きなだけの茶の接待もある。この汽車の旅に不愉快なものは一切ない。ことに良いのは高い山々を背景にした豊かな地方を過ぎる時である。予期したよりも早く、われわれは目的地の駅である西那須野駅にきていた。そこですこぶる質素な日本の食事をとった後で、さらに先へ進んだ。今度もまた人力車である。約二時間、われわれは平野を進み、山の麓にある関屋という村に着いた。そこまでの道のりは単調だったが、山を見晴らす景観はすばらしかった。この関屋から面白いことが始まった。そこの茶屋で短い休息をとっていると、村中の人々が集ってきた。西洋人を見ることは、そこの滅多にない楽しみだったのである。二年間の日本滞在中、私は変な動物だと見世物にされることに、すっかり慣れてしまった。見られている間ずっと真面目でいることが面倒ではあったが、惑わされることなどほとんどなかった。さらに進むと山中に入った。塩原へは、快適で幅広い上り道である。岩石の散らばる激流に沿って行くと、その流れは高所から落下したり、山を掻き分けて進んだりする。やがて道は川岸にぴったり沿って続く。また間もなく道は川から百フィートも高く登り、渓流を見下ろすと眼がくらみそうである。小さな流れはいくつも主流に注ぎこみ、見事な滝となっている所もある。その中の一つはベルナー・オーバーランドのシュタウプバッハ滝（訳注4）にひけをとらぬものもあった。道の両側は森林で覆われた、形もさまざまな山の背が切り立っている。時には鋭く聳える岸壁が迫り、道が阻まれているように見える。事実、所々にトンネルが掘られて道が造成されているのである。カーブするごとに新しい景観となっていくのだ！　取り囲む山々はさして高くなく、せいぜい五千フィートくらいまでである。しかしそれらは、ドイツには滅多に見られない豊かな植物で覆われ、その景観は次々に変わっていく。このうっとりする街道を、一時間半ほど進んだ。やがて緑の森の中で、川のすぐ上手に魅力的な小さな日本の夏家屋を見つけた。まだ閉まったままで、人は住んでいない。これで目的地はもう遠くないことが判る。すると人力車がやってきた。乗客は私の位置から五十歩手前まで来ると、降りて近づいてきた。それは先日、私が宿泊した旅館の主人（訳注5）で、この男の世話で私は日本の別荘を借りたのだった。主人は、先に行かせた私のコックの通報で、私の到着を聞き、挨拶と私の住宅に案内するためにきたのである。その後、十分ほど歩くと、その場所に達した。

　川辺りの道のはるか左の方角に、私の住む家が見えた。その家の前には、村人の半分ほどが、その家を借りるので大きな荷物を運んできた、「異人さん」（外人）を見ようと待ちこがれていた。この光景に、私は自発的に身につけた品位を失うまいと、辛うじて真面目さを保ったのだった。この物見高さは、なお何日も続いた。日本家屋には、隠れるコーナーがない。四方八方から覗き見される。塩原の住人はこの機会を十二分に活用したのだった。私はこの探るような目つきを意に介さず、新しい家でくつろぎ、住み良くしようと努めた。ラートゲン博士は一週間後にこちらにきて、家族と一緒に、この家の半分に住むことになっている。残りの半分は、私が使う。住いは四つの小さな家屋から成り立っている。川岸はここでは平坦で、家が一軒建つほどの幅がある。背後は険しい岸壁で、高さは三十ないし四十フィートもあろう。われわれの家は、一つは下の川岸にあり、一つは上の岩の上にある。街道もこの上に沿って走っている。道の左手、垣根の内側に小さな日本家屋があり、これは玄関とあまり大きくないが好ましい二つの部屋からできている。この中に入ってベランダの向うを眺めると、上方に岸壁が見え、川と全渓谷のすばらしい展望が享受できる。この家から岩に沿って、敷きつめられた階段を降りると、水際にもう少し大きい家がある。この家には、比較的大きい部屋が四つと台所がある。家の左右には、それぞれ二つの小さな家が隣接している。左は二つの部屋のある家で、右は浴室である。浴室はことに魅力的な施設である。その壁は巨大な岩塊で、下に浴場が造られている。これはまるで自然の洞窟の中で水浴しているようである。岩にはパイプがあって、そこから湯と水とが流れ出る。浴場は四六時中使える。戸は動かすことのできるガラス戸なので、まるで戸外にいるようで、入浴中も美しい景色が堪能できるのである。これ以上良い浴場は考えられないであろう。――私はさしあたり、上のほうの小さな家でくつろぐことにした。景色が良いし、隣家の人にわずらわされないからである。この上のほうを、私は仕事部屋と寝室にした。下の大きい家は食堂である。またそこに、私の従者たちを分宿させた――やがて荷物が時間どおりに届いたので、室内整備も終わった。もっとも寝台は、先日の豪雨のため、すっかり濡れてしまい、そのため私は旅館から間に合せを求めなければならなかった。素朴な塩原の人々が最も驚嘆したのは、持ってきた大量の飲料であった。――それは単にサケと呼ばれた。好人物の彼らには、ワインは聞いただけ、ビールは見ただけのものであった。かくも大量に持って来て、それを全部飲むとは、彼らには信じられないのである。これだけの量は、当地の全旅館の主人たちが、――この地は二、三の別荘に隣接して騒々しいいくつかの旅館があるが――数年かけてやっと売り切れるほどなのである。異人さんは、これを四週間で飲み干すとは！

このようにすべては所定の場所で、うまく取り出され整えられた、健康と休養だけを目的とする規則的な生活が始まったのである。ところで、この生活について何を話すべきだろうか？　外観からは、たいしたことは起こっていない。それでも内容は豊かな時なのだ。すべては、私にはまさに今までいかに幻想をたくましくしても生じないような、牧歌的生活なのだった。ここで私は隠者のような生活をしていた。だが要求に欠けることはないので、私は別にこれ以外のものに憧れはしなかった。おお、そそくさと走り去る時間を、ここで少し停止するわけにはいかないものか！　他日、この牧歌的生活を空しくとも、なつかしく回顧するのは、まさに幸せな瞬間ではあろう。だが、その思いはすぐにも取り去りたいものだ。日本の生活の特色はこうなのである。そこでは、現在を楽しみ、しかも意識してそうしている。現在の楽しみに耽溺し、しかもそれを自覚しているのだ。誰もが日本での生活を喜んではいる。そして後日、日本から遠く離れた時、そこに何か欠けるものがあったかと自問するだろう。だから、一時的にすぎない日本での滞在を、力のかぎり、快適なものにしようと努めるのである。世界中のどこかで、わずかな手段でそれに到達できる地があるとしたら、まさにここ日本なのである。

　では誰もが誉めそやす、この牧歌的生活はどんなものだったか？　この生活を享受するとどうなるのか？　まず周辺を見てみよう。家からの眺めは、すでに何度も述べた川である。その向かい側には、森林の密生した山の絶壁がある。道を先に進むと、二十軒ほどの家がある集落に至る。道は蛇行して山間を上り、さらに幾つかの小集落を過ぎる。それらは、全部で四つあり、それぞれシオバラの名がついている。すなわち下塩原、中塩原、上塩原（これは下の方、中央、上の方という意味である）、最後に湯本塩原である。下中上の三つの塩原は、皆、幅広い山道に沿って建ち、標高は千八百フィートもあろうか。第四番目の塩原は、この二倍も高い所に位置し、ごく狭い山道を辿ってそこに至る。その散歩は、この地方での最も美しいものの一つである。ほかにも美しい緑陰の下での散歩の機会はたくさんあった。緑の密林の下、泡立つ小さな支流に沿う道や、高原山や箒根山ほか、その他あらゆる山々への登山道などがそれである。だが私は、自然描写の心得があるわけではないので、長々と記述して自分や他人をも悩まそうとは思わない。ともかくここは、まさに壮麗な山岳地帯で、しかも美しい多くの散歩道があるのである。私は、それを思うままにした唯一の存在だった。一西洋人の私は、ここに来て道に迷うことはなかった。ここの日本人の日常は、風呂、睡眠、食事、風呂、睡眠、食事、また風呂、睡眠、食事である。ところが、そのほか散歩に出て、あちこち歩き回って楽しむ、――ことに外出は充分金があればなおのことだが――こういうことを日本人は全く理解していない。私はといえば、好き勝手に山の方角へぶらぶら歩き、誰一人出会うこともない。その時、空気は、まさに散歩のためにあるようなきわめて快いものだった。夏の暑さも、ここでは今のところ感じられない。蚊も山なのでいない。蚊帳なしで寝られるなんてなんとすばらしいことだろう！

　かくて私は、この美しい自然の中で、孤独ながら健康かつ快適な生活を送った。六時起床、すぐに摂氏四十度以上の湯に入る。その後すぐ、できるだけ冷たい水をかぶる。日本では、入浴は夏冬変わらず、このようにするのである。ドイツでふつう温浴といっても本当は生温い湯で、私にはもはや耐えられないだろう。この熱い湯によって、身体はすっかり温まり、そうなると、外の温度を感じなくなってしまう。冬、寒さを感じるのは、入浴前のみで、後ではもう感じない。この熱い温浴の後では、極寒の中で、氷のような水を浴びることもできる。夏はこの反対で、熱い入浴の後はずっと涼しくなる。そして冷水をかぶるとすこぶる気分爽やかなのである。――朝食後、私は二、三時間、山中を徘徊する。そして昼には人が羨むほどの食欲で帰ってくる。午後は、タタミの上で一休みしたり、読書したり、手紙を書いたりして、また散歩に出る。夕方、また入浴。その後、簡単ながら栄養たっぷりの食事、早くも板戸が閉められており、家の者は就寝する。

　さて温泉地塩原の特典を述べた後でも、この温泉の楽しさについてなお言い足らないことがある。ごく短く述べておこう。ここには療養センターも楽団もない。またプロムナードも手洗所もない。その他、ヨーロッパの湯治場なら、あるのが当たり前のものは何一つない。私がただの一回でもそういったものに憧れたと言ったとすれば、それは嘘である。ここには、いわゆる洗練された生活など一切ない。自然以外のものは何もないし、その代わり、処女のような自然の美しさがある。巨大な自然の中で、自由で憂いもなく時を過ごす、ここでの一日に対して、ヨーロッパ近代の湯治場でのありとあらゆる逸楽とは、一体何なのであろう！　自然の魅力は、この中で生活する人々との素朴な性格によって高められる。彼らは多くの欲望も憂いもなく、子供のような無邪気さで、またそれゆえ運命が授けるものを幸いと受け止めて、静かに日々を送るのである。日本民族の生活様式は素朴かつ自然である。この世界にこれ以上幸福な民族はいない。私がこの中で過ごした数週間は、賑々しい楽しみなしに流れたのであったが、退屈したことは一度もなかった。それは現在でもそう思うし、思い出してもやはりそうであった。つまり時が過ぎ去っても、私はしばしばそれを恋しく思うであろう。時は矢の如く飛び去る。もう一週間過ぎた。八月には、ここで旅仕度を考えている。それは、この休暇中、もっと北の方、つまり自然美で著名な未開の蝦夷へ、そして船便があれば、さらにウラジオストクへ行くつもりなのだ。

しかし、さしあたってここでは静けさと孤独を味わってみたい。過去も未来も考えることなく、現在の楽しみに満足しながら。

【原注1】近年流行の世界一周旅行者について、東アジアで一般に使われる表現である。彼らは一つの国にかなり長く滞在し、旅館の料理も知り、それを後に本に書いたりする。

訳注1　カール・ラートゲン Karl Rathgenn (1855-1921) ワイマールに生まれ、一八八二年、東京帝国大学に行政法、政治学の教師として来日、一八九〇年帰国後、マールブルク、ハイデルベルク大学教授、一九一九年ハンブルク大学教授、その創立者の一人となる。日本については、『日本人の文化』(一九一七年）等の著書がある。

訳注2　青根温泉は、徳川時代、伊達藩の御殿湯として著名だった。蔵王山麓の宮城県柴田郡川崎町にあり、白河からはほど遠い。

訳注3　エルヴィン・ベルツ Erwin von Baelz (1849-1913) ドイツ人医学者、一八七二年ライプチヒ大学卒業後、一八七六年から一九〇五年まで、現在の東京大学教授として、ドイツ医学の移植に努めた。

訳注4　シュタウプバッハ滝　スイスのベルン州アルプス山麓の村ラウターブルンネンにある滝、二八八メートルの岸壁から落下して水煙（埃と称する）を上げている。詩人ゲーテはこの滝から霊感を得て詩をつくった。

訳注5　この日本人は松屋庄吉で、今日の松楓楼松屋社長田代義徳氏の先々代に当たる人である。ニッポルトが借りた家は、松屋の別館だったが、明治三十四年の洪水の際、流失し、現在はその土台を残すのみという。

二　高原山登山

塩原にて　一八九一（明治二十四）年八月六日

この塩原渓谷は、各種各様の温泉に満ちあふれている。ほぼ十の集落のそれぞれに、日本人の言うところによれば、化学成分と、またそれゆえに適応症を異にするいくつかの温泉がある。日本の浴客は、あれやこれやの病の治療にと集まってくる。しかも早朝から夜遅くまでばかりでなく、深夜すら頻繁に訪れるのである。温泉の慣行は、ヨーロッパではまず信じられないもので、初めて来た者は少からず当惑するであろう。これら各種の温泉は、源泉から直接浴槽に移されたり、または竹の管によって遠くへ運ばれたりしている。浴場のある場所は、青天白日の下とは言わないまでも、戸外にあり、それゆえ、われわれの概念からすれば、きわめて素朴、単純さで際立っている。浴場には木の柱に支えられた屋根があるだけなので、その内部は四方八方から丸見えである。こういう浴場は、ここではどこに行ってもある。それは、街道の両側とか川岸ばかりでなく、森林の中、山中、川床など、湯が涌き出ているなら、どこでも造られる。多くの湯船は、かなりの人数、時には二十人ほどが入れるくらいの大きさである。人気のある浴場は、一日中、一分たりとも空であることはない。すでに入浴の終わった人、入浴中の人、これから入浴する人など、三、四十人が同時にその場所に来ていることもしばしばである。そしてあらゆる年齢の男女、しかも身分の高い者も、低い者もともにここに集まり、まるで楽園にいるような無邪気さで、一糸まとうことなく、並んで湯に入るのである。更衣室などはない。その場で、身につけているたった一枚の衣服を脱ぎ捨てると、多くの人は入浴には、ほかに何一つ持って行かない。ヨーロッパなら、これらすべては、言語道断に聞こえよう。だが、これがまさに真実であり、また無邪気そのものなのである。日本人が道徳的に低レベルなことは全くない。いつの時代でもこうであり、こういう機会にあっても、無作法なことは全く認められない。その際、日本でのみ見られるように、極めて慎み深く、かつ礼儀正しく行われるのである。ヨーロッパ人は、やがてはこの日本人の考え方に慣れていくであろう。しかしその際、「自然的なものは決して恥ずべきものにあらず(訳注１)」の格言に真に慣れて、日本人の無邪気さをものにした者のみが、この行動に共感できるのであろう。こういう浴場に、日本人は一日に三度から六度も行く。そして毎回そこに長く留まる。入浴のほかは何もしないが、これは可笑《おか》しなことではない。大部分の湯治場は、ヨーロッパ人にとっては、その多くの入湯者ゆえに、近づきがたいものであろう。なぜなら、ヨーロッパ人が入ってきたとしたら、大混乱の大騒ぎになるであろうから。またヨーロッパ人は、お気に入りの苦力の左側に、身を湯に沈める気なんか起こるまい。代わりに右側に枢密顧問官殿や宮廷女官が入湯していたとしてもである。私はと言えば、この効能ある温泉に入らなかった。なぜなら、病気でなかったし、自宅に適温の内湯があったからである。この内湯こそ、何よりも、毎日私を快くさせるものだった。しかもこれだけでは満足せず、私は数日来、川床の露天風呂に入り始めた。川は家のすぐ前を流れており、熱い湯で身体が真っ赤になった後で、直ちに川に引っ越して、そこで冷水につかるほど気持の良いものはない。これで私は二回入浴したことになるが、それで全部ではない。私の家の真向かいの川岸に、塩原で最も有名な鉄分のきわめて多い温泉がある。私は、この温泉も試みてみようとの誘惑に勝てなかった。そこで、ある夜、就寝の前に、浴場に人がいないのを見ると、提灯を下げて川の向こうに渡った。入浴の効果は本当に良かったが、私はそれ以後、毎日そこへの「夜行軍」を敢行したのだった。このように一日に何回もの温泉入浴があると、ほかの仕事の時間は少なくなる。

それでも私は、温泉だけで頭が一杯だったわけではない。先週、私はラートゲン博士と、この地方の最高峰五千八百八十フィートの高原山に登った。この登山については、なお二、三述べておきたい。さもないと、私の報告は、入浴だけになってしまうからである。われわれの別荘から、高原山の最高地点の鶏頂山まで六里半ある。そこで、往復には十ないし十一時間と見積った。われわれは食糧を用意するだけでよかった。夕方には、宿に帰ってこられるからである。そうだとしても、午前中の登山のほうが最善なので、できるだけ早く出発することにした。午前四時には出発の準備である。ところが、向かい側の露天風呂にはすでに、提灯をつけた入浴客の姿が見えた。われわれの道案内人は食糧を首に巻きつけていた。さて出発である。まず道は渓谷をさかのぼる。畑下《はたおり》――ここは皇后の母君が湯治に来た所――で街道から離れ、狭い山道を登って行く。道は、人ひとりもしくは馬一頭が通れるほどの幅である。だが事実は、ここでは馬に乗って行くのが常だから、馬のみが通る道なのである。しかも先日、大雨が降ったので、道はすっかり荒らされている。そこで、われわれは多くの困難と闘わねばならなかった。われわれの服装は大部分が和風である。しかしヨーロッパの概念からすれば、それは不完全なものである。つまり私は、足だけはヨーロッパ風、つまり長靴下と長編上げ靴をはいていた。他方、私の連れは、日本の脚絆とわらじをつけていた。昨年、私は浅間山という火山に登った時、わらじを履いてひどい目にあってしまった。そこでわらじは繰り返すまいと思ったのである。ヨーロッパの長ズボンは、この登山には不向きだった。そこで半ズボンにした。装備の点で、絶対必要なものとしては日傘がある。なぜなら、ここの日光には一分間たりとも身を晒すことはできないからである。道は峠まで、二時間半ばかりの登り道である。その背後に、原野の中にぽつんと、あまり上等でない十軒の旅館が並ぶ新湯または湯本塩原と呼ぶ温泉地がある。これまで緑豊かな中を歩いてきたが、ここまでくると突然それが枯死してしまう。土の色は白くなった。硫黄の温泉が流れ、また蒸気となって地中から噴出しており、窒息しそうな雰囲気である。ここには心地よく留まることはできない。慰めひとつない眺めである。ほんの少し休憩してさらに進んだ。新湯は哀れな湯治客に任せることにして、われわれは、道案内人について原野の中に入っていった。

硫黄の地を後にすると、すこぶる美しい原生林となった。しかしこれは、草地や、巨岩の間で轟音を響かせている激流によってしばしば途切れた。この高地の空気はすばらしい。それゆえ歩いていても、あまり疲労を感じない。初めの二時間の登りは大したものではない。しかしまだ頂上まではほど遠い。われわれは何度も渓流のほうへ降り、川床を歩いた。その川は赤川《あかがわ》つまり赤い川と呼ばれている。それは鉄分がすこぶる多いからである。川床も真っ赤な色で際立っている。いよいよ本番の登山が始まる。だがしばらくは、森林の木陰の下を進む。道はますます狭くなる。下草が生い茂る所も多い。しかし驚きはない。この寂しい所に誰が迷いこもうとも！　それでもだんだん良くなるはずである。ここまで歩んだ道は、かの有名な神社のある日光に通じている。さて森林を後にして広大な高原の端まで来た時、道が分かれていた。もっと詳しく言えば、今までほとんど眼に入らなかった小路の傍らに小さな杭が立っており、それには左へ曲がると高原山への道と記されていた。これは正しいのであろう。だがその道には、人の足跡は見られない。日本の高原の状態は、ヨーロッパのそれとは異なっている。そこにあるのは、全くの荒野である。そこで草刈りはしないし、牛の放牧もない。森はまだ原生林のままである。塩原の山々は、密林地帯であり、これらのうち、ほんのわずかの森に小路がついている。その小路の大部分は、人間の足では踏み分けて進み難い。まだ完全に人跡未踏なのである。大部分の山々の上からは、森林でなく高原が見渡せる。遠くから見ると、それはヨーロッパの放牧地を思い起こさせる。この通過は、さほど困難ではないと考えていた。だが大間違いだった。先に進めば進むほど困難になった。高原に接近すると、草は人の背丈ほども高く、やがてその中を通るのを諦めてしまった。植生の密度はまさに熱帯のようである。そこを通り抜けることは全く不可能であった。登山は小路が縦横に交差する地帯に限って可能なのである。道から外れて登るのは得策でないという。この地帯には、大きいが無害なもの、少し毒をもつものなど、いろいろな蛇がいるからであった。ことにマムシと呼ばれて恐れられている毒蛇には、用心しなければならない。踏みつけたりすると危険なこの蛇に遭わずに散歩はできないという。道を外すとこの危険は避け難いのはもちろんである。ほかに熊もこの山中で出合うという。しかし私は、ここではただの一頭も見られないと思っている。日本人の言うところでは、猿もここに住んでいるそうだが、今まで見ていない。

登山に戻ろう！　道案内人の後について、日光街道から離れ、緑の草原の中を突き進んだ。私はこの道にも人の足跡は発見できなかった。しかし道案内人は、かつての同じ道を進んでいるのだと主張したので、私は決死の覚悟で彼に従ったのだった。だがそう簡単にはいきそうもなかった。道は昔のとおりだが、今年に入ってから、誰一人足を踏み入れていなかったのである。誰がここまで迷いこんだのであろうか？　日本人は確実に入らないし、ヨーロッパ人もまずいないであろう。また日本人はここの探検はしないし、ヨーロッパ人もこの地方を知ってはいないはずである。せいぜい巡礼者が、山の守護神の猿田彦に詣でるか、弁天が池の岸に建つ小さな祠に祀られている幸福の神弁天にわずかながらの賽銭を捧げるために、ここまで登ってきたのであろう。あとで、この上で発見したいくつかの銅貨は、ここに来た人がある証拠であった。しかしこれは、はるか昔のことであろう。いずれにせよ、この参拝者は足跡を残していなかった。道は各種の草ですっかり蔽われている。朝露も降りている。やがてわれわれは、全身がずぶぬれ状態になった。だが頭の部分は大丈夫で、また葉が刃のような草には触れずにすんだのである。私の気に入らないのは、あざみに似たとげのある大きな草であった。これは大量にあり、軽装の服の上から、不快感を与えたのである。さらに焼きつく朝の太陽が照りつけ、これに対しても身を守らねばならなかった。首まで届く、濡れた草をかき分けて一歩一歩進み、一方の手は草から身を守り、片方の手は日光を防ぐため、夢中で日傘をかざす。これは、人がうらやむ状態にはほど遠いものだ！しかもこれがどのくらい長く続くか分らない。たぶん頂上までずっとこうなのであろう。だがそうではなかった！　一時間ほど先に進むと、草の丈はだんだんと低くなった。そしてついに、草の中に道が存在するのを見た。今や最悪の状態は克服できたのである。そしてもはや道などに気を配ることなく、われわれの周りに開けた壮大なパノラマを満喫できたのである。われわれはすっかり山々に取り囲まれていた。その中で特に他を圧する山々は、男体山、月山、飯豊山、磐梯山などであった。われわれの前には、それほど遠くない所に、目的地の高原山の最高点鶏頂山があった。足取りも軽かった。われわれは到着点を眼前にしたし、すばらしい朝食を準備し、ぐうぐうなる腹を満足させる時も間近かった。残念なことに、遠くに霧がかかって、だんだん近づいてきた。ついには鶏頂山も完全に見えなくなるまでになった。われわれは見事だという見晴らしを満喫できないばかりか、雨にまでなってしまったのである！　ずっと登り続けて、弁天という女神の池だという弁天が池のほとりまで来た。ここから最高点の鶏頂山までほぼ二十分かかる。だがそこには、霧が立ちこめていたので、しばらく池のほとりの木陰に座って一同食事をとり、休息となった。そのうちに霧も晴れ上がるであろう！

　空しい期待だった。一時間ほど、うとうとまどろんだ後、降ってきた雨のしずくで目を覚ました。すっかり霧に包まれ、今や降りしきる雨の予測しかなかった。この状態では、当然のことながら、われわれは最後の登頂を諦め、この荒涼とした地帯から急いでの帰還を考えざるをえない。なぜなら、日本の雨はヨーロッパのそれよりもかなり強烈で、さもなくとも良くない道路がいっそう悪くなるのが常だからであった。われわれは元気よく大股で歩いた。天気がまた良くなると期待しながら。われわれは自らの悪事によって荒天を招いたなどとは思っていない。今日、登る山は日本のすべての高い山がそうであるように、神聖なる山である。山の名、鶏頂山は卵を生む鶏の山という意味だそうである。――これが正しいかどうか判らないが――この地の神は、牝鶏の姿をして現れ、それゆえこの神の領域で鳥をいじめることは、神を汚す最大の悪であるという。しかしここで、この動物を食べ、またはその卵を飲むのが、それほどの冒瀆なのだろうか！　下流の地では、いつも好きなことをやっているに違いないのに！　またこの上の地は、猿田彦という神の統治下にある。この神の怒りを招く者に災いあれである！

しかし死すべき定めのわれわれは、ひどい悪事を犯しているという。つまりこの地で卵を食べて、この神を嘲ってしまったのだった、道案内人に余った卵を二つ悪気なく与えようとしたが、彼は卵に触れようともしなかった。神の怒りを鎮めるには、なお充分ではなかった。よそ者外人の悪業はつぐなわなければならないのだ。しかしやはり、神はこの時、温和な復讐者だった。神は人を粉砕せず、悪人の身体を吹き飛ばすだけなのである。神は怒りを悪天候で示すことで事足れりとしたのだ。つまりこれは、神の掟の侵犯について、繰り返して反省すべき、すべての者への効果的な警告なのである。今回の違反者には、神は憐れみをもって強烈な雨のシャワーで釈放してくれた。——われわれは元気よく立ち去った。すでにずぶぬれである。しかしそれ以上どんな被害があったのだろうか？　衣服は家に帰れば乾かすし、そこでは入浴や暖かい夕食が待ちうけている。そこでは、神の怒りを恐れることなく、平穏に過せるのである。もう留まることなく、家までの全行程は五時間ほどである。ずっと雨にたたられどうしだった。この雨に比べれば、ここで驟雨と呼ばれる雨はとるに足らないものである。異邦人はすでにその地を去ったのに、この神はまだごろごろ鳴っていた。だが異邦人のわれわれは、暗くならないうちに家に戻り、そこで罪を忘れ去って休息できたのは嬉しいことだった。

訳注1　ラテン語の格言　naturalia non sunt turpia

第二章　蝦夷の秋

一　函館への旅

山城丸にて　一八九一（明治二十四）年八月二十二日

島国日本は、今日ますます世界交易の営みの中に繰り込まれつつある。四十年以前には、ほとんど未知であったが、今やこの美しい国には各国の定期航路の網が張られるようになった。隣国のアメリカからは、最近かなり多くの船会社が旅客を日本の諸島に運んでいる。その中でも、優秀なのはカナダ汽船で、この会社は二年前から、最良最速の船を持ち、バンクーバーから横浜までを十一日間で航海する。また中国の港からは、ドイツ、イギリス、フランスそれに日本の船便すらある。かくて「お伽の国」日本が、外国人によって毎年満ち溢れたとしても、これは奇跡でもなんでもないのである。船旅はすこぶる快適である。旅費は比較的安い。だから、この旅行欲をかきたてないわけにはいくまい？　ここ数年来、地球は安い費用で一周できるから、それを楽しみにしない者はいないだろう。世界一周の速さのために、最近の旅行者には——大部分はアングロサクソン人だが——、「世界漫遊者」という美名がつけられている。この世界漫遊者は、旅行に立ち寄る国の一つ一つを詳しく見る時間を持たないし、見ようともしない。表面的なイメージを持つには、二、三週間で充分なのである。そこで彼らは、旅行案内書が推薦し、しかも行きやすい場所だけを訪れようとする。そこでこういった場所には、旅行者が群がり、ヨーロッパの人々によく知られるようになる。それゆえ世界漫遊者で、その旅行体験を出版して世に知らせたいと思わない者はあるまい？　だがしかし、未知の利点を誇る地方はまだ残っている。人の訪れることが少なく、また人に知られていない地方の一つに蝦夷がある。世界漫遊者はそこには滅多に行かない。日本にいる西洋人旅行者でさえ、これほど北へ足を延ばそうとはしない。そこを訪れたわずかな旅人も、この島のうちのごく一部、つまり南西の半島のみに触れただけで、全島を踏破した者はきわめて異例である。それゆえ、深い原生林に包まれたこの島の奥と壮大な山脈とは、なお「人跡未踏の地」とされている。

私は、この暑い夏の大部分を、日本の山岳地帯で過ごして、この興味津々たる北方の島への旅を敢行するに充分な気力体力を回復したと感じたので、残っている三週間の休暇で、蝦夷を旅行しようと決心した。蝦夷旅行は肉体的には苦しいという。そこには、本州の、特に人が頻繁に訪れる所のような快適さはない。この快適さを、私は日本的意味で言っているのではない。ヨーロッパの快適さは、日本の本州でも、ごくわずかな大都市や温泉場にしかないのである。そしてこの日本の快適さすら、あまり人口の小さい地方、ことに山岳地帯だったら、ほとんどないのが通常である。つまり本州にあてはまることは、蝦夷にも大体あてはまる。そこの大部分の地方では、われわれが食べられるものはまずないから、その旅行には特別な準備をしなければならない。本州の人口の多い所つまり昔の街道筋では、よく調べたうえなら、日本食をとり、日本風に生活する必要はない。しかし蝦夷では、この知識ではやっていけない。そこで私はコックを連れて行くことにした。この男は、いろいろな面で私の役に立つはずである。すなわち私の食事を作る時はコックとしてだが、荷物や宿舎、切符の世話、さらに請求書の清算やチップを出したりする、つまり私にとって旅行の際面倒なことを代行する時は、旅行のお伴として働く。だが、ついにはガイドにもなった。なぜなら彼は、もとの主人と蝦夷を旅行し、それゆえ私が辿りたいと思った特別なルートを知っていたからである。

八月二十日、東京から出発した。旅行の大部分は汽車である。本州の北東部、東京から青森までは二十六時間で行けるからである。だが私は船旅を選んだ。汽車は横浜までで、そこから函館までは汽船である。クラブ「ゲルマニア」でちゃんとした朝食をとり、その後ボートに乗り山城丸まで運んでもらった。この船は日本郵船という大きな船会社のもので、五十隻以上の汽船を所有し、日本のすべての港ばかりか、中国、朝鮮さらにはウラジオストック、ホノルルへの航路を持っている。船の大部分は英国製である。それらは近代の快適な設備、電燈なども備えている。一等船客のサービスは、本線航路ではヨーロッパ風であるが、小さい支線航路のそれは和風である。私は山城丸では、唯一人のヨーロッパ人船客で、船長に次ぐ米賓席に着くことができた。この船長も多くの高級船員、機関員もヨーロッパ人だった。船の設備は大いに気に入った。サービスも満足できた。サービスは、船上ではいつでもそうだったが、非常にゆきとどいている。朝六時、コーヒーとトーストをベッドに運んでくる。八時半朝食である。この時、暖かいのと冷たい魚の料理が出た。十二時半にティフィン——東アジアでのランチのこと——、そして六時半にディナーである。この時はいつでも大体十品出る。さらにこれらの食事の間に、コーヒー、茶、バターつきパンなど、好みに応じて注文できる。私は二年前バンクーバーから横浜まで英国船に乗ったが、サービスの点では、この日本船にはるかに及ばなかった。

二時、山城丸の出帆である。天候は快い船旅を約束していた。船ははじめ東京湾を南に進む。夕方近く、南端の野島崎の燈台を過ぎた。そこから北に向かう。海は平穏、大きなうねりが東から寄せてきた。風が右舷に吹きつけ、横揺れとなった。翌日の午後まで、このような航海だった。ずっと同じ方向をとり、時には海岸が視界に入ったり、また外海に出たりする。ほぼ二百八十海里進んだ後、横浜と函館の中間にある荻ノ浜港(訳注1)に着いた。このごく近くに、かの魅力的な松島や二ヵ月前訪れた大都市仙台がある。この荻ノ浜では積荷の陸揚げのため、数時間滞在した。陸にごく近い沖にいたのではあったが、私は船上に残った。雨が強く降り、濃い霧が立ちこめていたからである。霧はこの付近では、はなはだ多く、岬の金華山も船にとっては悪評ものである。夕方六時、航海を続ける。霧に包まれた島々の間、眼に入らない金華山沖を通過して北に向かう。翌日も雨と霧は晴れない。八月二十二日の正午ごろ、本州の北東端の尻屋岬を過ぎる。その後、蝦夷が視界に入った。これからは狭いが深い海の津軽海峡である。五時、函館港に到着した。

蝦夷という島は、——しばしばエソと誤って発音するが、日本人は北海道つまり北の海の道と呼ぶ——ほかの日本とは全く異なっている。気候、植物、動物、住民も本州のそれらと本質的に違う。蝦夷は中部イタリアと同緯度であるが、その気候はずっと北の緯度の地方を思い起こさせる。ここでは冬が七ヵ月続く。一年の半分は雪と氷に閉ざされる。しかし特に七月と八月は大変暑く、蚊やその他の虫にひどく悩まされる。そこで八月末が旅行の季節となる。蝦夷は全体として山がちの島である。山脈には、最高八千フィートの山や火山もある。島の大部分を蔽う原生林は、本州の森林とは違うし、その他の植生も異なっている。旅行者はここで、ヨーロッパのじゃがいも、りんご、桜桃を見出す。――つまりそれらは、本州では得られないし、輸入しなければならない産物である。本州では、猿、雉がいるのに反して、蝦夷には熊、狼（訳注2）、黒雷鳥が住んでいる。蝦夷の熊はアメリカ熊のグリズリーによく似ているという――。

蝦夷は古代には、日本人にはほとんど知られていなかった。十二代の天皇の統治の時代（西暦一〇〇年頃）、初めて「はるか北方に住み、髪を伸ばすに任せ、しかも手入れをし、刺青という奇妙な風習のある民族（訳注3）」についての記述がある。この民族をエミシまたはエゾと呼ぶ。当時、この民族との接触がまだ無かったのは明らかである。その後も、日本人は蝦夷の植民地化を試みはしなかった。十七世紀に入って初めて徳川幕府の初代将軍家康の下で、植民地化ないし日本からの征服がなされた。家康は一六〇四年、この島を松前慶廣に封土として与えた。松前は島の南西部を征服し、福山をその藩都とした（訳注4）。彼の子孫は、日本の封建制が崩壊する一八六八年まで蝦夷の支配を続けた。彼らは、不幸なアイヌをはなはだ残酷に扱ったと言われる。例えばチェンバレンの言うところによれば、文字を書くことや、その他文明生活を行うことを刑罰をもって禁じたという。徳川幕府の崩壊は大名の廃止をもたらした。今や蝦夷は江戸の中央政府の管轄下に入り、植民地蝦夷には、「開拓使」と呼ばれる特別な官職が置かれることになった。この植民化のため、格別な努力が払われたが、大成功はしなかった。一八八一年「開拓使」は廃止され、蝦夷はその他の日本と同様の行政区に編入された。

なお未開発の資源に恵まれたこの島は、バイエルン王国と同じ広さで、しかも人口ははるかに少ないから、隣国の人々の注目の的となっていた。いくつかの良港もあるので、この島の領有は戦略的にも重要であった。日本政府もそれを意識しており、蝦夷をその他の日本と同化させるため、あらゆる努力を重ねた。日本人のそこへの植民は絶えず増大していった。

訳注１　荻ノ浜は石巻市にある。一八八一年三菱汽船が函館―横浜間の定期航路を開設するにあたってその寄港地となったが、一八九〇年、東北本線の開通によって汽船の乗降客が減少し、一九一七年、定期船の寄港は廃止となった。

訳注２　エゾオオカミは特に日高に多かったが、一九〇〇年頃、絶滅したという。

訳注３　日本書記の景行天皇二十七年の項に、「東の夷（ひな）の中に、日高見国有り。其の国の人、男女並に椎結け（かみをわけ）身を文（もどろ）けて、為人（ひととなり）勇み悍し、是を総て蝦夷（えみし）と曰ふ」との記述がある。

訳注４　全国統一を成し遂げた豊臣秀吉は一五九三年、蠣崎慶広を蝦夷島主とする朱印状を下付したが、秀吉の死後、一五九九年慶広は徳川家康に謁し、蝦夷島地図を献じて、姓を松前と改め、翌年から二年かけて福山城を築いた。一六〇四年家康は松前氏に蝦夷の統治権を与えた。

訳注５　チェンバレン Basil Hall Chamberlain (1850-1935) イギリスのポーツマスに生まれ一八七三年来日、日本の古典を研究し、海軍兵学校、東京帝国大学の講師として言語学を講じた。一八九〇年帰国。著書に〝*Things Japanese,* (1890)（高梨健吉訳『日本事物誌』一、二、平凡社一九八七年）等がある。同書、（一）三二〇ページ参照。

二　火山駒ヶ岳への遠足

蓴菜沼《じゅんさい》にて　一八九一（明治二十四）年八月二十五日

函館に到着すると、日本の旅館に雇われている苦力《クーリー》が、われわれを取り囲んで荷物を代わりに持つ手伝いを申し出てきた。函館にはヨーロッパ風のホテルはまだない。そこで私は全く和風の旅館カクジョウ（訳注1）に入った。この宿には旅客が多く、そのため裏側の部屋がやっととれた。この部屋は居心地は良いのだが、三方に隣部屋があり、そこに客が入ると紙の障子で隔てられているだけなのが欠点だった。つまり大変騒がしく、その音は夜になっても聞こえた。また私の部屋の前の渡り廊下には、絶えず新しい旅客が行き来していた。声高にしゃべり、笑い、酒を飲み、煙草を吸うならば、夜、人の睡眠を妨げるということが日本人には分からない。なぜなら日本人は、それで決していらいらしたりしないし、それが彼らの邪魔にはならないからである。日本の障子は、隣部屋の音をいっこうに防いでくれないし、またしつっこい覗き見に対しても同様である。ずっと気がかりだったのは、人々が煙管を二、三分おきに火鉢で叩き、それが一晩中続くことだった。日本人は、ヨーロッパ人のように昼と夜とを完全に区別しようとしない。これは衣服でも仕事でもそうである。つまり夜を昼と同様にするのは、日本人にとって特別おかしいことではない。そのひとつが、彼らが夜、目覚めてすぐするのはパイプに火をつけることである。火鉢に一晩中、火のついた炭があるのはそのためである。こんな状態だったから、私は夜は快適に過ごせなかった。そしてやっと朝がきたと喜んだのだった。

翌日の午後、町を見物した。函館はたいして見るべきものがないので、これはすぐに終わった。総じて日本の都会はどれも取り違えられるくらいよく似ている所がある。だが、この都市の状況は非常に注目に値するものがある。函館は、薬師山（原注2）という千フィート以上の険しい山と陸とをつなぐ狭い半島の北端に位置している。この都市は、半島の両側、海岸に沿って延び、その一部は山の方へ駆け上がっている。この薬師山は、ジブラルタルに比べられよう。函館港は、世界中で最も美しくまた最も安全な港の一つである。それはヨーロッパ人のために開かれた唯一の港でもある。町は約三万の人口を持ち、そのうち外国人はごくわずかで、その大部分は宣教師である。――町を歩いた後、私は郊外の山の麓にある、絵のように美しい公園に赴いた。そこにはいくつかの博物館があった。その一つには、アイヌの道具や漁具が納められていた。旅館に戻ったのは正午だった。函館で見るべきものはすべて見物したので、もっと先に進むことにした。

小樽への次の船は三日後にやっと出ると判った。この三日間を函館でつぶすのは全く嫌なので、私は函館の北にある山岳地方への遠足を試みた。私とコックと荷物を運ぶ二頭立ての馬車はやっと用意された。もっとも馬車とはいうものの、実は全くひどい荷車を婉曲に表現したまでのことである。とはいえ、道が辛うじて存在するこの状態で、ちゃんとした立派な馬車を走らせるのは、事実勿体ないようだ。この日の目的地は七里先にあり、馬車で四時間で着くという。道は函館から北へまっすぐ、函館湾に沿って走り、次いで山岳地帯に入って行く。この道は、開拓使の時代に、函館と首府の札幌とを結びつけるために造られた。外国の土木技師がここに芸術作品たる道路を造った。しかし今、何という状態になっているのだろう！　日本人はすでに早くから、文明国では道路を造らねばならないと理解していた。そこで今日、国の各方面に、努力を重ね、大金を投じて造った人工の道路が見いだされる。かつての古い日本では、大名が毎年首都に行列して行く軍道を除くと、道路というものはなかった。さてこの道路は今やすっかり変わった。しかし日本人は、新しく造った道路を保持するために、何一つしていない。それゆえ美しい道路も、その大部分は名状しがたい状態になっている。特に北海道の街道がそうである。今回の私の旅は、こんな事情の下で全く面白くないものだった。上り坂になると私は、ゆっくりしか進まない馬車を降り、徒歩で山に向って登っていった。茅部《かやべ》峠の上からは、函館と津軽海峡が展望できた。そこからは山中に入って行く。鬱蒼たる植物群が見られ、風情ある土地となった。私の前には鋭い歯を持つ火山の駒ヶ岳が聳え、その麓にはいくつかの魅力的な森の湖があった。そこがこの日の目的地だった。われわれは道を降って日没前に　蓴采沼のほとりにある蓴采沼村に到着した。

旅館は沼の際にあった。大いに驚いたのは、洋風の部屋が二つもあり、私は早速それを独占することにした。かくて寂しい田舎に入って、函館の騒々しい旅館から逃れたことは嬉しい限りだった。ここでは私は唯一の客であり、寂寥の中に建つ一軒家の主《あるじ》となったのである。この村には、ほかに何一つないようだった。私のコックは早速活動に移った。持ってきた食糧を補うものとしては、ほくほくしたすばらしい馬鈴薯があったが、これは、この地方で栽培され、私が東京で食べたすべての芋より千倍も美味であった。私が身を横たえたヨーロッパ風のベッドは、おおよそ三分の一くらい短く寝心地は良くなかった。隣部屋にはほかに四台あったが、どれも欠陥のあるものだった。そこで私は、椅子を一つずらしてベッドにつなぎ、木綿の掛布団を置いて同じ高さにした。それでも私は一晩中、二つのベッドの上で寝ているような嫌な感じだった。

こういった欠陥にもかかわらず、旅館もその場所も地域全体も私には気に入り、汽船が出帆するまではここに留まることにした。蓴采沼のほか、近くには二つの湖がある。大沼と小沼である。二つとも鬱蒼たる森林に囲まれ、その背後に鋭い歯のような頂をもって聳え立つ駒ケ岳の姿が水に映っている。湖はともに小さいが、山岳地帯の寂寥の中にあって、それが一層魅力的である。牧歌的な魔力が全体を覆い、そこから背を向けるのはやっとのことだった。

翌日は、四千フィートの駒ヶ岳の登山である。これは比較的短時間でできるという。だが、この火山は今まで登った人はごくわずかである。最初の二時間は馬で行った。初め街道を進んで馬立場《うまたてば》という村までできた。次いで小道は潅木の右を過ぎ、丈の低い樹木の密生した中を突き抜ける。だんだんと山の登り道で次第に険しくなる。山の中程までは樹木に蔽われていた。ついに行き止まりになった。馬は樹木の間に突き抜ける道はないかと探っている。私は眼前の木の枝が顔にぶつからないよう、また馬から振り落ちないよう懸命に努力した。馬のほうは全速力で登って行こうとし、私が馬上にいることなど気にしていない。つまり木々の間を強引に切り抜けようとしている。騎行はさらに一時間続いた。すると森が開け、溶岩台地となった。馬はここに置いて登攀となる。大変険しい整った登り坂を二時間かけて歩き噴火口に達した。足下には現在の噴火口があった。その背後と左手に、垂直な岩壁が落ちこんでいた。これは、はるか昔に崩壊した元の噴火口の壁の一部であった。この遺跡は遠くから眺めると駒ヶ岳の本当の頂上のように見えるし、それはこの山を鋭い角と歯を持った特色ある姿にしている。そこには辿り着けなかった。元の火口の底まで垂直に落ちこんでいるばかりか、場所によっては垂れ下がっており、その外側には足掛りがほとんどないからである。それゆえ私は、今ここまで登ってきた所までで満足し、そこでのんびり朝食をとることにした。これが私のできる最善だった。一時的ではあったが、ヴェールのような濃い霧が足許ばかりでなく、眼前の噴火口の底まで包んでしまったからである。ところが朝食が終わるまでに様相はすっかり変わったのである。

今度は私の憶測は間違っていなかった。霧はだんだんと晴れ上がってきたのである。噴火口の底から真っ白な雲が上って行くのが見えた。私はかなり緩やかに落ちこんでいる噴火口を降りて行き、ついにその底に達した。一歩一歩進むうち、火口から不気な音が聞こえた。ストックをいくらか柔らかい地中にさしこむと、すぐ硫黄の湯気が立ち上ってきた。しかも各所で蒸気が地中から昇っていた。熱い蒸気が音を立てて吹き出している噴火口に近づいた。周辺の石には硫黄の皮膜があったが、それらは私が日本の火山で見たそれよりはるかに薄いものだった。別の蒸気が、垂直に落ちこみ、それゆえ、まだ形成して新しいと思われる噴火口のおおよそ百フィートの深さから吹き出していた。一八五六年に噴火し、この全地帯に荒廃をもたらした爆発はここから生じたものと思われる。噴火口の東側には壁面がもはやなく、噴火口から直接海に落ちこんでいた。この眺望はすばらしい。一方では噴火湾の一部が見え、他方は湖、そしてその背後には函館湾が見えるのであった。

その後まもなく、事故もなく山を降りた。午後、宿に着いた。翌日もここに滞在し、付近の美しい森林を散策したり、蓴采沼でボート遊びで過ごした。翌朝、でこぼこの同じ道を宿の主人の所有する荷車馬車に乗って函館に帰った。

訳注１　カクジョウ　[上]旅館、函館市東浜町にあった。岡七良兵衛の経営。
訳注２　函館山の最高点御殿山は、幕府の地図では薬師山と称されている。

三　札幌にて

札幌にて　一八九一（明治二十四）年八月二十八日

函館では、まだ充分時間があり、カクジョウ旅館で和風の朝食をとった。正午ごろ、新潟丸に乗船する。この船は二十四時間ほどで小樽まで行くという。船は山城丸よりずっと小さいが、設備は快適だった。甲板上には数多くの日本人の客がおり、またアメリカ人宣教師も二人乗っていた。船長と高級船員は日本人であるが、高級機関員だけが例外的に気さくなアメリカ人で、私は航海中この人と仲良くなった。船はまず津軽海峡を通過し、次に蝦夷の南西端の白神岬を回り、徐々に北に向かい左舷に小島、大島、奥尻島を見た。翌朝、眼が覚めると、積丹岬（ノボシルゾフ岬）を後にしており、やがて石狩湾に入った。陸のごく近くを航行すると、数多くの蒸気船に遭遇した。九時、突き出た岩に隠れた小樽港に接近した。

小樽は蝦夷では函館に次ぐ重要な所である。非常に繁栄している。その他の港、釧路、根室、室蘭は商業港としては、あまり重要ではない。小樽が特に重要なのは、漁業取引のためである。ここの住人は、函館と同様、ほとんど日本人である。この漁業の町には見るべきものは少ない。コックが荷物を受け取る間、私は一時間以上も茶屋で休憩した。次に人力車で急ぎ、首府の札幌行きの汽車に土壇場で間に合った。鉄道は旅客輸送というより、幌内炭坑と港とを結ぶために造られたように思える。進行中、何度も石炭運送貨車とすれちがった。汽車は一時間ほど海岸に沿って走り、次に内陸へ曲がる。かなり退屈な平野だった。午後二時首府の札幌に到着。政府の造営になる豊平館《ほうへいかん》は洋風の宿であった。

札幌は人工造成の町である。開拓使によって造られ、しかもアメリカをモデルとしている。道路はすべて広く直角に曲がっている。全体として全くアメリカ風で退屈な町である。札幌は、日本の植民地行政の成果を目の当たりにする絶好の機会を提供している。日本政府は蝦夷の植民地化のため莫大な資金を投じた。この企画の先頭にはアメリカ人が当てられた。土地の開墾のためには、日本の農民の移住が奨励され、モデル農場も造られた。各種の工場も建設された。例えば札幌には、ドイツのビール工場、甜菜糖工場、ワイン醸造、紡績工場がある。またそこには農業大学も創設された。特に興味深いのは民兵組織で、これは政府が主として政治目的で、札幌のみならず蝦夷の他の個所にも設置されているものだ。この民兵を屯田兵という。その意味は文字どおり住居を所有し、土地を開拓する兵である。つまり応募された民兵である。その家父である主人は家付きの土地を与えられ、四十歳まで兵役義務がある。もし義務を履行しえなくなると、息子か弟が代行する。屯田兵の家屋はロシアの丸太小屋をモデルに造られた。これら政府の多くの企画は目下なお進行中である。交通網の拡大には、現在千人の囚人がこれに従事している。鉄道も拡張中で、それはまず札幌から苫小牧を経て室蘭へ、次にここ札幌から噴火湾を回って函館へである。

こういったあらゆる努力にもかかわらず、これらはいまのところあまり進んでいない。この島は地形上、また気候からしても、農耕には適していない。石狩平野がその例外であるにすぎない。北海道の住民は農業にはほとんど気を入れていない。アイヌは以前から全く行わない。多くの日本人は漁師なのである。牧畜も発達していない。日本の農民は牧畜には興味を示さないのである。獣肉は食べないし、ミルクは彼らにとってはきわめて不快な薬にすぎない。バター、チーズは知られていない。馬の放牧だけは重要である。蝦夷には四万頭の馬がいる。馬はこの地の輸送の主力であるから、不可欠なのである。馬は一年中放牧しっぱなしで、必要となると、原野や森林から駆り集められる。――蝦夷にとって第一のものは、昔から漁業そして狩猟なのである。

四　アイヌの集落

室蘭にて　一八九一（明治二十四）年九月二日

豊平館では、東京に住む知人のドイツ人が先に来ているのを発見したのは嬉しく、かつ驚きだった。この人は北海道の内部をかなり長く旅して帰って来、札幌では少し静養のつもりなのであった。彼と一緒に私は札幌在住のドイツ人を訪問し、皆で楽しい二日間を過ごした。その後、旅を続けることにした。札幌にはもはや見るべきものはないが、私は東京でと同様楽しむことはできた。そこで、もっと未開拓の奥地へ行って、ことにアイヌを見たいとの気持ちが高まった。もう蝦夷に来て一週間以上になるのだが、まだアイヌを見たことはないのだった。新しくできたドイツの友人たちと握手して別れ、いよいよ出発である。車は朝六時にやってくるよう注文してあったが、日本人の時間厳守は、何と十時に現れたのだった。北海道の通常の交通手段は馬である。私はコックと荷物とで、馬四頭が必要だと思った。だが現れた馬車は一台で簡素すぎるように見えた。――この日の夜に宿泊する苫小牧村は南西に十七里もある――遅くなると大変なので、何はともあれ急がねばならない。今回の旅は原生林の中を、かなり幅広いが当然のことながら、ひどく穴だらけの道を進んだ。途中二回止まった。第一回は島松で、次は千歳、ともにアイヌの村である。ごく短い休憩だった。滞在が短かったせいか、アイヌは見つからなかった。茶屋にいるのも日本人だった。夜十時、ついに苫小牧に到着。われわれの使った馬が旅館の戸にぶつかった。すでに到着した後だったのは幸いだった！――苫小牧に着いた時、まだ明かりがともっており、家々から歌声や音曲が鳴り響いていた。ここは芸者――つまり女性のダンサー――の制度を知るためには充分な文化の場所となっている。私のコックは温かい夕食を用意した。その後、私は綿布団を床に敷かせた。それに蚤取《のみとり》粉《こ》をいっぱい撒かずにはいられなかった。

　苫小牧は日本人とアイヌとの混合居住の村である。ここから南西の方向に旅を進めると、原生林はすでにはるか背後になった。道路は海岸近くに沿って走り、そこは森林もない単調な地方だった。いくつかの村を通過した。日本人とアイヌの住む村もあり、アイヌのみの村もあった。ここで私が知りたいと思うアイヌという特異な民族の代表たちと何度も出会った。

　アイヌは――彼らは自らアイヌと称している――日本人とは全く異なった民族である。私はその起源について見解を述べることはできない。ただ私の個人的な印象や観察を簡単に記すのみである。今日、アイヌは蒙古系だというのが一般的な推測である。だが外観を観察すると、彼らはコーカサス人種と実によく似ている。またロシアの農民をまざまざと思い起こさせるものもある。アイヌは身体が小さいというのは正しくない。彼らは平均的に日本人より大きい。しかもずんぐりして肩幅が広い。ことに目立つのは、その濃い髪と髭である。おそらくアイヌは民族の中で最も毛髪が濃いであろう。一方、日本人は、蒙古系が全体としてそうであるが、髭はほとんどない。アイヌの長く垂れ下がった髭は、男性を堂々たる容姿にし、老人のそれとなると、さらに畏敬の念を起こさせる。濃い毛は胸やその他の身体の部分にも及んでいる。容貌は逞しく、日本人よりはるかに美しく整っている。彼らの眼は横一線で大きく真っ黒な瞳である。他方、日本人のほうは、たれ目で小さく茶色の瞳が多い。アイヌの皮膚の色は、日本人よりずっと黒ずんでいる。真っ茶色でその色ぐあいは、北アメリカのインディアンに非常に似ている。

アイヌの女性は美しい部類ではない。皆、不恰好で顔もみにくい。茶色の口髭の刺青をして、そのため口が耳まで達しているように見えるが、それは決して彼女らを美しくしてはいない。刺青はほんの少しずつ増やしていく。少女は上唇の上の部分に小さく刺青をするが、年をとるにつれて、それがだんだんと広がっていき、大人になると、ついには口全体が青い枠で囲まれてしまう。アイヌの概念では、それがともかく美しいのであって、ここから美の概念はいかに千差万別であるかが判ろう。

アイヌの見事な現象としては、その堂々として悠揚迫らぬ態度がある。ヨーロッパ人には少し卑屈に見えるが、やはりこれは品位あるものである。アイヌの挨拶はすこぶる厳粛である。跪いて何度も床につくまでひれ伏し、お辞儀するごとに手で長い髭をしごく。そのほかにも、アイヌは非常に儀式張っており、その古い慣習をきびしく守っている。彼らの性格の無邪気さは愛想の良さにも見られる。その不潔さはあまり好ましいものではない。日本人は、おそらくすべての民族中最もきれい好きというが、多くのアイヌのほうは、身体を洗ったり、水浴はしないと言われている。概してアイヌのそれ以外の振舞いは、その威厳ある外見とは一致しない。精神文化の点では、アイヌは衰退しているようだ。もっと正確に言うと、アイヌは非常に低い文化段階に留まっていると言える。アイヌと一緒にいると、私は常にはるか昔の文化の時代に戻ったようにまざまざと感じたものである。彼らが堂々と車座に座って、大好きな酒盛りに夢中になる様子を見ると、かのタキトゥスが見事に描いてみせた古代ゲルマン人のサークルを思い起こさせる。(訳注1) その堂々たる飲酒の様子はまさに驚嘆に値し、猪口一、三杯で顔を真っ赤にする日本人とは正反対なのである。酒盛りはアイヌにとって、真面目な祝祭行事であり、それゆえ儀式なしにはありえない。すなわちまず初めにお神酒が出される。だがそれには極上の酒をごくわずか使うだけである。飲む人は、イクバシ(訳注2)——平らで尖った箸——を酒にひたし、持ち上げてその滴を火の上または床にしたたり落とす。その間、頭を軽く下げ、イクバシを数回左右に振る。これを六回繰り返した後に、酒を飲み始める。その際、口髭をイクバシで上に持ち上げ、酒にひたらないようにする。このようにアイヌは、飲酒の時には至極生真面目のようであるが、実はそれ以外はそうでもない。彼らは酒について、どう飲むかや、どこで飲むかなど全く考慮の外である。精神的天分は非常に乏しい。各地方にいるアイヌは、この精神的衰退の度合いが大きいか小さいかによってのみ区別される。そのうち最もレベルの低いのは、蝦夷の北東部に住むアイヌで、他方、噴火湾に住むものは、最も進んでおり、農耕にもいくらか従事している。

昔から彼らは、狩猟と漁業によって生活してきた。今日彼らは日本の移住者とこの点で競争することになり、そのため、彼らの生活資源がだんだんと乏しくなってきた。かくてアイヌの人口も年々減少している。彼らの怠惰、大酒飲み、伝染病、日本人との混血などすべてが、彼らがだんだんと消滅する原因となっている。チェンバレンは次のように記す。「彼らは昔のようにお高くとまることはできなくなった」「そして温情ある政府の好意的な努力にもかかわらず、文明の影響、つまり日本人との、あるいは彼ら相互の長くかつ流血の戦争しかも前世紀にやっと終了した戦争で、彼らは速やかに消滅しつつある」(訳注3)と。アイヌは現在、蝦夷と千島のいくつかの島とサハリンの南部に住んでいる。昔、彼らは日本の本州の北部にも定住していたという。だが日本人に絶えず押し戻されていった。彼らの人口は蝦夷では一万五千、千島では五百人もいない。

アイヌの衣服は男女両性とも本質的に同じで、その裁ち方の点では、日本の衣装を思い出させる。前開きで、膝まで達し、幅広い袖のある上っ張りで、バンドで身体にしめる。それは楡科の樹木の靭皮で織った黄褐色の布でできている。この布の縁は、青い木綿の糸で飾られていることが多い。木綿はアイヌが日本人から購入したもので、アイヌはそれにしばしば白い刺繍をつけている。

アイヌの住居はきわめて簡素である。地中に柱を打ちこみ、葦の葉で巻き、木で骨組をつくり、それを葦の葉で囲む。この小屋には、非常に丈の低い戸口と小さな窓との二つの開口部があり、それらは葦の鎧戸で開け閉めされる。床は総じて踏み固めた土でできている。壁に沿って長椅子が置かれており、そこに粗い筵が敷かれ寝床にもなっている。いかなる季節でも、ここでの滞在は居心地よくはない。夏には、たえられない煙草の煙、熱さ、悪臭、また冬の寒さは生活を台無しにする。小屋のそばに、たいてい貯蔵庫がある。これは野獣を防ぐため、ほぼ一メートルの高さの杭の上に建てられている。

アイヌ語は、単純で調和のとれたものであるという。単語は日本語とは厳密に区別される。文字は知られていない。素朴な物語や歌謡は、口伝で今日に至っている。

アイヌの宗教は素朴な自然崇拝である。太陽、月、風、海、熊等々は皆「カムイ」であって、神として崇拝されている。熊はアイヌの生活中で大きな役割を果たす。小熊が狩りたてられてくると、それを村に連れてきて、アイヌの女性がわが子のように授乳して育てる。その後、この熊は魚を餌として与えられる。それが成長すると、祝祭が始まる。熊は神のように崇拝されているにもかかわらず殺される。

そして、いろいろの儀式のあとで人間が食べてしまう。つまり熊は崇高な存在として敬われると同時に、良い食肉としても見られているのである。熊の頭蓋骨はアイヌの住いの近くの杭の上に置かれている。

訳注1　タキトゥスの「ゲルマニア」によると、「しばしば宴席に、彼らは武装して出かける。昼夜飲み続けても、誰ひとり非難をうけるものはない。酔ったものの常として、たびたび起こる喧嘩は、悪罵、争論に終わることは稀で、多くは殺傷にいたってやむ。しかしまた仇敵を互いに和睦せしめ、婚姻を結び、首領たちを選立し、さらに平和につき、戦争について議するのも、また多く宴席においてである。……〔中略〕……飾らず偽らざるこの民は、その時、自由に冗談をさえ言い放って胸の秘密を解き開き、こうして今や覆いを取られ、露わになった皆の考えは、次の日にふたたび審議される。」（泉井久之助訳、岩波文庫、一〇五ページ以降）

訳注2　神に酒を捧げるための彫り模様つきの一本ばし。イクパスイ、ドキパスイとも言う。

訳注3　チェンバレン著『日本事物誌』一、一六ページ参照。

五　噴火湾にて

長門丸船上にて　一八九一（明治二十四）年九月六日

苫小牧から旅を続け、いろいろなアイヌの村を通過した。日本人とアイヌの混住の村だった白老では、短時間だが初めてそこに滞在した。正午に登別に到着。ここは北海道では見物に価する地点である。というのは付近の山に火山ガスの噴出があるからである。ここの間歇泉《かんけつせん》は、本州では唯一の熱海にあるそれよりもはるかに重要である。熱い湯の火口湖から注ぐ小川には天然の浴場が造られている。登別から馬でこの興味深い地方を一時間ばかり見物に行った。登別から幌別、知利別を経て室蘭に至る道である。室蘭はすでに述べたように蝦夷の最良の港の一つである。景観もどこよりも美しい。東から近づいて行くと、湖に向かっているような気がする。それはすばらしい緑の山々に取り囲まれていた。噴火湾から長く延びた大きな港への狭い入口に進むには、北方からだけである。われわれは新室蘭つまり新しい室蘭という所へ行くつもりで、そこへは南から迂回して行かねばならなかった。そこでわれわれは非常に良い和風の宿屋マルイチ（訳注１）に投宿した。ここは自然が美しいのみならず、文明にも近づいた感じがする。私はそれをできるだけ体験しようと思い、美しい地方でもあり、もてなしも良いので、なるべく長くここで頑張ろうと決心した。新室蘭は北海道で見た中で、蓴菜沼と並んで私の気に入った最良の地だった。

つまり室蘭は、ここから隣接の地方へ調査旅行に出発する基地なのである。この旅行を、私は噴火湾の北東側の門別と有珠に向けて行った。この二つは、アイヌを観察する絶好の場所なのである。小型の蒸気船で、朝、北へ向かった。やがて湾が大きく開けてきた。われわれの眼前には、険しく、赤くほのかに光る岩壁を持つ火山が聳え立っていた。有珠岳であった。われわれはそれに向かって進み、二時間たって門別に到着した。ここでは非常に多くのアイヌがうろつき回っていた。恐らく誰かやってきたら、酒にありつこうとしているようであった。つまりそれは、アイヌについて知りたいと思う旅行者が、その希望をかなえるために、彼らにほどこしてやる方法なのである。小さな樽酒をおごると、敬意を表するために、アイヌの全住民が集まってくる。それによって彼らの慣習や踊りを知る機会が生じるのである。次に私は門別で茶店に入り、朝食をとり馬を雇った。有珠までは、美しい地方を三里、ゆっくりした登り坂の道を進んだ。有珠は最大のアイヌの村の一つである。また、そこの住民がいくらか農耕をしているので、最も文化の進んだ村の一つである。とはいうものの、彼らも酒をおごると、すぐに集まってきた。だが時間の遅れもあるので、私は酒のほうは止めて、アイヌの二、三の小屋を見物するだけにした。その後、門別への帰路についた。そこでも、何人かのアイヌが喉を乾かして私を待ちうけていた。夕方、新室蘭行きの汽船はなくなっていた。そこで私は、そこにあった唯一の交通手段の、すこぶる原始的な荷車で旧室蘭（つまり元の室蘭）に戻った。この旧室蘭は、噴火湾の東側、湾によって隔てられた新室蘭の北方にある。ここには、暗くなってやっと到着した。私を送ってくれるような渡し舟はなかった。事態は喜んではいられないものだった。陸路で港湾を回るには五時間はかかる。しかもそれには車を雇わねばならないのだが、今までわずかにあった車は門別に戻ってしまっている。旧室蘭に留まるわけにはいかない。そこにあるたった一つの宿屋はひどいもので、信頼できそうになかった。その煙が立ちこめた唯一の広間では、家の人々と二、三人の坊さんとが、一人の死者のために集まり、単調な歌や太鼓などでいろいろな儀式を行っていた。これが一晩中続くので、一時の心地よい眠りすらできないであろう。一方、私のコックは、まだ湾の向こう側にいる私を、温かい夕食を作って待っている。旧室蘭では食べられそうなものは、何一つ期待できないので、コックの夕食は、私が一日中待ち望んだものだった。だから何としても湾を渡らねばならない。ところが人々は皆眠っており、船を出そうとする者はいない。私は村中、歩き回ったが、一人も見つからなかった。だが、一時間もたって諦めかけた時、二人の若いアイヌが名乗り出てきた。もちろん満足のゆく報酬と引き換えにである。私はともかく人が見つかったのが嬉しく、値段の交渉などしなかった。暗い空には無数の星が輝いていた。私はちっぽけな舟に乗り、この二人の現地人だけを伴って、真っ暗で時々神秘的にきらきら光る海の上を進んだ。その時、月が空に昇った。湾は突如として妖しく光り輝いた。彼らは一所懸命に漕いだ。二時間の航行の後、やっといくつかの家の光が見えてきた。そこまで、のろのろと接近、何時間も遅れてやっと目的地に到着したのだった。

九月四日の朝、旅をさらに進めようと思った。「日本郵船会社」の小さな汽船が室蘭と噴火湾の南西端、駒ケ岳の麓にある森町とを結んでいる。天気は荒模様だった。そこで、湾内の波だからといって冗談も言えないことがあると知った。汽船は絶えず縦揺れして、乗客を確実に船酔いにするほどだったが、この小さな汽船は毅然としてこれに耐えた。森町は、私のコックが車を探してくるまでの短い間の滞在地だった。函館から蓴菜沼へ北に向かって走る、すでに述べた街道はここから発している。蓴菜沼はこの街道のほぼ中ほどにある。横浜行きの次の舟の出帆までまだ時間はあるので、私はなお一日蓴菜沼で過ごした。その後、前に私が乗った車となじみの馬で、以前の道を通って函館に帰った。私が乗船する船は長門丸だった。この汽船は、私がこれまで乗ったあらゆる船のうち、甲板船室があるという点で際立っていた。その船員の中になんとドイツ人が一人いたのは驚きだった。数人の日本人士官候補生がおり、片言の英語まじりで話し掛け、恐らく好奇心にとらわれていたのは、あまり面白くなかった。天気は最上だった。荻ノ浜では、今度は上陸し、近くの山を散歩した。翌朝、航海を続け、幸いにも二十四時間後に横浜に上陸した。

訳注1　マルイチ　㊀旅館、福井三郎経営、現在の室蘭駅前にあった。

第三章　日本の冬の旅

一　聖なる伊勢

京都にて　一八九一（明治二十四）年十二月二十七日

日本の冬旅は、得失二面がある。冬、ことに十二月の日本はすこぶる美しいが寒い。毎日好天気に恵まれ、天候の変化はない。輝く太陽の下、冬の景観は魅力に満ちている。――まさにこの時こそ太陽の下を逍遥して、新鮮な海や山の空気を吸いたいと思うものである。しかし、この逍遥も、前に述べたようにやはり得失二面がある。すなわち太陽が輝くかぎり、クリスマスの時でも、夏くらいの暖かさはあるが、太陽が照りつけないと、ひどく寒い。そして散策が終わっても、暖かい部屋に逃避することはできないのである――そういう部屋がないのだ。日本の冬のマイナス面は日本の宿屋にある。これは夏なら推薦ものであるが、冬は寒く、かつ居心地がよくないからである。ストーブはなく、その代わりに手をあぶる炭火鉢があるにすぎない。また紙の障子は戸外の寒さも風も防いでくれない。おまけに長靴をはけないし、小さな室内では、健康保持のための運動すらできない——とは言うものの、美しい自然を愛でたいと思う者は、そんな事情も何のそのであり、戸外に出てすばらしい冬の景色を堪能しようとする。そこには冬でも見事に花咲く植物に事欠かないのである。この寒さには、できるだけ多くの毛布やその他の衣服を用意することで対応する。この暖かい衣服や、猪口二、三杯の熱燗の酒を、陽気で楽しい日本人の仲間と飲むと、現れ出る多くの美しさに見とれて、寒さなどはしばし忘れてしまうのである。旅行のために必要な手荷物は、ベデカー出版社(訳注1)などが、スイスの旅行者のために定めた指示には合致しない。ここはスイスでなく日本なのである。ヨーロッパではなしにすませるが、日本での必須の手荷物は弁当行李というものである。これがないと、自然がいかに魅力的でも、しばらくは出かける気にならないのだ。しかしそれが何ほどのものというのだろう。心さえうきうきするならば、軽いのに変えて重い手荷物すら持って遠くへ行く。その心は晴れわたった自然とは常に矛盾しないのである。

もうクリスマス休暇が始まるのが待ちきれなかった。この休暇には、日本の中央部のいくつかの美しいもの、ことに絵で見て感激してしまった聖地、つまり神道の中心地である伊勢を見るのである。十二月二十二日、待ち望んだ日がきた。正午、私は横浜で美濃丸に乗船した。この船はおおよそ丸一日で、私を四日市まで運んでくれるのである。私の目的地は伊勢の国、あるいは今日言う所の三重県である。この地は、大きな半島の東半分を占めている。半島は東端が名古屋、西端が大阪、北は京都と琵琶湖がその境となっている。美濃丸は、「日本郵船会社」の比較的小さい船である。高級船員も一般船員も皆日本人である。ヨーロッパ人は、この航路には滅多に乗船しないから、船の食事は和食である。しかし船室は洋風で全く快適であった。二十四時間だけのことであるから問題にならない。残念ながらヨーロッパ人にとって生じる多くの欲望は諦めよう。

天気は出帆の時はすばらしかった。東京湾には魅力の太陽が美しく輝いていた。この陽光の下、船は湾の南端の三崎が遠ざかるのを見た。この三崎には、一年前に体験した嫌な思い出が残っている。すなわち私は小さなボートで岬を一周しようとしたが、逆風が起こるとは考えなかった。ところが南端を回ろうとした時、大波が襲いボートはボールのように翻弄され、何時間も上陸できなかったのである。今日、船上から見ると、海は穏やかで危険もなく、いつもこうであったかのように思えた。夕闇の迫る前に、絶えず煙を吐く大島（フリース島）を通過した。すると辺りは暗くなった。私はたった一人の船客なので、退屈してしまった。そこで、ただでさえ長い睡眠を多くとって紛らわそうと思った。しかし、絶えず起こる船の激しい縦揺れで、これは打ち砕かれてしまった。駿河湾の出口に来た時、北から烈風が吹いてきた。船はやがて縦揺れと横揺れとを繰り返し、睡眠などは問題にならなくなった。船長が翌朝、私に語ったところによると、船は強風に対抗するため、何度も進路を変えたという。そのため、われわれは目的地にはごくのろのろとしか近づけなかった。やっと午前十時、伊良子岬と神島の間を過ぎて尾張湾に入った。ここを数時間航行して、右に三河と尾張を、左に志摩と伊勢を見ながら、午後に入って間もなく四日市に到着した。ここは伊勢の外港で、上陸には小さなボートでわれわれを運んでくれた。

われわれを県庁所在地の津まで運んでくれるはずの汽車はすでに出てしまった。そこで私は数時間ひどく寂しい茶店に入って我慢しなければならなかった。夕方やっと、津までの旅を続けることができた。しかしはじめ考えたように、同日に伊勢神宮のある山田まで行くことは無理となった。だがこの遅れは後悔すべきことではなかった。汽車の中で、私と同じ目的、しかも行く先も旅館も同じの日本人の紳士と知り合いになったからである。この紳士は親切に私の面倒を見てくれた。そのため、私は宿屋で大歓迎された。すなわち私はヨーロッパ人でなく、日本人のように応対されたのである。そうされるのは決して容易なことではない。なぜならヨーロッパ人が完全に日本風に行動し、それによって日本人の気にさわることをすべて避けるわけにはいかないのである。だから日本人がヨーロッパ人を先入観をもって応対したからといって、日本人を悪く言うことはできない。ヨーロッパの人は、そこでどんな取り扱いを受けたかによって、前にそこに行ったヨーロッパ人がどんな人間だったかを推測できる。その人間が尊大なイギリス人やアメリカ人でないかと疑っているのなら、別に奇異の念を抱くことはない。津では前に訪れたヨーロッパ人はいないようだった。歓待を受けた理由は、第一には日本人の同伴者のおかげである。この日本人は、私が英語の代わりに日本語をしゃべり、日本人を手本にしようと努めているのを認めたのであろう。彼は、私が隣の部屋に入り、浴室を点検し、献身的に私が心地よく過ごせるよう配慮してくれた。その夜は、宿の人々や私達と一緒になり、上等の酒を飲み、座敷に呼んだ多くの芸者の踊りや歌で、すっかりうきうきした気分となった。

翌日の十二月二十四日、いよいよ目的地の巡礼地山田に行くのである。伊勢、特にその中の山田は、そこに設けられた聖堂のゆえに、日本民族にとって神聖なる地である。何千という巡礼者が毎年この目的地に向かって急ぐ。この地はすべて、巡礼者によって、また巡礼者のために生計を立てているのである。もっと暖かい季節には当然その数はずっと多い。しかも祭礼がこの時にあるので、なおさらのことである。しかし今十二月でも数多くの巡礼者に出会った。それはほとんど貧しい人々であって、彼らは小さな手荷物とわずかの金をもって、故郷から遥かな道を辿ってきた。だが、そうすることによって、彼らの一生の願いがかなえられるのである。

この日、私が見ることができたものは、心に刻み付けられる映像だった。この地方はすべて宗教的な雰囲気で、私にとってのクリスマス気分ぴったりのものだった。もっともクリスマスとその気分がどんなものかを知る者はこの周囲何マイルの地の中で私一人であったが。多くの人の見解に従うと、神道は宗教ではない。高い身分の日本人は無信仰である。低い身分の人々の信仰は、ともかく並外れて素朴で、不明確である。しかし真の宗教的確信というものは、どこでまたどんな形でそれに出会おうとも、常に心を打つものがある。ここ伊勢に巡礼する人々は、誠実な宗教的確信一筋に生きている。それは素朴であるかも知れないが、生かじりで外見のみのものより優れている。しかもすでに述べたように、この地全体が宗教的気分に満ちている。晴れわたった青空の下、好ましく魅力的な地方の中で、控え目で満足そうな民族が単純で幸せな人生を送っている。大通りが真中を突き切って走っており、そこを巡礼者たちが、最も神聖な神社と国の最大の宝物が収められている目的地に憧れて進んで行く――ここにはヨーロッパの影響はまだ浸透していない。しかしこの影響がここで破壊的な作用を及ぼすのに、あとどのくらいかかるのだろうか？

私ひとりでは何もできない。私は求めても何一つ得られない異郷への闖入者《ちんにゅうしゃ》のようなものなのである。自国にいれば、人は日本にヨーロッパの影響が入っていくのを結構なことだと喜ぶであろう。これは一つには無思想、一つにはエゴイズムがあるからだ。だがこの二つには罪はない。なぜなら自国では、日本と日本人について当然のことながら、何のイメージも湧かないし、ヨーロッパには誤りがないと考えてしまうからである。ここに二、三週間滞在する世界漫遊者も、独自の見解を持てないから、何ら正しいイメージを作りえない。事実、このイメージには、特に日本人も充分考慮に入れるべき裏面がある。ここの土地と人とを知る人は、それを純粋に見出したと嬉しくなるものだ。そういう人は「ヨーロッパ的」日本や「ヨーロッパ化した」日本人を避ける。日本人の性格には、多くの陰の部分があり、職業上、または取引上日本人と付き合う人は、誰でも毎日それに出会うのである。しかしこの部分は特に「ヨーロッパ的」日本人のもとで見いだされる。とは言うものの、ここは日本人の悪い面を語る場所ではない。なぜなら、そういったものに、伊勢ほどお目に掛かることが少ない所はないからである。ここでは、素朴な人々のみに出会う。彼らの下では、かの悪い面はまだ優勢ではなく、東京や横浜で多くの反対の面を見た後では、ここでは気分を良くするような真の好印象が得られるのである。

津から山田まではおおよそ十里、六ないし七時間の道のりである。私は津で、二日間の約束で苦力を二人雇った。彼らは山田までと、翌日再び津まで私を運んでくれるはずである。すばらしい天気の下、十二月二十四日の朝出発した。途中いくつかのかなり大きい町を過ぎた。赤い毛布に身を包んだ多くの巡礼者に出会った。彼らは私を見ると、その都度、大騒ぎになるのだった。日本に輸入された毛布がこんなに多いとはまさに驚きだった。しかしさらに、この毛布を彼らの役に立つこのスペクタクルのために、新奇に用いるとは、日本人の発明力の豊かさに驚嘆せざるをえない。このスペクタクル行列には、至るところで、また何度も出会った。どれもこの新しい利用方法によっていた。毛布の本来の利用方法は日本人には知られていない。それは日本人が使いはじめたヨーロッパのその他の道具の大部分も同様なのである。婦人や子供用の商品を男が身につけたりするし、その反対もあり、誰かがそれを知ったとしても、そのままである。ともかくこの場合、毛布は実にうまく利用されている。というのは、巡礼者の装束は季節を考えると、きわめて軽くしなければならない。またその多くの場合、下肢は丸出しで、冬の寒風に晒されてしまうのである。人々は皆、ヨーロッパ人などめったに見たことはなかった。だから、私の見たところ、彼らの眼は好奇心をむきだしにしていた。多くの人々、特に若い連中は、私の車の後から、この面白い眺めを長く見続けようと、駆け足で追ってくるのだった。私は自身が、この地方で見るに価する最大のものになっていることを意識した。その上、これは無料で見ることができるばかりでなく、場合によっては、旅をさらに続けられない巡礼者に、わずかながらの喜捨をすることでもあるのである。日本にいればやがて、見世物にされることに慣れてしまおう。ことにそれは多くの場合、侮辱されるわけではないのだから。だが残念ながら、東京の教養ある学生の中に、この点で、恥ずべき例外を行っている者もいることが確認できる。それはヨーロッパ的教養に染まった青年たちが、しばしばヨーロッパ人に対してとるきわめて不親切な態度である。まさに誇るに足る古い日本の礼儀とははなはだしく矛盾するものではあるが、しかしこれとても、多くの英国人の世界漫遊者の態度へのお返しでもあるのである。とはいえ、この驚き具合の中にも、素朴な喜びが現れており、それは私をひどく楽しませたのだった。

ところが、まもなく二人の私の連れは、驚いて見ている連中から私を遠ざけ、代わって私を別の連中に見せて喜ばせようとした。正午ごろ、斎宮という村に着いた。そこで短い休息をとった。その後、われわれは普通の巡礼路から左に折れた。それは山田への途上にあるが、脇にそれた所にある二見と朝熊山を見物したいからであった。だんだんと海岸に近づき、二時ごろ二見に到着。日本には、いくつかの地がよく絵に描かれているが、その代表が二見である。切り立った絶壁の海岸の波打ち際に大小二つの岩が立っている。そしてそれらは、一本の綱でつながれている。そしてこの絵は日の出の光に照らされている。夫婦のこの二つの岩は聖なるものとされている。敬虔な旅人たちは、ここでたいてい小さな藁縄や銅貨を奉納する。

この興味深い所に私は長くは留まれなかった。それはまだ登山が残っているからである。朝熊山《あさまやま》——上野《こうずけ》ないし信濃の国にある標高八千フィートの火山浅間山と混同してはならない——は、二見と山田との間にあり、約千三百フィートの高さで、非常に見晴らしがよい。私を乗せた人力車夫は三十分ばかりで、この山の麓まで連れてきてくれた。ここから、徒歩が始まる。およそ一時間の行程である。登り路はけわしいが、途中の景色は魅力的である。伊勢の国と尾張湾は、地図を見るように眼下に広がっている。家も樹木も皆見えた。山の上からは、南や西への展望も開けた。海やその向こうにある山々の方角であった。しかし残念なことに、きびしい寒風が吹きだした。太陽はすでに低く、直ちに帰還を勧めているようだった。待っていた人力車の所まで来ると、車は一時間ほどで目的地の山田まで運んでくれた。そこには油屋という大変良い宿屋があった。私は茶代を渡して好意を示し、また案内状——前の宿屋から次の宿屋への紹介状——を手渡して、怪しい者ではないことをはっきり示すと、親切に迎え入れられ、温かい日本の夕食でもてなしてくれた。これは私の口に全く合う食事だった。私の周りには、今日がクリスマスイブだと言う人は一人もいないであろう。ドイツで今晩のことを心に浮かばせるヨーロッパ的なものは熱いグログ（水割りの強い酒）である。これは私が予め予期して携行してきたラムの瓶で作ったのである。

ところでその夜は、全く日本的な気晴らしの行事があった。それは伊勢音頭という古くて有名な踊りである。これは晴れやかに着飾った三十人の女性の踊り手が、特別にしつらえた広間で上演するのである。山田に来て、踊りに祝儀代を支払える人だったら、これを見逃すことはないであろう。神社でも神官の神楽と称する舞いがある。日本の踊りはヨーロッパのそれと本質的に異なっている。これは長所と言わねばならないと思うが、日本の踊りはすべて決まった筋を表現するものであって、しかもそれは長い物語の筋なのである。男ないし女の踊り手は、足ばかりでなく、身体全体の動きで無言劇を演じる。それはことに、両手や扇子ないし表情の動きによって行う。これには体のしなやかさのみならず、演技上の素質も要求されるが、日本人にはその素質のある者が多い。上手な踊り手は即興劇もよくする。日本人が実に巧みに優雅に踊ることは間違いない。ヨーロッパ人は、日本の言葉も身振り手振りも理解できないので、多くの場合劇が解らないのは残念である。多くの日本の踊りは、ヨーロッパ人にとっては、装飾過多に思われ、また取り上げられたテーマも、多くの人々の趣味に合わないようだ。しかし何が美しく何が醜いか、何が演じうるものか、何がそうでないかについての、日本人の見解はヨーロッパ人のそれとは異なっている。ところで、なぜ日本人の見解はこうも違うのだろうか？　日本人のそれは、ともかく自然であることが前提である。もし私が今、ヨーロッパの舞踊に一言いうとしたら、まずそれは、昔はある一つの意味を持ち、一定の筋を表現していたことが認められよう。しかしそれは、はるか昔のことなのだ！　この特色は、それ以後なくなってしまった。それに代わって、今日の輪舞やコントルダンスによって代表される型が作られた。これはいかなる存在理由にも欠け、美しくもなく意味もないぐるぐる回りに過ぎない——。

十二月二十五日の金曜日、私は早朝、山田にある内宮、外宮と呼ばれる二つの神社に向かった。両神宮のうち一つは山田の南方、他の一つは北方と互いに遠く離れて建っている。私はまず内宮に赴いた。約二十分間人力車で行き、大きな木の橋の所で車を降りた。そこまでの道の両側には、伊勢の土産を売る店が並んでいた。橋の奥には非常に美しい緑地があり、さらにその後ろには杉、楠、楓などの巨木が立ち並ぶ神苑が現れる。この広大で高い木陰の空間は、水を打ったような静けさである。人間はこの巨人の前ではいとも小さくなる。巡礼の人々はそれぞれ祈りつつ歩み、所々で立ち止まり、跪いて深くお辞儀し、短い祈りの言葉を唱えたのち、さらに聖地へと足を向ける。日本人の敬神の形は、たいして時間はかからない。数秒ですべて終わり、静かに先へ進むのである。しかし人々が神々の崇敬のために、戸外で祈り跪くその姿には、強烈な印象を与える。この光景を嘲笑したり、肩をすくめたりする人はいないであろう。

この神苑の中に聖なる本殿がある。これは簡素な白木で造られており、飾りはなく、神社建築の典型である。日光の神廟が華美な飾りで際立っているのに反し、山田の神宮は簡素の美ではあるが、その印象ははるかに強烈である。この作用は特に自然が人間のなせる業を助けることから生じる。日本を旅行する人々がことに寺社を訪問し、また旅行ハンドブックがどれも神社仏閣の見物を勧めているのは充分理由がある。これは寺社それ自身がよいからばかりではない。こういう建築の見物にあまり興味ない人でも、神社を取り巻く場所そのものを訪れようとするのである。他方、興味深い神社を訪れようと考えた人が、時にたいして見るに価せず、平凡な建築だったとしても、期待が裏切られたとは思わないであろう。神社仏閣はどこでも、周辺の地の中で最も美しい場所を選んで建てられている。この日本人の感覚は驚嘆すべきである。単調な平野の中でも、少し高い所があって、そこには必ず寺社が聳え立つ。そこは美しい景観によって際立つ地点なのである。これらの寺社はすべて高い樹木の下にあり、またこの大きな木々で美しい神苑の森を作っている。そこで町でも田舎でも見晴らしのよい所を探そうとするなら、まず神社や寺を訪れればよい。この自然と芸術との協調は、日本が訪問者に提供する最大の魅力である。日本の芸術は常に自然との結合を心得ているのである。これは日本の芸術全体に言えることであるが、ことにそれは建築芸術にあてはまる。そのうち寺院建築がその代表である。しかしヨーロッパの概念によれば、日本の建築には多くの望むべき点があるが、それは芸術的建造物が同国の自然との協調によって効果を発揮しているに違いないからである。この魅力を引き出したのは、芸術ばかりでなく宗教もそうである。人を宗教心に向かわせるのに美しい自然の姿ほど強いものはないであろう。日本で自然を楽しみたいと思えば、神社や寺院に行く。神道の信者も仏教の信者も、この問題を充分意識しており、それにもとづいて寺社の場所をどこにするか選んできたのである。社寺一般について言えることであるが、これにも特別の位階があり、この国の最も有名なもののうち、第一位を占めるのは伊勢の神宮である。その建築学上の構成には、せいぜい簡素にして飾り気なしで、ほか感嘆すべきものはない。神道の形式を厳密に守りとおしているのである。とは言うものの、全体としては、訪れる者に強力に訴えるものをもっている。

日本人にとって、伊勢神宮がきわめて重要かつ神聖である理由は、それが優に千八百年以前にさかのぼるという古さにあるばかりでなく、女神アマテラスを祀った内宮には聖なる鏡というエンブレムが収められている事実にある。今ここで日本の神話に関して詳しく述べることはしない。ただ次のことだけは記しておこう。つまり日本の伝承によると、ミカドはイザナギ、イザナミという夫婦の神の娘である女神アマテラスの後裔であるという。この女神の孫がこの地を治めるため天から降下した。そしてその曾孫が初代のミカド神武天皇なのである。内宮の祭神であるアマテラスはミカドの先祖であり、神道は祖先崇拝の宗教であるから、神道の信者にとっては、この神宮の重要性は明らかである――。前述したかの鏡には、また特別の事情がある。太陽神であるアマテラスは、かつて弟に侮辱されたので、ひどく感情が傷つき岩屋の中に隠れ、そこを岩戸で閉じてしまった。そこで世界は真っ暗になり、怒れる女神を再び連れ出すことはできなかった。しかしついに一計を案じ、女神を岩屋から誘い出すことに成功する。神々の中の一人が大きな円形の金属の鏡を作った。この鏡の光に好奇心を抱いた女神を動かして、岩戸を開けさせたのである。そこでこの鏡は、以後神聖なものとされ、内宮に貴重な錦に包まれて収蔵され、人間の眼には絶対に触れることはできなくなった。その警護は、長らく皇室の未婚の皇女に任されている。今日どの神社にも、太陽神の象徴であるこの鏡の模造が収められている――。そのほか伊勢神宮は、この記念の鏡のみならず、国家の権力の象徴である剣と玉の鎖を所有している。(訳注2)アマテラスは孫を地上に派遣するとき、この神器を与えた。そして十代のミカドは、この国の宝物を伊勢に移し、そこに収納させたという。(訳注3)

神話物語はこれで充分であろう。ともかく伊勢が日本人にとって、どれほど神聖なものであるかを示している。そこを訪れる時、たとえその聖地を信じないヨーロッパ人すら祈りに誘う。日本民族に望みたいのは、身分の高い人々にしばしば見られる軽はずみな行動に染まることなく、その素朴な信仰を保ち続けることである。キリスト教的と称する日本人の多くは、伊勢でその神を敬い祈願する篤信の巡礼者たちより道徳的にずっと低級なのである。

伊勢神宮に関しては、なお特筆すべきことがある。すなわちこの神宮は、二十年が過ぎると取り壊され、新しい素材によって全く同じように新築される。宝物の新社殿への引っ越しには、常に特別な祭典の形で、大群衆の下で執り行われる。取り壊された神殿の木材は小片に切り裂かれ――オハライと称する――遺物になって巡礼者たちに売られる。このオハライや、女神の名を印刷したオフダは、神宮の境内で売られ、信者はそれぞれ巡礼の聖なる思い出の品を持って家に帰る。というのは、これはある期間、罪を清める力をもっているのである。

最後に神宮に関しては神馬について言及しておこう。この動物には、堂々たる肥満体のほか特に際立つものはない。ただ運動はせず、ましてや仕事はさせず、栄養分は必要以上に与えられて、神聖なる生活のために欠くことなくされている。これらの馬は、酷使されて痩せこけた老馬とは際立った対照をなしている。こういう老馬は日本ではよく見かけるし、人道的に考えれば誰でも憐れをもよおす。輓曳用の家畜への憐れみは日本人の「教理問答書」にはないようだ。もっとも日本人は動物を殺してはならないとされているが。

内宮で充分見物したのちに――社殿の内部はカーテンがかかっていて覗くわけにはいかない――帰路についた。山田を通り越して、その北にある外宮に向かう。ここは、その状態も建築もかなり内宮と一致している。外宮には、大地の人格神であるクニノトコタチノミコトという神が祀られている。(訳注4) ここにも内宮と同じく、ほかに多くの神社がある。そこではいくらか重要でない、他の神々が祀られているということである――。

両神宮の見物には、午前中いっぱいかかってしまった。そこで翌日まで山田に留まらないとすれば、もう出発のことを考えねばならなかった。前日通ったのと同じ道を、今日も二人の愉快な車夫が私を乗せて走った。午前の強烈な印象がなお残っており、私は心中、極東でのクリスマスの朝と故国でのそれとを比較しながら、この走行を楽しんでいた。午後四時に津に到着した。旅の連れや宿の主人が歓迎してくれた。その夕方、京都に出発する気にならないので、津に留まり知人たちのサークルに加わってその夜を過ごすことにした。この夜もまた日本風な居心地よいひと時であった。

翌日の十二月二十六日、午前の汽車に乗ることにした。この路線は新しく竣工したもので、山を貫いて約五時間で京都へ行くことができるという。日本人の「時間厳守」のおかげで――私はこれに責任はない――汽車が出発してちょうど三十分の後に駅に着いた。この遅刻は、まさに滑稽な幕間劇があったために生じたので、ここで言及するのである。次の汽車の発車までの三時間をつぶすため、私は日本の友人と宿の主人と一緒に駅周辺を散歩した。見晴らしの良い丘にも上った。日本の習慣にしたがって、とある庭園に気兼ねなく入っていったが、そこにはいくらかヨーロッパ風な建物があった。戸外を見回していると連れの日本の案内人が突然この家の中に入った。私も素直に後に従った。するとその中にはヨーロッパ風のサロンがあったのには大いに驚いた。その上さらに驚いたのは、直後二人の英国人女性が入ってきたことであった。ここ津には、外国人の移住はないと思っていた。しかしその際、アメリカ人宣教師という者は、至る所に来ていることを忘れていたのである。この全く予期せざる訪問で本当に当惑したのは私のほうだった。だがすぐ双方ともに誤解がとけた。そしてその後まもなく、汽車は私を二度と戻らぬこの地から連れ去っていった。

訳注1 ベデカー出版社 カール・ベデカー KARL BAEDEKER (1801-1859) の作った出版社。当時ライプチッヒにあり、旅行案内ハンドブックで有名であった。

訳注2 日本書紀等の伝承によると、天孫降臨に際し、天照大神は八咫鏡、草薙剣、八尺瓊勾玉の三種の神器を授け、代々の天皇はこれを皇位のしるしとし、常に宮中に置かれたという。

訳注3 日本書紀等の伝承によると、十代の崇神天皇の六年、八咫鏡と草薙剣とを大和笠縫邑に遷し、さらに十一代垂仁天皇の二五年、二つの神器を伊勢の五十鈴川上に遷し、皇女倭姫命に託して祀らしめたという。

訳注4 外宮の祭神は穀物の神である豊受大神とされているが、鎌倉時代に起った度会《わたらい》神道では、この神は国土根源神の国常立尊と同体であると主張されたという。

二　京都を訪問

京都にて　一八九二（明治二十五）年一月十日

クリスマスは伊勢で特別な神道的印象のもとで過ごした。その第二夜は京都に赴いた。ここの魅力の大部分は仏教寺院にある。この都市には九十三の神社もあるが寺院は九百四十五もあり、その周辺を加えるとなんと三千を数えるという。京都は神社仏閣の町である。そして――ミカドの町である――。これこそ京都を訪れる人にとって何が重要な関心なのかを簡潔に表した言葉である。過去の建造物や歴史的文化財こそ京都の魅力を形づくっている。京都は今日、いくつかの領域、ことに工芸品では日本で第一位を占めているが、それでもこの町は、現代が重要な町ではない。あまり過大な期待を抱いて行かないほうがよい。すでにほかの町を見て、京都から特別なものを期待する人は、いささか幻滅を味わうであろう。この町の状態はたいして美しくはない。北から南へ長方形で、完全に平坦な地で低い丘もない。地形がたいして美しくないとともに、町それ自体も興味あるものは少ない。すべての通りは、北から南、東から西へと走り、直線ですべて狭く、活気も人気《ひとけ》もない。規則的な建築様式が長所なのか短所なのかは、やはり論議が起きよう。私は、真っ直ぐで直角に曲がる大通りは、そこに見るべきものがないとすれば、ますますもって退屈だと思った――。とはいえ町そのものは、地勢からして高い所がないのではあるが、その代わり町の周辺に行くとずっと美しい地点がある。すなわち町の東端は景観として際立って美しい。京都の東には山が連なっており、その東北部——その最高地点に比叡山がある——には、二千五百フィートまでの高さの所もある　ここから西に向かって、京都で賛美できるほとんどすべてのものが集中している。そこには美しい散歩道があり、見晴らしのよい地点もある。またそこに名だたる寺院の大部分があり、さらにそこから、京都で各種各様の楽しみの場所が連なっているのである。西部や北部にも山々があるが、それらは町からずっと隔たっている。そこで京都でどこか興味ある面を知りたいと思うときは、どうしても東部に行かなければならない。

幸運にも私はこの東部に旅宿を構えることができた。丸山の上にある完全なヨーロッパ風なヤアミ・ホテル（訳注1）は、旅客に快適な宿と美しい景色を提供していた。この地自体、美しいばかりでなく、すぐ近くにすべての観光地があったのである。すぐ下には祇園の社があり、それに連続して京都の祇園町という娯楽街がある。その背後には、京都の西部の連山、愛宕山と嵐山が取り囲んでいる。

祇園町には、芝居小屋、茶屋、射的遊戯場ほか娯楽を求める日本人を誘うものが並ぶ通りがある。ここには昼も夜も、人生と喜びと逸楽とが満ち溢れており、この町の他の場所の死んだような静けさとは鋭い対照をなしている。私が聞いたところによると、祇園町には、都会やその他日本の一部にある洗練された遊興の場が隠れて存在するという。そこで演じられる踊りは有名であるそうだ。事実、そこは活気に満ちている。しかしそのほか、ここで提供される逸楽が、他のどこよりも洗練されているとは推論できない。反対に、茶屋ばかりが並ぶこの通りで、外国人の私がいくらか大きくて特に魅力的と思われる家を探したが無駄だった。薄暗いだけの平屋の店で、間口は狭く、特色ある提灯だけで茶屋であることが判る。ところがこの見せかけでだまされてしまう。多くの茶屋は実はすこぶる広く家具調度も選りすぐられたものなのである。だが私には、そうは言っても、ここでの接待が何か一つの点で――値段は別として――東京その他の都市のものより卓越しているとは思えない。古くからの名声がここでもまた余計なことをしたのかも知れないが、現在それが正当化されてはいない――。それはそうとして、これは一人のヨーロッパ人には絶対に正しく解答できない問題の一つである。なぜなら真実の事情は完全には知りえないからである。日本人とヨーロッパ人とのギャップは、ふつう考えるよりずっと大きい。それはすでに生じた相互の誤解の結果であるのだ。そしてこれは、なお長く残るであろう。日本政府がヨーロッパ人のために完全に国土を開放した時でさえ、日本民族は、自らの全人生観、法概念によって形成されるこのギャップを、なお自らとヨーロッパ人との間に見出すであろう。このギャップを乗り越えるためには、日本にくるヨーロッパ人が、日本民族の見解を正しく理解しないかぎり、日本民族のほうから手を差し伸べることはないであろう。だから、それはまだ相当ひまがかかろう。さし当たって、これらの問題についての政府間交渉では、何一つ変えることはできまい。このギャップは、イギリス人の流儀にしたがって、そういう見解を認めないヨーロッパ人にでも、至る所でぶつかってしまう。例えば、一般の飲食店、ホテル、茶屋などは、――しかも最低の所でなくても――ヨーロッパ人お断りとなっている。ヨーロッパ人が大枚を支払おうとしても、金銭欲では、こういう日本人を動かして扉を開けさせはしない。儲けは少なくとも、ヨーロッパ人でないほうがよいのだ！　こういう拒否の態度は、日本にいるヨーロッパ人が至る所で経験する。それは東京でも京都でもであって、政府であろうと、これをいくらかでも変えられないのである。この自らに鍵をかけた日本人というのは、決してこの民族の悪い部分の人だけではない。条約によって開放し、ヨーロッパ人と絶えず交渉している日本人にも目立つのである――。

かくて日本では多くのものが、ヨーロッパ人に気づかれずにおり、それゆえ彼らが近づいて批判できないようになっている。このことは茶屋の問題でもそうだ。私も祇園町でそういった体験をした。これは私にとって決して全く新しいものでなく、それゆえ意外なものでもなかったのだが。二、三の有名な茶屋に行くと、私はできるだけ日本の流儀で自己紹介しようと努めたが、たいした言い訳もなく断られた。もしホテルから外国人向きと勧められた飲食店の一つに行くのは簡単だったであろう。しかし世界漫遊者向きのこういう所には、私はちっとも行きたくはなかった。私は純粋に日本的なものを見て、一人の日本人のように扱われたかったのである。第一夜は、この試みは成功しなかった。そして十二月三十日になって、津からずっと同行してくれた日本の友人に付き添われて行った時初めて、比較的上等の茶屋の一つに上がることができた。しかしこの時も、二、三の別の店を訪れて断られてからであった。ここでわれわれに要求されたものは――私がすでに示唆しているように――他の町で見られたものと全く相違していない。もっとも請求書は違っていたが。

多くの人は、京都こそ大部分の他の日本の町と同様、優れて日本的な都市だという。私には全体としてそのようには思えなかった。しかし一つの点ではこれが当たっている。つまりここでは和服を着ている日本人ばかりなのである。事実これは予測できぬ利点である。人々はそれによって自身喜び、また他の人をも大いに喜ばすからである。ところで私は、ここ京都での接待について、彼らがヨーロッパ人ならすべて世界漫遊者と考えているという印象を持ったが、これはいささか気に入らないものだった。ここにはヨーロッパ人の居留地がないから、このことは理解できるのかも知れない。しかしいずれにせよ、世界漫遊者でなく、ここで自らの観察をしたいと思う者にとって、それはすこぶる不愉快である。

京都での人の生活を見る所が祇園だとしたら、今まで行ってきたその他の観察は、この生活ではなくて、京都周辺の美しい自然と結びついた過去の文化財についてということになる。もともとの京都には、比較的見るに価するものは少ない。その中で、第一に見るべきものとしてあげられるのは、ミカドと将軍の二つの城である。残念なことに、私は宮内省に入場許可証を求めることをしなかったので、外から眺めるだけになってしまった。つまり見たのは、周りの城壁以上のものはなかった。だがその城の内部、ことにミカドの城はあまり見るべきものはないそうである。この天皇宮殿――御所――は、町の北部にあり、外見には感銘を与えるものは少ない。それは全く平坦な地にあり、数多くある大名の城よりはるかに重要でないように見える。それよりずっと見物なのは、御所の南にある将軍の城二条城である。このほうは、見物は自由のようだが、やはり濠のある頑丈な城壁と城門によって閉ざされ、要塞のような印象を与える。それでもその施設は、広さを別として、東京の宮城と比較できるもののようである。

この二つの城に次いで、この町には有名な寺院がいくつかある。そのうち特に京都で見るに価するのは、本願寺派の東西の本山、西本願寺と東本願寺とである。この二つは町の南西部にあり、互いに接近して並んでおり、この界隈ではすぐれて大きな瓦葺の屋根の建物として聳え立っている。西本願寺は、前述した西の本山で、日本における数多くの仏教宗派のうち、最も大きくかつ強力なものの一つである。その権力と威信を証明するものは、感銘深い巨大な建物とその他の多くの建築物であって、その本殿の内部は長さ百三十八フィート、幅九十三フィートもある。この建築も感銘深いが、その内部も華麗である。眼に触れるものは、至る所金なのだ！　普通の仏教諸道具がある寺院の部分は別として、この部屋全体は完全に何も置いていない。すべての装飾、すべての芸術作品は襖と天井にのみ集中している。それらは皆、いろいろな照明がなされた個々の部屋に向けてさまざまに反射する金色の地の中で光り輝くのである。仏教が発揮するあらゆる華やかさは、まさにここに表現されている。この金色の地の上に著名な画家の筆の絵が永久に残されているが、この画家の名をここで紹介するほどのことはあるまい。ここで観賞できる作品は、日本にある最高のものであると言いえよう。ここでは数分間ではあるが、画家の創造の手が独自の下塗りの効果と相まって作り出すその魔力に魅了されてしまう。次に再び本殿を出て、あまり見るに価しない寺院の森に向う。戸外は夏のような暖かい太陽が照りつけていたが、薄暗い寺院の内部は氷のように冷ややかだった。それゆえ、これらあらゆる華やかさからの別離はいとも容易だったのである。寺院の庭園はすばらしい牧歌的な光景である。そこにあるのは静けさであって、本当に孤独の中にいると信じられるほどである。私には、自分と案内の老僧のみがこの世界にいるかの感がした。美しい路が密生した木々の中を曲がりくねっており、行きつく所に鯉の池がある。その背後には東屋が建っている。ここは、かの偉大な秀吉（一五九八年没）がかつて住んでいた所という。この建築の上層からは、町を見下ろす魅力的な展望を堪能できる。私は身を振り切るようにして、ここを離れた。そして先を急いだ。まだ見るに価する所がたくさんあるからだった！

西本願寺からほど遠くない所に、同じく豪壮な東本願寺の建物がある。この寺院は約三十年前に火事にあい、現在の建築は、外見はほぼ竣工したようではあるが、内部はなお完成を待ち望んでいる状態である。本殿は長さ二百十フィート、幅百七十フィート、高さ百二十フィートである。すでに現在も、驚嘆に値するようないくつかの木彫りがここに見られる。また人々が仕事していることも興味なくはない。つまり寺院が一つできあがるのを観察できるのである。

両本願寺を見ると、もうこの町には背を向け東部へと急ぐ。そのほかこの町にあるものは、たいして意義あるものではない。だが神社仏閣の中には、一、二の見る価値あるものもある。そのうち特に私は、町の北東にある京都最大の神社の北野天神をとりあげたい。このように際立った神社の多くは本来の都市の外にある。われわれは今そこへ歩みを進めよう。

東部の山の麓に、まず眼前に祇園の社が現れる。これはたびたび人の口の端にのぼり、参詣者の多い神社である。しかしここで見るべきものは少ない。さて今、この神社の境内の真ん中に来て、左に行こうか右に行こうか考えてしまう。この両側とも数多くの神社や寺院があるのである。京都の多くの寺院というものは、もともとは僧院である。それゆえ寺院とは、多くの場合仏教施設の一部分にすぎない。日本の仏教の宗派は、京都に本山の僧院を持っている――。

次に北へ向かおう。祇園から数歩はなれると、すでに丘の上で、そこに浄土宗の本山知恩院があった。これは両本願寺に次いで、京都での寺院のうち最も見るに価する寺である。地形も際立っており、美しい上り道の参道を進んでこの寺に至る。道の突き当たりにある山門は興味深い建築である。その上階には古い彫刻がたくさん収められている。それは仏教の創始者の釈迦とその十六人の弟子（十六羅漢）を表したものである。回廊からは、京都の町とその周辺へのすばらしい景色が堪能できる。寺院には巨大な鐘がある。これは日本で最大の鐘の一つであろう。本殿の建築は強い感銘を与える。その長さは百六十七フィート、幅百三十八フィートである。そこにはいくつかの阿弥陀像や狩野派の画家による金地の襖絵もある。それについての細かい説明は旅行ハンドブックに任せよう。私を案内してくれた僧侶は、またこの僧院で起こった奇跡について語った。その痕跡はまだ見ることができるという。だがそのうち理解できるものでも、残念ながら忘れてしまった。そこでこの見聞の再現は諦めねばならない。

知恩院から北へ進むと、禅宗の寺院の南禅寺に到り、さらに行くと永観堂（訳注2）これは浄土宗の寺、そして最後に黒谷（訳注3）がある。これも浄土宗である。この黒谷は町の北東部のかなり離れた所にあり、たいへん美しい地形で、見るに価する第一級のものに数えられよう。

しかしわれわれは祇園に戻り、反転して南の方向に進んだ。ほんの少しの散歩で、本願寺派の東大谷に至る。そしてそのほど近くに高台寺があった。さらに二、三の立派な寺院の前を通り過ぎた。道の途中に八坂ノ塔があった。そこからの眺めは有名だそうだが、これには登らなかった。というのは、もっとすばらしい目的地があったからである。道はしばらく、かなり険しい上りである。そして階段があった。ついに京都の周辺で最も美しくかつ独特の地点に到着した。それが清水寺であった。

京都にきた旅行者であまり時間のない人は、見るべきものをすべて脇に置いて、ただ一つ清水寺に登るがよい。それで充分報われた気がするであろう！　この聖なる地から、まさに無比の景観が開けるのである。すでにこの近郊からして、展望を包みこんでいる。緑の地盤には、そこここに寺院建築がそそり立ち、その内側にはかなり急勾配のテラスが延び、その上から、清水に属するさまざまな寺院を見る。広々とした周辺の極めて美しい大地が足下にあるのである。下方には、眼前の左右に巨大な都市が広がる。忘れえぬ光景であった！――

訪れる人にとって、この地点からの展望が価値あるばかりでなく、寺院それ自体もすばらしい。日本の多くの寺院は皆似ており、一つを見ればすべてを見たのと同様である。だから寺院見物というものは、その際美しい景観の地点を知る機会があるので面白いのである。それ自体興味深い寺院はわずかである。そういう寺の一つが清水寺である。この点では、東京の浅草寺だけがこの寺と比較できるのではあるまいか。この寺院は寺域の真ん中に独自にそそり立ち、寺院内部もまた独自である。大きな本堂には非常に数多くの柱が立ち並び、天井やこの柱には、何百という絵やその他の寄進状が貼り付けてある。ここへの参詣はすこぶる活発なものらしい。その営みは奇妙なことに静穏のうちになされているのに気づくが、これは京都の僧院ではごく普通のことである。一人の若い娘が、私がこの寺にいる間、本堂の周りを二十回も回っていた。彼女はたぶん誓願を立てていたのであろう。この行は百回または二百回繰りかえす。行うに当たって、何ものにも妨げられはしないのである。この光景をあざ笑うようなことは、ここにいる誰もが思いつかないであろう。この点では日本人は、わが民族、ことにベルリンの連中とは何と根本的に異なっているのだろう！

寺院の前に大きな木造の展望台が延びている。これは数世紀の歩みのうちに沈下してきた。これを支える木の柱が腐ってきたのかもしれない。しかしこの建物の部分に足を踏み入れたことに気がつくものは一人もいない。絶壁は百フィート以上の深さなのである！――一人の日本人が私に英語でどこからきたのかと聞いてきた。私はこの英語を話す男に嫌悪を感じ、また日本にきてなぜ英語を話さなければならないのか解らなかった。ドイツ語か日本語かなのだ！　そこで私は一言も解らないふりをした。外人は皆英語をしゃべると信じていたこの奇妙な好奇心の男はひどく驚いたらしい。私は彼が骨董商だと思った。つまり私をよいカモだとして、清水から彼の「ショップ」へ引っ張りこもうとしたのだった。

私が日本語を話すと彼はやがてこれは初心者でないとさとった。そして私にいろいろの物を見せはじめたが、いっこうに私がその気にならないので――ついに――好餌と思った私を逃がしてしまったのだった。

再び清水の丘から降り南へ向かって行くと、やがてまもなく本願寺派の僧院である西大谷に至った。これは東大谷と同様に墓地としても使われている。さらに少し南に三十三間堂がある。ここは一千の等身大の仏像を持つ寺である。この仏像は皆、慈悲の女神にあたる観音仏だという。多くの金箔をつけた彫像の与える印象は独特である。この寺の近くに仏陀の巨大な像、大仏がある。しかしこれは鎌倉や奈良の大仏よりはるかに劣るものであるが、それでも高さ五十八フィート、顔だけでも長さ三十フィート、幅二十一フィートという。

これまで寺院や僧院を充分見てきた！　だがわれわれはなお一つの神社を訪れねばならない。もうかなり近くまで来ていた。この神社はもはや京都でなく隣の町伏見である。しかしどこで京都が終わり、どこから伏見が始まるのか、誰が分かるのだろうか？　家並みは途切れることなく続いており、十五分ほど人力車で行くと稲荷神社の前まできていた。神社の印の鳥居――二本の柱の上方に二本の横木が渡してある――が、ここではまさに無数に繰り返し見られる。参道は階段状に次から次へとつながる鳥居のトンネルの中を行く。すべて赤く塗られ、それが周囲の緑と実によく映えている。神社は低い山の斜面にあり、この山の頂上からの眺めは美しい。この山を蔽っている森の中には、たくさんの祠《ほこら》が散在している。そのいくつかの中には、この山に住み、その巣穴も見られるという狐に餌が捧げられている。ここに本当に狐がやってくるかどうかは、さておいてにしよう。だが餌のための穴や狐像を置いたこれらの祠には、いかがわしい見世物の匂いがする。

稲荷神社がどんなに面白かろうと、また今見てきたもの以外に京都になお面白い神社があろうと、もうこれだけにしておこう。目立ったものは訪れたのだし、実に美しいものを充分見てしまったのだ。そこで私には、二、三日は神社はなるべく見まいという希望が湧いてきた。その代わり気分転換に大自然の中で元気回復しようというのである。京都にはそういうものにも事欠かない。すでに以前から京都の北東にある比叡山が私を誘惑していた。もし比叡山に行かずに京都に別れを告げるとすれば、私は自ら誇りとしていた登山狂でないことになる。それとともに琵琶湖も同時に訪れたい。これはどっちみち避けることのできない訪問なのである。それゆえ、寺院よさようならだ！　今日という日は自然に捧げるのだ。山の大気を吸うのだ。長い間、あちこち立ち止まるのには不向きだった脚に、今度は何ができるかを示す機会がきたのだ！　一人の苦力に朝食を背負わせ、同時に道案内も頼んだ。この男はまず北に進み知恩院やその他多くの著名な僧院を通り過ぎた。だんだんと本当の山岳地帯に近づいてきた。

山の麓の小さな村に僧院があった。これはやはり調べずにおくわけにはいかない寺、銀閣寺である。ここに足利家の将軍義政が一四七九年職を退いて後、別荘を建てた。その中で彼は友人たちと茶会を開いたという。この僧院には、襖絵があるが、私には特に魅力的には見えなかった。ここで興味深いのは四畳半の小さな部屋で何の飾りも道具もない。いっこうに目立たないのである。しかし通人――私は残念ながら違うが――にとっては極めて興味深いものなのである。この部屋は義政の茶室であって、日本に存在したこの種の部屋の筆頭だったし、またそれゆえ、その後に造られた部屋の模範でもあった、ここで、初めてかの神秘的で習得のむつかしい儀式――茶の湯――が開かれた。これは日本では今日でも少なからぬ役割を果たしており、またそれは、この独特の国の中に存在する独特なものの一つとなっている。この儀式の際、守らねばならない掟は無数にある。部屋の大きさは、その中にある物品の大きさ、使用する器の形と色、茶の調合、器の使い方、口元への運び方等々と同様、厳密に規定されている。器に入った茶を何回に分けて飲むかも決まっているのだ！　日本人はこのような儀式で、その人が真に教養ある人物であるか否かが判るという。――茶室のほかに、銀閣寺には庭がある。それは非常に感じが良いもので、私も通りがかりに見て感心してしまった――。

銀閣寺から道はなお十五分間くらいは平坦な地を行く。その後だんだんと峡谷の内側の上り坂となった。――比叡山にも歴史がある。中世には、この山は僧院に満ちていたそうである。その数三千という。――チェンバレンの語るところによると(訳注4)――ところがその僧たちは無学と野蛮と粗暴な生活で目立っており、それゆえ京都にとっては恐怖の的であった。この結構な僧侶の一団は、平和な京都の町に略奪の遠征を行った。これは偉大な武将の信長が、この僧院を破壊し、僧兵を四方八方に蹴散らした時まで続いた。今日なお、山上にはいくつかの無人の寺院を見ることができる――。

はじめはたいしたことなかった登りも、だんだんと険しくなる。やがてかなり高い地点にきた。見晴らしはますます良くなった。京都のある平野は、南方はるかに眺められた。西方には京都の背後の聳える山々で、その先のほうに目を走らせることはできなかった。すでに山頂にあり、もうその先はなかった。その時、道案内人が親切にも、また同じ苦しい道を戻らねばなりません。道は採石場の中を行くのです、と告げた。普通は人力車を引いているこの実直な男は、自らも生まれて初めてこの地帯にきたことが明らかだった。彼の顔つきは、さんざん殴られるのを覚悟しているようだった。というのは、そういった手段によって、多くのヨーロッパ人は言葉の分からない部分の代わりをやってしまうからだった。しかし私は不審な点を日本語で表現するにとどめたが、それでもこの日本人を安心させるわけにはいかないようだった。この男は、この日はその後、恭しい態度で私から離れており、私が彼自身や手荷物を必要とする場合に限って、心ならずも私に近づいてくるのだった。彼は長いこと、外国人との平和な関係を信じていなかった。彼を馬鹿だといって殴らないヨーロッパ人は今までいなかった。私のほうも、案内人が必要な道があるとは思わなかったのである。どうやら私のほうが地理に通じているようだった。というのは一時間ほど降ってまた登った後で、私の助けを借りてわれわれは正しい道を発見したようだったのである。

今や私は東に進み、尾根を越えてやがて足下に琵琶湖を見た。この道はすばらしいものだった、山の東面に出てこの側に沿って進んだ。はるか下の右手に湖とその湖に接する平地があった。次に孤独な山中に建つ寺院まで来た。ここで三十分ほど過ごし、持参した朝食を綿密に調べてみた。その結果は完全に満足のいくものだった。そこで私は快適な気分で前進を開始した。本当の山頂には、案内人のおかげで登ることはできず、左前方に見るだけにした。すでに遅くなっていたからであった。なお私の前には、なすべき多くのことが残っていた。そこで山頂は接近するだけ、またそこから京都平野と琵琶湖への両側の眺望を堪能するだけにとどめた。そこで琵琶湖への下山が始まった。これは比較的短時間で済ますことができた。

琵琶湖はその大きさでは、おおよそレマン湖に相当し、日本の湖の中では第一位にあげられよう。だがそれだけのことである。スイスの湖に比べればはるかに劣っている。私の経験では、日本の湖は仰々しく語られすぎている。それらは期待する以上のものではない。たしかに湖には美しいものもある。このことは日本の湖、ことによく知られた箱根の湖（芦ノ湖）、中禅寺湖それに琵琶湖がこれに当てはまろう。しかしこれですべてである。スイスの湖には、どれも例外なしに魅力的風景があるが、日本の湖はほぼそうでない。私は荒れはて草木のない箱根の湖ほど退屈なものを知らない。富士山の眺めすら、それを補って忘れさせるほどではないのだ！　琵琶湖のほうがずっと美しい。しかし、先に述べたように、それで行き過ぎたイメージを走らせてはならない！（原注1）日本の伝説では、琵琶湖の成立は地震のせいにされている。昔、東の富士山が土地の隆起によってできあがると同時に、西では琵琶湖がつくられたという――。琵琶湖のほとり、唐崎という村に着いた。ここは大きな松で有名である。この木は、高さではなくて、広がりがすばらしい。だが、その幹はすでに崩壊してしまっている。そしてむやみに長い枝は、――東西に延びて二百四十フィート、南北に二百八十八フィートという。しかし私が自ら計ってみたわけではない――たくさんの支柱で支えられており、そのため樹が見えないほどである。そこで全体の印象は強い感銘を与えるほどにはなっていない。唐崎から湖岸に沿って大津までは一時間の道のりだった。大津は前年、悲劇的な事件で有名な町である。（訳注5）この事件については、途方もない話として全世界に報じられ、ヨーロッパの新聞が採りあげたが、この記事に拠ることなしに、私も周知の暗殺未遂事件を述べることはできない。だがそれによると、ロシア皇太子は自ら暗殺事件のきっかけを作ったという。それは一つには、彼がいかがわしい飲食店を訪れ、無作法な振る舞いによって、また一つには、一定の宗教の掟を無視して宗教的狂行を招いたことによってであると。これはすべて真実ではない。だがこういった話が生じたことを不思議に思わねばなるまい。日本にはそのようなことを報じた新聞はない。

だから二、三のヨーロッパの新聞がそのような話を企み、他の新聞がそれを引き写したとも考えられよう。それによってロシアの皇太子に悪い印象が与えられ、さらに日本にも悪いイメージが生じるとすれば残念なことである。狂信的な僧侶の話はひどく馬鹿げている。この世界に日本の坊さんほど狂信的な聖職者は少ないだろう。だが多くの日本人は政治的狂信者である。これほど愛国心に満ちた民族は少なかろう。それゆえ現在のような過渡期に政治的狂信を生むのは不思議ではあるまい。かの暗殺事件も、このような事情から生じたのである。ロシア皇太子には、第三者の誰かと同様に、この事件に責任はない。

大津には暗くなってやっと到着した。そこで石山寺や瀬田の橋に行くのは諦めねばならなかった。その代わりに駅に行った。次の汽車が私を無事に京都に運び、ちょうど夕食に間に合った。――京都とその周辺は充分見てきた。なお一日ここにいるが、ゆっくり静養した。そして十二月三十一日の夕、日本人の友人と一緒の大阪に赴いた。

【原注1】私が日本で知った魅力的な湖は北海道の函館の北、駒ヶ岳の麓にある。これは小さいがまさにロマンチックな地勢の中にある。

訳注1　也阿弥ホテル　長崎出身の井上万吉が明治十二年に旧安養寺の塔頭の也阿弥を買収して造った洋風のホテル。

訳注2　永観堂　左京区にある禅林寺の通称、平安末期の中興の祖永観にちなむ。

訳注3　黒谷　金戒光明寺のこと、黒谷浄土宗の本山。

訳注4　B.H.Chamberlain &W.B.Mason, *A Handbook for Travellers in Japan* (London 1913) p.342

訳注5　一八九一年五月十一日、ロシア皇太子がこの地で津田三蔵に襲われた（大津事件）。

三　大阪の新年

東京にて　一八九二（明治二十五）年一月十二日

「大阪は商売の町、大阪は歓楽の町」この言葉は、この町の性格をいみじくも言い当てている。ほぼ五十万の人口を持つ大阪は、今日なお日本第一の商業都市である。しかしそれと並んで日本のすべての大都市のうち、この町には、日本人の生活を何ら妨げられることなく観察できる機会がある。大阪について前記の二つの性格のうち、私が特に大きな興味を抱いたのは後者のほうである。それゆえ大晦日の晩にここに来れば、まさに絶好の機会である。大阪の前者の特色は、この日々には全く生じない。つまり商売は休みである。それだけに後者の特色が目につく。全大阪はこの時、力の限り歓楽に耽る以外何もしない。事実、ここの土地と人とを学ぶに、これ以上良い機会を望むことはできなかった。今ここで私に与えられたものより快適な方法で、大阪についての学習を修了することはないであろう。

大晦日の十時に梅田駅に着いた。人力車が私と同行の日本人とを十五分で日本旅館に運んだ。そこでは私の来訪をはじめは喜んでいないようだった。もし私ひとりで来たなら、宿泊は疑いなく断られたであろう。というのは、こういう旅館にはヨーロッパ人との付き合いはなく、宿の主人は、一つには外人の要求が分からないし、また一つには、外人は日本の旅館の慣習を知らないであろうと恐れたのである。その上、大晦日であり、日本人は仕事を休むから、西洋人など家に入れようとは思わないのである。ところが私の同伴の日本人は、この宿をよく知っているので断られないばかりか、友人である旅の同伴者も同様だった。私は歓迎されないまでも、異議を唱えられることなく、旅館に入ったのである。われわれには「ニカイ」の二つ隣り合った部屋があてがわれたが、それはたいへん心地よい印象のものだった。

大晦日の晩、日本人は西洋人のように退屈に過ごしはしない。われわれにとっても問題なのは、この夜をできる限り楽しくすること、もちろん日本流にである。どうするかの選択の幅は小さい。つまりするのは飲むこと、つまり酒である。そのほか日本の夜の楽しみは音楽と踊りである。この目的のため旅館には芸者が呼ばれる。そのうち年増芸者は耳の楽しみのため、年若い芸者は眼の保養になるためにある。われわれの部屋の様子はこれでいっぺんに変化してしまった。歌い手と踊り手のほかに仲居も加わってきた。そこでわれわれが二人っきりで淋しく座っていたこの部屋は、短時間のうちに、代わる代わるのおしゃべりと笑いと音楽と踊りと歌とによって活気がみなぎった。酒が日本人に及ぼす作用は素早い――最も無害ではあるが――それには熱燗の風味ある猪口二、三杯でもう充分である。そうすると日本人は、自然に明朗そのものになる。猪口は活発にあっちこっちへ回し飲みにされる。飲酒にあたって日本人の男女には、ある一定の作法がある。それは飲む前と後とで相互に守られている。音楽と歌は、われわれの家で演じたものは、たいして好みに合わなかった。音楽は単調でメロディー不足だった。歌は常にスタッカートがあり、楽しい気分にさせるものでもない。歌い手は常に、娘からとは考えられないような低いおそろしい声を出す。それに反し踊り手はかわいらしい。年若いその姿は――踊り手はほんの小娘であることも多い、十二ないし十四歳くらい――豊かですばらしい衣装を身につけ真に魅力的である。このように日本の夜の魅力というものは、その全体から生じる。すべてが一体をなしている。

踊りに音楽、音楽に酒、酒に和食、和食に畳と襖の和室というふうにである。つまりその一つ一つを取り出してみると退屈なのに、その全体となると魅力を生むのである。以上のような具合で、ほぼ一晩中日本人はこういう娯楽に耽る。ほかの娯楽はあまりない。日本人は素質の点では朗らかであるが、娯楽はたいして多くない。彼らはあらゆる点で節度があるのだが、大晦日だけは違う！　この日以外は、遅くとも十時には床についてしまうが、今日は大晦日なので、日本流に従って就寝はしない――この流儀は、ヨーロッパの人々と日本人とが分け合うものである。

日本人にとって、人晦日は寝る代わりにいろいろと多くしなければならないものがある。仕事は、すでに数日前から休みだが、年の初めにふさわしい準備がある。住居は部屋の隅々まできれいにする。そのほかさらに、ぎりぎりまで配慮せねばならない多くのことが残っている。まず、夜が白んでくる前に風呂に入らねばならない。これは、規則であるばかりでなく、自然の要求でもある。というのは、その次の二日間は休日を厳しく守るので、家の風呂はないし、日本人のように毎日風呂に入る人にとって、これは長い休止期間なのである。その後、新年の晴れ着にはかなり時間をかける。ことに女性がそうである。日本女性は皆、新年の三日間は新しい高価な衣服で着飾る。この衣装はその後は衣装箱にしまいこんでしまう。最も時間がかかるのは、技巧をこらした髪結いである。これは夜のうちに終えておかねばならない。髪結い師は大忙しである。化粧が終わると日本人は夜の明けないうちに神社に行く。そこで年の初めの祈りをし、火を頂いて、それで家に帰って炭火に点火する。この神社からもってきた火は、一年中燃やし続ける。これは家を火事から守ることになるからである。この儀式が終わると、その日の行事、つまり年始の挨拶が始まる。

ヨーロッパのわれわれにとって、新年の挨拶というものは、わずらわしくおおげさに感じる。日本の年賀は、義理がある人だけへの挨拶というものではない。日本人は皆互いに挨拶を交わすため外出する。道はこの訪問に出掛ける人々が群がっている。この義務の履行は、職業、身分の上下にかかわりない。年賀はすでに夜明けから始まる。前夜、徹夜したので、これはたいして苦労ではない。日本人には、決まった訪問時間というものは全くない。だから西洋人ならのんびり寝入っている朝六時ごろに襲うことにもなる。年賀を済ますべき数がいかに多くとも、彼らは気楽にかまえているのである。商売の店も、しもた屋も、この日は閉まっており、訪問者は家の前に置かれた台ないしは箱に名刺を入れる。そして気のおけない人だけが本当の訪問をする。一つ一つの訪問の時間は短いにもかかわらず、そのために一日の大部分が使われてしまうのである。

大阪の新年の朝の様子は東京のそれとは全く違っている。両都市とも、年賀の風習は同じである。しかし、それぞれの年賀の外見は大きなコントラストをなしている。東京では大体制服の人が多い。これは軍人のみならず、文官でもそうである。つまり東京は官吏の町なのである。各官庁が抱えている役人の数は、必要数または仕事に従事しうる数より三倍も多い。この役人が祝祭日には、多くのものが、必要以上にけばけばしいきらびやかな制服で現れる。そこで人々は、どんなお偉方かと思ってしまう。しかし残念ながら、この制服の人物は、そのきらびやかさほどの事はない。そもそも彼らがどうしてこういう制服で集合するのかは不思議である。この日には、東京のどこに行こうと、金ピカの制服がうようよしているのだ！　その傍らには、大変な数のヨーロッパ風の燕尾服とシルクハットの祝賀の人々がいる。美しい制服を持たない人は、ヨーロッパの盛装を着て現れるなど望んでもいない。だが政府はともかくそうするよう求めているのだ！　だが残念にも、制服で誇らしげに際立たせるもの、つまりこの華やかさ美しさは、かの黒い（日本の）式服と同様とはならないのである。この正装の両者は、初めから相互に克服しえぬ嫌悪感があるかのように、外見上、著しく異なっているものの、実は本質は同じである。ともかく双方とも「美しからず」というのが、一致した評価なのである。人々はたしかに美しくはない。燕尾服などなおさらの事である。――シルクハットに至っては言う言葉もない！　高級な仕立屋の技術が、理想を追求する場合でも、また現実を追求する場合でも、美しい人の場合でも、また醜い人の場合でも、また服が似合う人の場合でも、似合わない人の場合でも、現実にそれがどこまで進歩するかなど、私は夢にも思わないだろう！　衣装は美しくないのと同様、多くの場合不完全でもある！　われわれにとって、なくてはならぬと考える衣装の一部がないこともある。とはいえ燕尾服とアクセサリーは整っている。――そして頭のてっぺんは常にシルクハットなのだ！　日本の家具については、すでにいろいろと述べておいた。流行から、家具には入念に手を入れることが多い。また器用な手仕事が家具の細部に及ぶことも多い。しかし世界のあらゆる想像力は何を意味するのだろうか？　今日東京でわれわれの眼前をよぎるこの多種多様さに対して、この地上のあらゆる技術の手で何ができるのだろうか？　流行遅れのシルクハットの服装の見せびらかしは、どう見ても、われわれがここで、ことさら展示会に行くのでも、入場料を払うのでもなく、町をぶらぶら歩いているだけで感心する、あの物の豊かさに何一つ加えるものではない。日本人は、昔から時に使われなくなった古いものを特に好む。もし商人が、あるものについて、これは古い物だと保証すると、その品は、日本人の眼ではたちまち価値を増す。その品物の横に置いてある新しい品には眼もくれない。古いということは、その品が持ちがよく、長く使われてきたし、また長く使えるということの証明なのである。長持ちするということは、ことにシルクハットに関しても重要である。また日本人は、平凡なものより、むしろありふれたものとは違う独創性のあるものを好む。だからシルクハットも、古いばかりでなく、その形においても、いささか風変わりなものであれば、すぐ買い手がつく。それは、元旦の朝に身分ある人が頭にのせる高貴にふさわしい帽子ということなのだ。このように今日、世界中で唯一東京だけが、他に例のないシルクハットの町なのである！

やっぱりまた東京から大阪に戻ろう。今朝そこで、われわれを待ち受けていたものは、今まで見てきた滑稽とは全く違っていた。大阪にも制服の人がいる。とはいえそれは、市街地のみで、その数も微々たるものである。挨拶廻りの人々は、ここでは日本の礼服、つまりキモノとハカマ、その上に羽織をつけている。これはまさに威厳に満ち、晴れがましい光景である！　一人に似合うからといって、すべての人に似合うものではない。日本人は洋服を着るようには創られていないことを、彼らが理解すればよいのにと思う！　だがこれに気づくにはもう遅すぎのようだ！

まずは新年の義務を果たすべく挨拶廻りに急ぐ人々のほかに、われわれの眼に入る別のグループがある。それは義理も憂いもなく、ただ喜びに満ちた少女と小さい子供達である。ただ幸せだけの人々を見たければ、ここに来て見るがよい！　世界の中でここほどその理想が体現されている所はあるまい。皆しなやかな体つきで、極彩色の絹の着物を着て輝くばかりである。顔つきは、大きい子供も小さい子供も皆晴れやかで、喜びにあふれ、子供の遊びに興じている。――それは人間に授けられる最大の幸福、つまり子供の幸福の光景なのだ。この大通りをぶらつき、なお純真な子供たちの楽しそうな営みを観察するのは本当に愉快である。そこには、この楽しみを妨げる耳障りな音はない。大阪はまだ純日本風の町である。そこでは半ばヨーロッパ風なものは、何でも邪魔だと感じているのだ。ヨーロッパ人がこの生活の営みの中に入ってくることは稀である。私はこの群集に何の咎めを受けずに入ることができる。それは恰も私自身も彼らの中の一人であるかのようだった。そこでは日本人は誰一人も私に不信の眼を向けなかった。誰もが楽しもうとしており、また人の楽しみを快く認めている。それでも、これらの人々の大部分は財宝を持っているわけではない。だが彼らは皆、他の何よりも優る宝を所有しているがゆえに、幸せである。その宝とは、われわれのもとでは滅多にない満足という宝である。わがドイツの労働者は、ここ日本の憐れな苦力に比べれば、あり余るほどの給料を得ている。だが日本の人足は、満足があるために、ドイツ人よりずっと幸せな人生を送っているのだ。わがドイツ民族は、この満足感を奪われてしまっている。この、人を幸せにできる唯一のものをも取り除かれたのだ。少なくとも今からでも、日本では不満足という教説――さらにまたヨーロッパ文明の「成果」――が採用されることのないように祈りたい！　この国が鎖国している限り、この危険から遠ざかっていた。しかし今やそれが不可避となった。彼らの努力は、この危険をできるだけ先延ばしにするのみであろう。

さて観察を先に進めよう。すでに早朝から、大通りに出ていた挨拶廻りの群集や、娘や子供たちにそそのかされて、私は予定をはみ出て、その午後、楽しみに興じる日本人たちの中に入っていった。だがさしあたって、もう一度宿に帰り、そこでの新年の朝の様子を見てみよう。日本のすべての家と同様、この宿も新年の飾りで華やかである。家の前には二本の木がある。玄関前の左右に松と竹が据えられるのである。また玄関の上には、藁の束が下がっている。そこには藁、羊歯、蜜柑、木炭、昆布、柿、赤く茹でた海老が付いている。この束は、家の中に入っても、どの部屋にも見いだされる。これらのものは、幸福をもたらす象徴なのである。家の中では、朝早くから活発な営みがある。次から次へと年賀の客が現れ、深いお辞儀のあと、「オメデトー」と言い、すぐいなくなる。そして次の隣家に移ってまた幸運を祈るのである。音曲や歌は絶えることなく続いている。私も入ることのできた部屋では、二十人もの芸者が集まっていた。この芸者たちは皆、お得意を斡旋してくれた宿屋に年賀の挨拶をし、また酒やその他のものでもてなされるのである。

この日、客は一人として、もてなしを受ける権利、つまり酒などを要求することはできない。そして正月も三日を過ぎ、一月四日になると初めてすべてが正常の軌道に戻る。私もその間、全くつつましやかに振る舞うよう努めた。日本の宿屋には、いつでも洗面台や洗面用具のないのに気付く。洗面器として用いる盥《たらい》だけが、私が宿屋で自由に使えるものだった。その他は、自分で都合しなければならなかった。しかしどこで探すかはむつかしい。手拭いは所持している。コップは普通ならすぐ求められる所だが、今日はそれも過大な要求だった。そこで私は、新年は日本流に祝うのがいいのだと自らに言い聞かせて、為すに任せることにした。朝食をとるのは進んで諦めた。前日の午後、希望を述べておけば、いくらかのパンとミルクにありつけたかも知れない――しかしこれとて可能性は少ない――その見こみは最小なのである。しかし翌朝、魚と米のスープがあるにはあった――だがこれは、かなり日本食になじんだ私の胃袋にも合わなかった。そこで冷静になって、私はこのまま連れと一緒に早朝から大阪の町へと出発した。

天気は上々だった。しかも夏になったかのように暖かい。空も今日は晴れ着をまとったようだ。大阪の町で、まず私の眼につくのは数多くの橋だった。大阪は淀川の河口のデルタの上にあるのである。数多い本支流や運河には二六〇もの橋がかかっている。そこで大阪は日本のベネチアとよく言われるのである。そのうち最も美しいのは天神橋で、これは川の中の中之島にかかっている。この島には天神様という神社がある。ここから東に向かって進んだ。道は上り坂である。やがて町のはずれの丘の上にきた。大阪城が眼前にあった。そこの地形は、城の構造と同様驚くべきものである。それらはともに、京都の城や館をはるかに越える。東京の城（宮城）も、その広大さにおいて比べものにならない。また城砦としても東京をしのぐ。大阪城は市街やその周辺より高い所に位置し、堀に囲まれている。堀でこれより巨大なものは考えられないくらいである。そこから見上げる光景はすばらしい。城から町の外側を北に向かった。やがて河口に着いた。そこまで桜の並木道が続いており、満開時には大阪の人々を楽しませるという。われわれの行く先は桜ノ宮という小さな神社であった。この付近は、すでに田舎であるが、それでも多くの参詣の人々がわれわれの脇を通り過ぎていく。引き返して繁華な通りに出た。そこには晴れやかな顔の人の群れが、道をふさぐほどに満ち溢れていた。大きな囲壁のところで立ち止まった。その内側に博物館があった。そこはまた、娯楽を求める人々の集合場所でもあった。この博物館にも、貴重な古画、彫刻、陶磁器が収められている。その場所にはまた、多くの勧工場(訳注1)つまりバザールがあり、ありとあらゆる西洋や日本の品物を定価で買うことができる。値段は驚くほど安く、私はそこで、古物商と交渉して二、三の骨董品を手に入れたいという欲望に勝てなかった。また博物館の建物の間に延びる公園には、小さな動物園もあった。ここですべてを見物すれば、忽ち数時間が過ぎ去ってしまう。それゆえ、散策を続行することにし、南西の方向に進む。これで大阪の町を分断することになった。

われわれは、またまた町の終点、大阪の歓楽街の中心、難波にきていた。そこには見世物小屋、パノラマ、展望塔がある。われわれは西洋の蝋人形館のような見世物小屋に入った。だがそこの人形は木造だった。日本人は木彫技術に優れている。ことに有名なのは、毎年上野公園の後ろにある団子坂で、十一月の菊祭りの際展示されるそれである。この人形は、大部分日本の英雄伝からとったものだが、全部生花を身にまとっている。これはわれわれの趣味とはいくらか違うものだが、造園技術の粋と言えよう。その頭と手は木製であるが、実際、生身の人間の顔が迫ってくるのではないかと思うほどである。そこに彫られているのは、ありふれた顔つきではなく、真に特徴ある顔なのである。私は東京でこういう芸術に感心したのだが、今日、難波で見たものは、東京での品をはるかに越えていると言わねばならない。そこには飾り花はなく、代わりに古代の英雄が錦を身にまとって、まばゆいばかりに輝いている。この姿は自然そのものであり、私はここに示されている古い日本に戻った気がしたのである。

難波では、その南端にきた。われわれはここから東に向かって魅力的な道を歩いた。それは寺院のある長い丘の背に通じている。右手に風変わりな半ば洋風の建築があるが、これは商業クラブだという。こういう構造の建築は日本人技師のみができることであろう。丘を登っていく。右側に墓地と並んで好ましい小さな横たわった仏像があった。さらに道を進み、天王寺に向かう。これは大阪で最も有名で最大の寺である。この寺院は観賞に価する。境内は広大で、いくつかの寺院や仏像が散在している。しかし最も興味深いのは塔で、それは日本最大であろう。五重塔で、その梁桁の間を頭をぶつけないように注意しながら、数多くの垂直な梯子をてっぺんまで攀じ登るのは容易なことではない。古い木造の建物はよく揺れる。これが今まであらゆる地震に耐えてきたとは、まさに奇跡である。とはいえ健脚なら、そこで登らない人はいない。なぜならそこからの眺めは、この地方で最高だからである。大阪とその近郊のみならず、大阪湾の一部、神戸までの海岸線、さらに大阪の北の山々も眺められるのである。

美しさはともかく、私は今日、全く何も食べなかったので、胃がたまらなくなってきた。連れの日本人のほうは、食欲はたいしてなく、砂漠の駱駝のような按配だった。だが私の胃袋はそうはいかず、どこかで砂漠の実験でもしたら、為す所なしといった具合だった。そこで連れは、近くの寺院を探して日本の寺の料理にあずかってみようと提案した。私は願ってもないことと賛成した。だが残念ながら、われわれは、寺の食事について見込み違いをしてしまった。寺の賄い人は、今日は金曜日でだめだという。そこでわれわれはがっかりして、そこを去らざるをえなかった。また再び丘を下り、町中に入り大阪で最も魅力ありと誇るべき街区に向かった。そこは道頓堀といい、劇場、見世物、食堂などがある。この日、娯楽を求めて一千人もの群集が、われわれの脇を突き進むので、通り抜けは容易ではない。乱雑きわまる光景である！　人々は押し合いへし合いしている。しかし乱雑なのは、その奥のほうも、また頭上の空もそうだった。芝居小屋は華美な題材とその絵で飾られている。大通りの中とその上にも色彩豊かな提灯が下がっている。どこに行ってみようかと思いまどうほど、そこには感嘆するものが多い。だが私はここでまず、最も面白いものを発見した。それは大きな三階建ての建物であった。多くの人々が出たり入ったりしている。周辺ほど乱雑でない。代わりに中から甘い香りが流れている。それは私が憧れた日本のリョーリヤつまり食堂だった。われわれは足早にその階段を昇っていった！　全階が一つの部屋になっている所に入った。至る所で食いかつ飲む人々が床の上に座りこんでいる。われわれもためらうことなく、すぐこれにならった。眼前の低い台が食卓代わりである。その中央部には、鍋をのせた火鉢が置いてある。今や食べ始めるのだ！

まず出てきたのは、醤油と山葵つきの生の魚である。それに熱燗の酒が出た。これらはまずはうまいと評価したあとで、呼び物の主食が出てくる。皿には数多くの小さな生の肉が乗っている。鶏肉らしい。それに玉ねぎもある。これを醤油と酒からなるソースを入れた鍋で煮るのである。数分ののち、料理は食べやすく調理されてきた。われわれは食通となって、このトリナベのあと、鰻を一人前注文した。この料理は日本の調理芸術の最高傑作だろう！　ヨーロッパの鰻は、日本のそれと比べて肉それ自体においても、調理方法においても、遠く及ばない。デザートには、お定まりの米飯と茶が出てきた。そのあと、われわれは外に出て、平和な雑踏の世界を突き進んでいった。

この町を、われわれはさしあたり充分見てきた。そこで今、新たなプログラムに入ろう。つまり巡礼である。大阪の南、鉄道で三十分ほど行くと、住吉という村がある。ここは神社で有名である。大阪の全市民は、正月の三が日にここへ巡礼に出る。鉄道の駅は殺到する群衆で一杯であった。三十分おきに汽車が出る。しかしわれわれが車内に坐れるまで、長く待つのは不愉快とばかりは言えない。観察するばかりでなく、注意せねばならないことは、私の連れが、雑踏の中で財布を掏られたという例を話してくれた。汽車に入り座席についた。住吉に到着すると、人々の流れとともに神社へと進む。神社は美しい所にある。周囲に神苑には巨大な石燈籠が飾られている。亀のいる池にかかる橋は太鼓橋で、すこぶる険しく、そこを渡るには歩行術が必要なくらいである。日本人の祈りはきわめて短い。多くのものは一秒間のうちに帽子をとって銅貨を賽銭箱に投げ入れるだけである。あるものは、その前に手を叩く。これも数秒のうちに、すべてが終わってしまう。村では巡礼の記しとして思い出の品を買い、大阪へと帰途につく。

大阪で最も見るべきものとしては芝居小屋がある。そこで私もこれを見物せざるをえない。日本の芝居について、私は不案内ではないので、どうすればいいかは承知している。興行は午前十時から始まる。だが私はこの事実を考慮せずに、昼食をとり、それ以外の仕事をすました後で、夕方五時に出て行った。芝居は夜十一時ないし十二時まで続くから、私にとっては、これで充分時間があるのである。その日のうちに、いくつかの別々の題目が上演される。しかしたった一つの外題の上演の場合でも、早く行って見るのは意味がない。なぜなら、その内容の大部分は解らないからである。それは、私には聞くよりむしろ見るものだからである。だが見るにしても六時間もあれば十分である。芝居小屋に一日中いるためには、日本人でしかも強靭な忍耐力の人が必要であろう。幕間の時間も、多くの場合きわめて長い。また役者間の問答もしばしば終わりなく続く。この間を利用して私は、満員の見物席を注意して見た。そこには、眼を惹きつけるものが多くある。どこにも空席はない。小さいどの桟敷にも、グループがのんびり腰を落ち着けている。われわれの桟敷は、二人に必要な食物と飲物とを脇に置けるくらいの余裕がある。だがこの心地良さも、短い間に終わった。というのは、私の連れが宿の主人の家族たちを招待していたからである。この家族は、夜になると四人連れでやってきた。そのうち二人は女性だった。今やゆとりある座席はなくなってしまった。皆、足をどこに伸ばそうかと考えている。この日には、いくつかの外題が上演され、その中には現代劇もあった。これは、大名たちの威張った科白を述べる歴史劇より解りやすかった。幕間の時間を利用して、われわれは華やかな明かりで飾られた道頓堀の通りを歩いた。そこは夜中活気づいているのである。

大阪滞在中に、私が訪れた地のうち、西部にある川口を特にとりあげたい。そこには外人居留地や大阪府の府庁がある。この淀川は川幅が広いので、かなり大きな汽船も川口まで遡ることができる。だがヨーロッパの商人たちは、かなり以前に大阪を去って神戸に移ってしまった。今はたった一つの商社が川口にあるのみである。そのほかには、キリスト教の布教団体で、大阪にそのセンターの一つを置いているものがある――。

この町には何日も滞在し、次から次へと楽しい営みに耽った。そのイメージは本質的に同じだった。つまり、ここの人々は皆、楽しんでいるだけに見えるのである。年賀の人々はもういなくなった。だがそれ以外はすべてが元日のようだ。一月五日になっても仕事は休みである。――大阪はまだ楽しんでいるのである。幼い子は年上のものに助けてもらって遊びに夢中になっている。女の子が羽根つきをやっている時、大人の男や子供のほうは紙の凧上げに興じている。残念ながら私は、この幸せなアジア人のようにはやっておれない。「のんきに暮らすこと」を終わらさねばならない。東京へ帰る時が近づいたのだ。

なお遊ぶためには、あと一日残っている。そこで私は隣の奈良に行くことにした。この町は大阪の東の山の麓にあり、鉄道で二時間で行ける。だが中途で下車して短い区間だったが、人力車で行かねばならなくなった。それは地震のため、トンネルが一部埋められていたからである。奈良は神社仏閣とその広大な鹿の公園で有名である。駅に着くと、われわれはまた人力車を雇って公園を横切り、山の斜面の丘の上に建つムサシノという茶店まで行った。そこは騒音に満ちた大阪とは何たる違いだろうか！轟々と鳴り響き、しかも次から次へと印象の変わる都市から逃れて、ここの静かな自然に憩うのは何よりの恵みなのだ！　だが残念なことに、われわれがここに留まるのは数時間に過ぎない――。奈良で断然美しいのは、われわれの足下に広がり、数百の鹿が自由に暮らしている公園である。この動物は、すこぶる馴れていて、群れをなして人道の上でも寝そべり、人の手から餌を食べ、車が来ても避けようとしない。まさに魅力的な自然の姿なのだ！　この人なつっこい生き物に何か害を加えるものは一人もいない。公園にはまた多くの観るべき神社仏閣がある。ムサシノの隣には、春日ノ宮がある。これは古く著名な神社で、単純な白木の伊勢の神宮とは対照的に全面真っ赤に色どられている。神社を取り囲む石燈籠の数は無数で、その数を知る者はいない。神社の建物自体にも、多数の青銅の燈籠が下がっている。これらは大きく高い杉の木が織りなす緑の背景によって実によく際立っている。春日ノ宮から奈良の道を再び下っていくと、公園の端に訪問すべき寺院がある。二月堂と東大寺である。後者はことに有名だが、これは日本で最大と称する大仏があるからである。鎌倉の仏像もこの五十三フィートある巨像には及ばない。だが鎌倉の大仏のほうが、芸術的に造られており、より観賞に価する。興福寺には二つの大きな塔がある。なお奈良にはほかに数多くの観賞すべきものがあるが、私には見る時間がなかった。とはいえ、私は残念には思っていない。私が奈良で忘れがたく感じたものは、神社仏閣ではなく、そこで私を取り巻く自然、新年のありとあらゆる渦中に捲きこまれたあとで、私の心を落ち着け、元気にさせてくれるすばらしい自然だったからである――。

とかくするうちに、私のここでの最終の日、帰途が近づいた。帰りは陸路で行くのである。大阪は、神戸、京都と横浜、東京とをつなぐ東海道線上にある。東京までは二十四時間かかる。私には余裕の時間がなかったので、途中下車することなく、東京まで直行することにした。二人の良き友人が旅行用の弁当篭を用意してくれた。これは大の大人三人分の量であった。九時に私は大阪に別れを告げた。翌日の同じ時間には、東京を見出すはずである。この鉄道旅行は全体として興味あるものに乏しい。しかしこの日の私の汽車旅行には事件があった。というのは、ひどい大地震に襲われて十月以来特に有名になった二つの県、岐阜と愛知を通るからである。この部分の鉄道は、なお長い区間にわたって復興していなかった。大垣で汽車を降りた。鉄道が開通している木曽川まで、三、四時間人力車で行った。そこは地震で最もひどく破壊された地域であった。

何時間も廃墟の間を行く。これは悲惨な旅だった！　地震の作用について私は、すでに東京で写真を見て知っていた。この日、それと現実との比較ができるのである。地震の悲劇からもう二ヵ月が経っている。だがそれ以来現実はほとんど変わっていない。今なお、梁や屋根が折り重なって、地震が昨日起こったかのような大混乱の状態なのである。ほとんどの家屋は完全に破壊されている。部分的に壊された家屋も、地震によって生じた傾斜した姿をさらしている。この村々の不幸な住民はバラックの中で野宿している。新築に立ち上がったのはごくわずかの人達である。地面はまだ完全に静まっていなかった。十二月二十五日には、岐阜では十月二十八日から数えて二千九百二十回目の地震があった。そして新年になってから三回目の地震で三千回を越えた。私が進んだ道も、多くの所で幅広い裂け目ができており、その半分は数フィートの深さに沈んでいる。大垣から木曽川まで、私は激流の川を三つばかり小舟で渡った。これらの川は、地震以来、周辺の地に脅威を与えたのである。ことに木曽川は、川岸近くに、地震で特にひどくやられた笠松という村があるが、そこは膨大な水量で渦巻いていた。この地方が与える恐ろしい印象とは対照的なのは住民の振る舞いだった。無感覚という東洋の性格がここではあからさまに発揮されている。一部には彼らの親族も埋まっている廃墟の中にあって、村の人々はあたかも何も起こらなかったような平然たる態度でいる。私はそこで、ヨーロッパ人の眼からすれば、なお明るいような無関心な顔つきの人に出会ったのである。もしこういった国家の災害がヨーロッパで起こったならば、全く違った作用を起こしたであろう。そして興奮は途方もなく大きいものであろう。もともと日本人は、運命が授けるすべてのものに耐える平静さのゆえに、羨ましがられているのである。東アジアでは、このような素質が最も望むべきものである。だから、これを身につけたヨーロッパ人が、ここ日本で最大の成功を収めるであろう。多面、そのため傷ついた心から生じる当然の結果もある。日本人は、多くの人が信じるような冷たい心の持主ではない。彼らは他人には、自分の肉親の死をほほえみながら語る。これは日本の礼儀にかなうことで、彼らは実は心中、その死を辛く感じているのである。それはそうとして、彼らには、ヨーロッパ人が抱くような心の深底がないことは確かである。彼らの才能は、あらゆるものにおいて、むしろ表面的である。日本人の精神的能力が、ものの核心よりむしろものの形式に向くように、彼らのそのほかの特性も表面的である。それは丁寧さ、礼儀、親切等々に現れるが、残念なことに、彼らにはそれより深い良い特性に欠けることもしばしばである。

日が暮れる頃、木曽川に着いた。ここで新築の二階建ての茶店で一時間ほど休息したが、この間地震はなかった。京都と大阪では小さな地震を感じた。だが東京を発ってから、これまで特に異常はなかった。しかし十月以後、この自然現象に対しては、鋭敏になっていたのは当然である。夜七時、汽車は出発、十四時間後に東京に着くはずである。その途中、私はヨーロッパの家、ヨーロッパのベッド、朝食、昼食、夕食、それに上等のグラスワインの夢を見た。明らかに私は、しばし日本の生活にあきあきしたのだ。私の夢はまさに実現していく。時間どおりに新橋駅に着いた。そこにはすでに人力車夫が待っていた。そして駆け足で私を待ち望んだ目的地に連れて行ったのである。

訳注１　明治時代のデパートのこと。

第四章　山岳地帯へ春の旅

一　伊香保

草津にて　一八九二（明治二十五）年五月三十日

かなり以前から、私は五月二十九日から始まる休暇の週を、どこか山で過ごそうと決めていた。この計画の実現のためにはまず何よりも好天気であることが必要である。しかし日本のこの時期は、それが稀なのである。五月末には雨期となる。そして今年は雨量が本当に多かった。ここ一週間、雨は空から流れる如くであり、そのため洪水となった所も多い。情報手段も多くの地方で破壊されている。四月には大火事が多いのに、五月になると大雨と大洪水なのである。一日、例外的に太陽が青空からほほえむ時、次の日は再び雨となるのは確実である。そんな事情だから、私はいくら旅の計画が良くとも、雨の日を計算に入れた。ところがこの日曜日、長い悪天候のあと、やっと晴れあがったので、私の喜びはひとしおだった。そこで私は、大真面目に旅を計画どおりに実現させることにした。

私のパスポートは、本州の東半分全体に適用されるから、旅先は自由に決められる。しかし私にとって最も魅力的な目的地は、やはり実現できなかった。それは日本の象徴であり、他のあらゆる山々の上に聳え立つ富士山である。私は日本では、多くの山に登った。しかしこれまで富士山を訪れる機会がなかった。これからの私の旅は、日本出発前の最後の旅である。だから富士山を目的地とすることができるならば、本当に日本に行ったと言えるのである。つまり富士登山しないのは、ちょうどローマに行ってローマ教皇に会わなかったのと同様なのである。しかし残念なことに、この日本の偉大な山は、一年のうち数週間のみ――七月中旬から九月中旬まで――入山しうる。この時期にはほとんど雪がない。山への途上の十ヵ所の休息所には簡素な宿泊施設がある。日本のあらゆる地方から訪れる巡礼者の憧れが、もともと淋しい山道に満ちているのである。しかしこの時期の前後には、富士山は真っ白な雪の衣をまとっている。山小屋は見捨てられ、その山頂へと辿る人の足跡は一つもない。それにもかかわらず、私は登山を試みようとした。登山がこの時期には困難だといっても、まだ可能だと考えた上でのことである。ところがそれも諦めねばならなくなった。というのは、東京で降る雨が富士山では大変な雪となったからである。山はまるで冬の時期のように美しく真っ白に覆われていた。登山など全く考えられないのである。

そこで旅の目的地は別に探さねばならない。富士が駄目なら、それ以外で、できるだけ高い山へ行ってみよう！　そういう山で、私にとってなお新しい魅力ある所としては、東京の北西にある有名な温泉地草津があった。そこから西方の地、つまり火山の浅間山と夏の避暑地の軽井沢は、かつて旅行して知っていた。また東に位置する日光とその付近も同様である。草津は私には、東京の平地から企てた山岳旅行の中での盲点のようなものであり、このやり残しを遅ればせながら果たして、心の隙間を埋めようとの計画はすぐに立てられた。

この日の午前、私は東京の南の――私の住いから人力車で十五分かけて、日本橋――東京の商売の中心地――そこは外国人居留地の築地にある――を通って、下谷区の北東にある上野駅まで行った。ここで前橋までの切符を入手したが、これは私のパスポートを見せるだけですませた。汽車はおおよそ四時間、前橋とコーツケ（上野）の肥沃な平野を通っていく。至る所で明るくみずみずしい緑がほほえんでいた。これは五月という季節のみに見られるものである。あちらこちらに、ひどい洪水の跡があった。汽車の旅はかなり単調で、山が見え始めた終点近くになってやっと面白くなった。その山々のはるか彼方に、不断の噴煙をあげる浅間山がある。この旅の中でただ一度だけ、私の孤独をまぎらわせたのは、私の車室に乗ってきた日本人の家族だった。彼らは西洋人と一緒に行くのを大いに楽しんでいるようだったからである。私が日本語は解らないと思ったのか、この楽しみはむき出しの表現となった。お定まりの茶の時間となると、――一等車のコンパートメントには、茶の接待がある――その父は二人の可愛い娘の一人に茶を私にすすめるよう促した。これは私がそこでどうするか見ようというのである。私が日本語を話すのが判ると、この好人物の楽しみはいくらか抑制されたようだった。そして丁寧にお辞儀をして次の駅で降りていった。

午後三時、前橋に到着。ここからこの日の目的地の温泉地伊香保までは七里ある。この距離を徒歩で行くには遅い時刻のため無理だった。そこで私は人力車を探さねばならなかった。まず初めに駅前にある茶店に赴いた。そこで一杯の茶を注文した上、これからの行く先についての希望を説明した。これで私は自ら交渉する事は免れた。個々の問題、代金などは茶店の人によって決まった。そこで私は静かに準備を眺めることができたのである。数分のうちにすべてが整い出発できるようになった。――だが私は今、「世界漫遊者」の通るありふれた道路上にいることが判ったのは残念至極だった。茶店の主人夫婦は、日本の良き習慣そのままの親切で丁寧な人たちだった。ところが二人は、自分流のやり方では、西洋人との付き合いはやっていけないと信じてしまい、そこで一人の番頭――つまりボーイ長、マネージャー――をこれにあてがった。番頭は、新しい日本にあってはならない典型とも言うべき人物だった。この若い男は、きわめて厚かましい態度で際立っていた。彼は到着した私に挨拶する必要はないと考えた。そういうことは「反西洋的」なこととし、「文明開化」の人間としてかかる礼儀から逸脱していたのである。それとは反対に、彼は私に無造作に、ぞっとするような英語で話しかけ、私が茶店の人々と日本語で話し合った後でも、そのひどい英語をやめようとしなかった。私は立ち去る時、銀貨一枚をテーブルに置いた。これはそこの人々が予期するより四倍も多い額である。私がそうしたのは、日本の貨幣の価値を知らない「世界漫遊者」の道に来ているという事実を考えてのことだった。ところがかの番頭は、その銀貨を軽蔑の眼で見守った。私は怒りをあらわに示してやろうかとの気持ちに駆られた。だがやはり私は彼の態度を無視することにし、静かに人力車に乗ったのだった。心中静かに、私は古い日本と新しい日本との比較を試みた。新しい日本のほうが良いとは思えなかった。古い日本のすばらしく美しい特性たる礼儀や控えめな態度は、新しい世代には全く欠けている。この新しい日本人どもは、西洋風に振る舞うとは、できるだけ無作法に振る舞うことだと信じている。彼らは日本風の礼儀と並んで西洋風の礼儀もあることを知らないのである。そこで私には、翌日には、外人がよく旅するこの通りから離れていくのが楽しみとなった。この道の彼方に行けば、嫌な印象から免れるのだ。そこなら古い日本の中に存在できるのである。

私の二人の人力車夫は、初めは広くちゃんとした道路をできる限り速く走った。雨がひどかったので、多くの箇所で山崩れが生じていた。道はだんだんと狭くなる。私の車は道幅いっぱいになるほどになった。私と出会った人々は皆、実に丁寧に道を開けてくれた。それは、道を開けるのが困難な所でもであった。初めの三時間は平地を進んだ。そのうち山が現れた。左には榛名山の険しい火口壁、右には赤城山と荒山、前方の背景には、私には名の判らない、一部に雪を頂いた山々があった。数時間進むと、日本の鉄道馬車の走る広い道に出た。この馬車の設備はひどいもので、誰もがそれを詳しく知ったら、とても乗れたものではない。その後、数分にして渋川に到着。山の麓にあるかなり大きい集落である。車夫が数分休息をとった後、さらに道を進む。だんだんと急勾配の上り坂である。残念ながら街道は所々「改修中」であった。つまり大きな尖った石を敷き詰め中だったのである。それは不愉快なことおびただしく、嫌な思いは一千回も続いたであろう。かえって道は傷み、穴だらけになっているようだった。この大きい石の上を運ばされる時、誰でもすべての内臓がゆさぶられるのだから、むしろ何千もの穴の上を進み、危うくなったら何回かひっくり返されるほうが良いほどだった！――とはいえ、この拷問は乗り越えられた。だんだんと山へと上り坂になる。景観はますますすばらしくなる。私が日本で見た地方で、スイスを思い出したのはここだけである。眼前のパノラマはますます広がり、伊香保でクライマックスに達した。

この地は山の斜面で、階段状に広がっている。周囲にはすばらしい樅の林があり、その背後には山々が途切れることなく連なっている。日本でこれほど美しい土地はほかにほとんど思い出せない。伊香保は、景観からいえば、宮ノ下や日光よりはるか上位にあるようだ。この伊香保も、日光や宮ノ下とともに、あらゆる旅行案内書に、世界漫遊者がぜひとも訪問せねばならぬ所と記されるような、いささか怪しい利点を共有しているのは残念である。かくてこの美しい山の地に、毎年毎年、旅の外国人の群れが容赦なく流れこむ。そこの日本の住民はたいして利益をあげることなく、かえって傷つけられている。もとより外国人はこの地に金を置いていく。それは現地の人々が支払うより三倍も多いであろう。しかしそれによって物価は高騰する。ついには日本人にとって生活費は必要以上に高くなる。物価上昇は漸次国中に広がるのである。これと同時に、外国人によって新しい欲望が生じた。それは素朴で節度ある生活を送ってきた日本民族には存在することすら知らない欲望だった。少なくともそこから生じる結果は、古き良き日本の慣習の崩壊だった。このことについて、私はすでに予期していた。日本人はヨーロッパ人の生活習慣を、またヨーロッパ人は日本人のそれを理解していない。この相互の誤解は当然のことながら、双方に良くない結果をもたらす。だがそれはヨーロッパ人より日本人にとってより悪いものとなろう。ヨーロッパ人の悪弊は、ことに取引の際認められる。日本人のほうは、それで多くの良き風俗習慣を捨て去り、模範とは言えないヨーロッパ人を模倣しようとする。日本に住むヨーロッパの外交官もまた、この悪弊に悩んでいる。それは彼らが日本と日本人をよく知っていてもである。だが外交官たちも、世界漫遊者として取り扱われている。だから彼らが世界漫遊者を一般に良く思わず、旅行をともにすることを避けているのも不思議はない。今、流行の世界漫遊者が好かれないのは、多くの場合、自らの責任でないことは確かである。なぜなら彼らが訪れる国と人とに無知だからといって、――もとより彼らも認めていることであるが――それを非難することはできないからである。だが彼らが自国の外交官や日本人に不快の眼で見られる場合、それが彼ら自身の責任であることもある。こういう旅行は、年を追うごとに、より安価に、より快適になり、また世界旅行者の数も増えている。しかしそれに比例して彼らの質は悪くなる。西洋の代表として罰も受けずに歩き回るのが恥ずかしくなるほどの連中に出会うことも多い。ことにイギリスとアメリカがひどい。幸いなことにドイツでは、この世の財宝はいくらか慎重に分配されている。ドイツの「世界漫遊者」は、平均的に教養階級の人々である。いずれにせよ、ドイツ人旅行者は、日本の風俗習慣に最も良く理解を示す。他方、アングロサクソンは外国にあっても、英国人の視覚から観察し、自身の英国的要求や先入観からほとんど離れられない。ドイツ人のほうが、どこに行こうと、アングロサクソン人よりは好まれているのである――。

伊香保は標高三千フィートの所にある。そこには清潔な夏にふさわしい山の空気がある。また伊香保は温泉があるので人気のある保養地である。そこにはたくさんの日本旅館のほかに、二つの洋風ホテルもある。それらは横浜、宮ノ下、日光のホテルのような洋風建築ではない。しかし設備の点ではヨーロッパ風に造られている。私が泊まった村松という旅館は、畳と障子の和室であるが、そこにはベッドと机と椅子があり、ヨーロッパ風の設備として必要なものはすべてであった。私はこの和洋折衷が好きだった。和室は居心地良く、光や空気は四方八方から入ってくる。私はいつも、洋風スタイルで建てたというホテルの味気ない部屋より、こちらのほうが心地よいと感じたものだ。他方、夜は洋風ベッドで寝、手紙は洋風机で書けるとなれば、和室も多くの場合ヨーロッパ人にとって不快とは感じないのである。そこで私も、村松の部屋に惚れこんでしまった。ことにそこから美しい伊香保と山々のパノラマが見渡せるとなればなおのことであった。すばらしい山の空気と一緒に楽しむこの眺めは、今日苦しんだ旅がもっとひどいものであっても、その甲斐はたしかにあるのである。旅館では私がたった一人の客のようだった――まだ旅行シーズンは始まっていない――。この一人っきりは、まさに私の心を落ちつかせた。しかしこれはマイナスの面もあることが判ってきた。宿のコックは、私一人なので何の準備もしていなかったのである。宿には肉もミルクもなかった。またこの地にはそれらがないので、買いに行かせるわけにもいかない。客があると塩原から取り寄せるのである。この日はそれでも諦められなかった。しかしこんな状態の下では、私の洋風の食事は良いものになるはずはない。つまりひどく空腹の人にのみ合うしろものだったのである。私が食事にあたってワインのボトルを注文すると、私が芸術に理解があると信じたボーイ長は、この機会を利用して、私からアルコール飲料に関する基本的な知識を得ようとした。ここにやってくる一般客の多くは、もとより芸術に理解などない。アングロサクソンは、たまたま紅茶びたりの男でないなら、ウイスキーかブランデーをソーダで飲む。そのほかはせいぜいビール一本である。ワインとなるとその知識はなくなってしまう。それゆえ、この地で結構いける赤ワインがあるのを発見したのは、まさに驚きだった――。食事の後はすぐ休んだ。翌日は朝早く出発するつもりだからである。だがこの休息は妨げられずに済まなかったのは残念だった。というのは、日本の家屋なら不可避的に住んでいる鼠が、この晩は私の部屋や隣の部屋をかけっこして回るばかりか、私がいるというので音楽会をやらずにおれぬらしいのである。これには、ことに子鼠が多数参加し、それゆえ、彼らにとっての美しい声を響かせたのであった。もとより私は感心しなかった。だがついに、私は疲れを抑えることができず深い眠りについた。そして招かれざる訪問者が去っていった後、朝五時にやっと眼が覚めたのだった。

二　伊香保から草津へ

草津にて　一八九二（明治二十五）年五月三十一日

天気は上々だった。そこで私はできうる限り手早く出発の準備を整えた。それは清冽な朝の空気をせいいっぱい吸いたいからである。ホテルの請求書は、横浜のそれと全く同じように作られていた。最も同じ額ではなかったが。携行する冷えた弁当の食事だけで三ドルと見積もられていた。これは私が外国人観光者とされ、「外人スタイル」でサービスされたからである。だから私はこれを決して不審に思わず、私の荷物を持ってくれる道案内人と一緒に出発した。旅する者にとって、最も必要な素質は、何事にも機嫌を損なうことなく、不快なこと、または受け入れがたいことが起こっても、冷静に対処するか、必要によっては引かれ者の小唄を受け入れることである。ことに日本では、これは絶対に必要であろう。さもないと、日本人とは仲良くやっていけないのである。なぜなら彼らは決して怒りを現さないし、怒った連中を見ると無教養だと考えるからである。日本では金を搾り取ろうとする試みは至る所で見られる。しかもそれが成功することも多い。だがこういうちょっとしたことで、旅行者は断じて興奮してはならない。一番いいのは、そういう金は、前もって旅行費の中に繰り入れておくことである。日本では、旅は一日平均八ドルだとよく言われる。これは私の経験と一致するし、時にはもっと多かったり、あるいは少ないこともあろう。しかしまたこの額は、旅行者が不法に——これは少なくとも道徳上であるが——巻き上げられた額なのでもある。かかる事件に対しては冷静に大目に見るのが一番である。

今日の目的地は草津である。日本で最も有名な保養地の一つで、山中四千フィートの所にある。伊香保から十三里——これは大体十三時間で行ける距離——である。この道は徒歩か馬で行くしかない。私は前者を選んだ。徒歩で行くのが何よりだと思ったのである。しかしこれは大変な仕事だった。だがせいいっぱい歩けば暗くなる前に草津に着くと考えた。道案内の者に信用させるつもりで、「アシガハヤイ」と言っておいた。だが残念なことに、私が約束したとおりにはうまくいかなかった。かの男は私にはついていけそうもないと言ったからである。今やそれは、はっきりしてきた！

心地よい朝の空気の中を行くのは楽しかった！　道は丈の低い林の中を通り、あらゆる方向に山々が展望できた。空を飛ぶ鳥のような気分だった。私はこの気分を表そうと旅人の歌を唄った、この山で初めて響き渡った歌であろう。この日の街道は決して「人跡未踏の路」ではない——そういう路は日本にはめったにない——しかしそこを通った西洋人はごく僅かであろう。「世界漫遊者」がここに迷いこむことはあるまい。東京や横浜からこの地方にやってくる者もせいぜい二、三人であろう。この年では、私がここに流れついた最初の西洋人である。草津の湯治期は七月になってから始まる。山の道は上り坂で、吾妻川の岸まで二時間続く。この川は最近の雨で、膨大な量になっていた。小舟で対岸に渡った。そこが幅広い街道だったのは残念だった。その道を川に沿ってだんだんと登っていく。伊香保はすでに視界から消えていた。背後にある榛名山が視界をさえぎっていた。さらに北西の方向に進む。道はほこりっぽく、太陽は一段と照りつける。私は、もっと高く山中に入りたいと念じた。しかし山々を眺めるだけに甘んじなければならなかった。五時間歩いた後で、中之条に達した。ここで私と道案内人は茶を一杯飲んで、短い中休みをとった。もっと長い休憩は、なお二時間先にある沢渡に着いた時にした。そこで、この日の道程の半分なのである。この日の朝、長い道のりのため、ちゃんとした朝食で元気を回復しておこうと思ったのに、私はコーヒー一杯しか飲まないという誤りをおかしてしまった。糧食を口につけたいという誘惑は猛烈だったが、やっと抑えつけられた。そして五分後には、さらに道を進めた、行く道はいっそう面白いものとなったが、勾配はひどくなった。吾妻川には、多くの箇所にすばらしい滝があった。午後一時、ついに一つの村に出た。そこは正午に着くはずの沢渡村だった。冷たい水のシャワーを浴びた後で、私は旺盛な食欲で、東京と伊香保から持ってきた糧食にありついた。山中での旅にあって、糧食を携行することは、日本流の食事に慣れない人にとっては必要なことである。なぜなら、日本の食事はこの弁当のように良いものはない。つまり和食の中心になる生きのいい魚は持っていけないし、米すら平地でのようにうまくないのである。

朝食をとると、すぐに出発した。もう二時になるところだった。まだ道程の半分が残っている。沢渡から草津まで六里である。しかもそこからの六里は険しい上り道で、いっそう辛い部分であった。午後の太陽はギラギラと照りつけ、そこでコルクのヘルメットと日傘が大いに役立った。一番辛い道を、一番暑い日に歩いた。汗がたらたらと流れた。二時間経ってついに峠の頂上まで攀じ登った。すると一気に山岳地帯の峰々への展望が開けた。向かい側から、清涼な空気が私に向かって吹いてきた。左手の背景には浅間山が浮かんできた。その反対側には雪に蔽われた渋峠があった。その斜面に、今日の目的地の草津があるのである。峠には茶店があった。そこで茶を二、三杯といささかいがらっぽい水を飲んで、さらなる歩みのため十分回復すると、再び出発した。反対側をだんだんと下り坂の道を行く。緑の野原の中、美しい森を眼前にしていた。そこは気分爽快な空気で、疲れももはや感じなくなっていた。なおこれから、四時間の行程が私の前にあった。ついに目的地に着き、ますます元気旺盛でいたいという希望が湧き起こってきた。景観が最も美しくなった所で、私はあまりそれに魅了されなくなった。すばらしい自然の美しさにもかかわらず、私はグラス一杯のビールに憧れ始めたのである。もう十二時間も経ったのであれば、こういった現実的な考えも許されるだろう。私の慰めは、この行進を容易にした清々しい空気だった。それとともに私は、草津で待ち受ける数々のことを思い浮かべた。道はずっと下り坂だった。これは嬉しくなかった。なぜなら、また上りになるのを知っているからである。ナマス（生須）という小さな村で五分間休み、茶を飲んだ。ビールはここではその名さえ判らなかった。すぐ先に進んだ。草津には、暗くなる前に到着しなければならない。生須で川を渡った。川まで山を降りてきたのである。しかしまた急な上り坂になる。そこから高山地帯の性格が著しくなってきた。私は早足で前進した。私の案内人はほとんどついてこれなくなった。暗くなり七時がすでに過ぎていた。私の計算ではもう目的地に着いているはずなのに、まだ草津は姿を見せていなかった。夜の暗さの中を次へ次へと歩んだ。そしてついに谷間の底にいくつかの山小屋が見えてきた。硫黄の臭いが空気に満ちあふれている。ついに目的地に着いたのだった。

　私は旅館と湯治場の間を通って村の中心地まできた。そこは大きな黄白色の湯の池から、硫黄の湯気が大きな雲のように空に昇っていた。そのすぐそばに、私が伊香保と沢渡で紹介状を貰った旅館があった。すぐ歓迎してくれるはずである。この黒岩——旅館の名である——の番頭に、私はすぐ一番にやってほしいことを打ち明けた。それはビールが欲しいだった。私は控え室に座っていた。すると敏捷な若者が近くの商店に走っていった。そこはガムブリーヌス（原注１）お気に入りのビールの瓶がいろいろあるという評判の店だった。事実そのとおりだった！　数分のうちにこの使い走りの男はエビスビールを何本か持って現れた。すぐ一本が空けられた。のどの渇きがやっといやされると、私は部屋について尋ねた。それはニカイ――つまり階段を昇る――にあった。長く歩いた後で、洋服を脱ぎ捨て、日本の浴衣を着、長々と畳の上に身を横たえるとは、何という気分だろう！　それは窮屈な洋服のまま椅子に座りこむより千倍も心地よいのはたしかだ！　ヨーロッパにあっても、この快適があればいいのにと思う！

だがしばしば、後で違ったものになるだろうとは考えないことにした。ネーサン（姉さん）は、申し訳ありませんが、手前どもは西洋の方向きにできておりませんし、洋風のベッドも洋食も提供できませんと謝った。これに対し私は、そんなこと望んでいません。日本人のように泊まり、日本人として扱ってくれればいいのですと答えた。少し茶を飲み、茶代を置いた後、まず考えたことは入浴だった。これはヨーロッパとは違って、日本で旅するなら、どこでもそうなのである。私が驚き、いささか困ったのは、ここにあるのは、硫黄泉だけだったことである。天然の熱い湯のある所では、温浴のため普通の水を温めるのは余計なことと人々は考えている。草津の人々は熱い硫黄泉に入るか、全く湯に入らないかなのである。長い間歩いてきた後なので、入湯したいという望みは大きく、そのため硫黄泉に入ろうと決意した。私は慎重にいろいろな種類の風呂場のうち、一番ぬるい所を選んだ。私の入った湯は、それでも四十四度から四十五度もあった。硫黄泉が皮膚の火傷を起こすことはなかったが、入湯で危険をおかすこと二、三回に及んだ。何週間も入浴の練習をすればいいのであろう。その後、東京からきた二、三の友人は皮膚の傷害を経験している。湯に入った後、姉さんが食事を運んできた。私はそれにはすっかり魅了されてしまった。そのため、持参したヨーロッパの糧食は全く手をつけずに終わった。一杯の酒は、これらの御馳走をさらに美味しそうに見せていた。その後、綿布団が畳の上に敷かれた。やがて部屋も宿屋全体も全く静かになった。

【原注1】　ガムブリーヌス　伝説的なビールの発明者

三　日本の硫黄泉

渋にて　一八九二（明治二十五）年六月一日

五月三十一日の朝、前日の長い歩行の後だが、清涼な気分で眼を覚ました。すっかり元気になっていた。しかし、次の旅の仕度をする考えにはならない。むしろ一日は、日本の温泉のうち一番興味ある草津についてもっと詳しく研究することに費やしたかった。朝食は、できる限り洋風のものにした。新鮮なミルクは、旅行シーズンの前なのでなかったのは残念だった。今すでに三百人の浴客がいると言う。しかしそれは、七月、八月の頃に比べれば、とるに足らない数なのである。宿の主人は、私に草津を案内しましょうと申し出た。私も感謝してこれを受け入れた。

日本に無数ある温泉地のうち、草津は最も有名なものの一つである。その評判は、一つには、草津が占める位置のおかげである。草津は恐らく最も高い所にある温泉地で、それゆえ際立って涼しい空気がある。そこで夏の間は、湯治客でない人々も多数ここを訪れるのである。ヨーロッパの人々も、夏の二、三ヵ月を、山の清々しい空気を吸うため、ここの日本風の別荘や寺院を借りる。それとともに草津が有名なのは、独特な湯治の方法にある。何千という日本人が熱い温泉の効力を信じて、毎年ここにやってくる。至る所で地中から涌き出ている湯は、ことに硫黄分が強く、そのほか亜砒酸や鉱酸も含まれている。この温浴の効き目は比類がないほどに大きい。しかも大部分の温泉は、きわめて温度が高く摂氏七十度あるいはそれ以上である。そのような煮えたぎる湯につかるのは、考えうる最大の拷問であろう。日本人は熱い湯に入るのに慣れている。彼らが普通入る温度は、四十五度である。彼らは、ヨーロッパ人なら誰でもたじろぐ熱さに耐えるのである。しかしこの温泉には、彼らとて入る勇気がないことも多い。そこで彼らは、いやいやながら医療命令に従うのである。もちろん、いろいろな温泉の温度はまちまちである。そこで湯治客の多くは、なるべく熱くない湯でよいと思っている。ただある特定の病気に対しては、熱い湯が使われる。この入浴の仕方については、後で述べることにしよう。草津には、ことに皮膚病の患者が訪れる。入浴の結果、通常、身体全体が潰瘍に被われてしまう。湯治客の多くは、ぞっとするような格好になり、それゆえ好ましい隣人とは言いがたい。この村では、どこでも熱い温泉が流れており、それは、成分や温度によって、あるいは黄白色あるいは緑色であるが、皆濁っている。至る所で入浴でき、一日中浴客がいないということはない。

草津は、その状態や家々の建築からして、日本のどこよりもスイスの山村を思い出させるものがある。その場所は、火山の白根山の北側斜面の谷間にある。家々はすべて隣接しており、こけら板で被われ、その上に大きな石が乗っている。村の周辺にはほとんど草木が生えていない。これは地上に流れ出る硫黄のためで、硫黄は岩や植物の成長にとって破壊的な作用をするのである。私の案内人は、私に見るべきものはすべて指摘してくれた。彼はわれわれが通ったそれぞれの温泉や湯治場について説明した。池には硫黄が一インチほどの厚さに付着していた。われわれが出会った湯治客の多くは、みすぼらしく見えた。村の中で隔離した所には、ハンセン氏病患者が住んでいた。西部の、寺院へ昇る階段からは村全体が美しく見渡せる。われわれは熱い硫黄水が流れ落ちている小川に沿って上っていった。その川岸に、奇妙な石のあるのに気がついた。私の山の案内人がそれを拾ってくれた。この小川の近くの少し上手に、巨大な岩塊があった。岩の上には、無数の小さな石が積み重ねられてある。ここにくる人は誰も、死んだ子供の思い出として、石をさらに上に積むのである。この岩のうち、巨大な一つの岩は、その大きさにもかかわらず、片手でゆすることができるという不思議な特色をもっていた。われわれはまた村に戻った。村の入口の近くにある素敵なベッソウ——田舎の別荘——を訪ねた。そこの主人は白い髭をたくわえた老紳士で、われわれを歓迎し、——日本では当然ながら——お茶の接待をしてくれた。話題は転じてドイツのことになった。この話し相手は、ことにドイツに山があるか、森、温泉、米、魚、ワインなどもあるかを知りたがった。ドイツ人は、普通の日本人がヨーロッパのことについて、決して無知ではないことを不思議に思ってはならない。この無知は、ヨーロッパ人の日本に関しての無知ほどには、大きくはないのである。

とかくするうちに正午になった。われわれは宿に戻った。午後は休んだ。それは草津で見るべきものはあらかた見たし、翌日はまた厳しい旅行が待っているからであった。ただ一つ見たいものが残っていた。村で五時の時報が鳴った。この合図と同時に、先に述べた熱い湯に入るよう医者に申し渡された者が皆、それぞれの湯治場に赴くのである。私もこの一行に加わった。もとより、見物人としてである。このかなり大きい湯屋には、男女のかなりの数の人々が集まって、入浴の準備をしていた。大部分の人は、服を脱いでいる。多数の男たちが煮えたぎる湯の入った大桶の回りに立っていた。それぞれ手に板を持っている。そして板を湯につけ、拍子をとって動かすと、湯は下から上へかき上げられる。これはわきあがる熱湯があまり上のほうにいかないようにするためである。この操作が十分間も続いた後で、湯治者は大桶のふちに近づき、しゃがんで頭に熱い湯をかける。そしてある者は、特に身にこたえる部分にリンネルを巻きつけ、皮膚をいくらか守ろうとする。今や本当の熱さの時が近づいたのだ。勇気に欠ける者も多い。全体として五十人も集まっているだろうが、そのうちの大部分は、すでにこの運命に耐えている。それでも、覚悟を決めるのは、毎回むつかしい。それを容易にするため、湯治親方の命令によって湯に入ったり出たりするのである。今や親方は、入れの合図をする。憐れな人々は、大声でこれに応え、恐るべき行動に入っていく。その際、彼らはきわめて緩慢に、また慎重に入る。これは熱い湯を必要以上に動かさないためである。さもないと湯はもっと熱く感じるであろう。一インチ、一インチと身体を沈めていく。そしてついに首の所まで湯の中に入る。遅れてきた者も、その間にやってきた。すべての人々がじっとしゃがみこんでいる。ほとんど瞬きもしない。時間を少しせきたてるため、親方は一分経つごとに時を告げる。それでも入浴者にとっては、時は永遠のように思えるのである。湯につかった全大衆は、同じく一緒に湯の中に座っている親方の叫びを、そのつど合唱して繰り返す。それは熱湯など何でもないということを証明してみせているようである。「あと二分」と叫ぶと、「あと二分」と繰り返す。「あと一分」、これは双方からの轟きの声である。これはもう嬉しさの叫びだった。次に、時間が経ったとの合図である。それまでの遅い時の流れのあとで、まさに倍の早さで、全大衆はこの熱い液体から逃れ出る。すべての人々が苦難を克服した喜びのため息をつく。翌日、また入るまでは休息である。連日進んでこの恐るべき拷問に晒すためには、その治療効果を強く信じている事実が必要であろう。またそのためには、軍事的ともいえる規律の慣習や、平気でいるほかの浴客の模範が、恐れためらう人たちを勇気づけている。多くの場合、この入浴ですべてが克服されたわけではない。入浴の結果、例えば潰瘍が身体全体に生じ、それは長きにわたって湯治に耐えぬいたための犠牲として残るのである。

この湯治は世界における唯一の特色である。また湯治とともに、草津の生活も独特のものである。私はシーズン前にきたので、草津のクライマックスは全く知らない。しかし私が見たものだけでも独特というに充分だった。しかし全体として見れば、草津は涼しい山の空気にもかかわらず、長く留まりたいと思う地ではないようだ。美しい森と澄んだ温泉の伊香保のほうが、裸の山で硫黄に充ち、気味悪い浴客の草津より良いように見える。私が今年、夏の休暇の間に、一時的の家を建てようと「土地の一角」を求めるとしたら、この美しい国の数多い夏の涼しい土地の中でも、まず草津は選ばないだろう。だが私には、このような選択を迫られることはない。というのは、日本の人々が東京から夏の涼しさを求める時に、私は汽船で中国、インドの暖かい海を通って故郷に帰るからである。しかし日本の温泉地――まさに十九世紀の田園詩だ――これを私はヨーロッパでもう見ることはないのだ！

四　山岳の嵐

東京にて　一八九二（明治二十五）年六月二日

六月一日の朝、私はまた非常に早く起きた。これは約十時間の行進が待っているからである。私が受け取った請求書は、今回も、紙、文字、金額ともに日本流であった。金額はかのチェンバレンが、その旅行ハンドブックに通常の額としてあるものの三分の一にもならなかった。(訳注1) 私は日本流に旅行しており、その結果、宿の人々との間に、通常とは全く違った関係を保っていたからである。日本人は、その性格からして、ヨーロッパ人よりずっと自由である。彼らは自発的に物を与える。ヨーロッパでは、宿の主人と互いに気まずい関係になった時、宿の主人はまんまとせしめようとするし、旅客は心ならずも財布から金を出そうとする。日本では、両者の関係は、客の到着に際しても、プレゼントを交換するほど、ずっと友好的なのである。客はまず進んでチャダイ――茶代――を出す。これは宿へのプレゼントで、また客も宿の歓迎を受けるのである。両者にとって、これが主要な事柄なのであって、請求書は、茶代に応じる額として副次的な事柄にすぎない。宿の使用人に対しても、客は気前良さを発揮する。日本人は、一杯手土産を持ってきて与えるのが好きである。ところが、かなり金持ちの平均的な西洋人は、請求書の点では、気前良さがないので仕返しされてしまう。今日、西洋人で、宿の人と日本流に付き合う例は残念ながら稀である。かなり以前から、西洋人がよく訪れる場所では、請求書の額は大きいのに、チップは少ないというヨーロッパ風の習慣が定着してしまった。これは、旅行する一般の人々にとって明らかに得なことではない。その場合、ヨーロッパ人はヨーロッパ人として扱われ、日本流の計算方法が彼らに適用されることは滅多にないのである。他方、この茶代という習慣は、請求書が日本流に安く見積もられている場合のみ正当性がある。もし客が一日ごとに、多額のドルで支払わねばならないとしたら、かなりのプレゼントをするきっかけが少なくなってしまう。ただ、請求書が僅かの銭にすぎない場合は別である――。日本ではどんな機会であってもプレゼントする。訪問に際しても訪問者はプレゼントを持っていく。旅館にきて、そこに泊まる旅人は、この習慣を守っている。プレゼントは多くの場合、金銭であるが、常にそうであるわけではない。それは入念に紙に包まれ、到着した後、茶が出てきた時などに、なるべく目立たないように渡される。旅館から出発する際にチップを出すのは日本流ではない。その後、多くの場合、宿の主人や女房が、旅客に挨拶するために現れ、丁寧なお礼の言葉をのべ、お辞儀をしながら、お返しの品を贈る。この返礼は、酒の猪口、扇子、手拭、その地方の絵や案内書、その他の小物である。もちろん、この茶代の額は、地方、旅館、旅客、滞在日数によってまちまちである。ヨーロッパ人は、日本での自身の立場を見たうえで、多すぎるより少なすぎる茶代を出すという誤りをおかしている。ヨーロッパ人は、請求書が大変安いこと、また茶代がいかに高くとも、チップなしのヨーロッパの請求書よりはずっと安いことを、考えもしないか、あるいは知らないのである。茶代とともにチップも出すというのは全く不要である。それなのに日本人は、こういうことを西洋人以上にやっている。奉仕してくれた姉さんに友情を示したい時、あるいは番頭が客に特別に奉仕した時、客はいくらかの銭を紙に包んで姉さんの襟の中に入れたり、番頭のそばの畳の上に置く。これによって客には、姉さんと番頭に快い思い出が残り、再びやってきた際には喜びが湧くことを知るのである。

私は宿代を支払った後、出発した。宿の主人や奉公人は深いお辞儀をしながら、宿のはずれまで送ってくれた。ちょうど七時であった。今夜泊まる所まで十時間の道程がある。そこは山の彼方にある渋という温泉宿である。道中、私はこの地方の最高地点、約七千フィートもある白根山という火山に上り、さらに同じくらいの高さの渋峠を越えて長野の平野に達するつもりである。初めから険しい山登りであった。空気は澄みわたり、景観は次から次へと移り変わった。残念ながら空は曇っていた。雨になるのだろうか？　この恐れは考えつく前から現実になってしまった。出発して三十分も経たないうちに雨が降り始めた。雨の中を十時間も駈けぬけるとは、とんでもないことだ！　この寂しい山中で避難所などあてにはできない。しかし私には、引き返す気はないし、その時間もなかった。毎日が私にとって貴重なものなのである。だがこれは恐らく一時的な夕立にすぎないであろう――これは当てにならない期待だった！――雨滴はますます激しく落ちてき、大地を覆っている。やがてすっかり霧に囲まれてしまった。眼に入るものは雨と霧がすべてだった。間もなく雪が加わった。その後の道は、一フィートの深さの雪の所も多く、前進をすこぶる困難にした。とはいえ、私は引き返そうとは考えなかった。良くなることはもはやないとの暗い確信を抱きつつ、できうる限り前進を続けた。だからこの日は、自然を楽しむわけにはいかなかった。ただ山を越えて中途まででも、無事に窮地を脱すれば幸いと言えるだけだった。

雨と霧と雪の中を二時間もよじのぼって進んだ後で、やっとこの苦難は消えた。分かれ道に来た。今まで来たと同じの、いくらか幅広い道のほうは、渋峠を越えて五、六時間で渋に至る。左手に分かれて進むと、霧と雪の中での行き場も判らぬ狭い小道が白根山に通じている。この道は、より険しい上りを別にすると、約二時間の迂回路である。さてどうしよう？　ひどい悪天候だからそのままの道を進むべきか？　あるいは悪天候にもかかわらず、白根山を登るべきか？　この選択はむつかしかったが、やがて決まった。もう六時間もずぶぬれなのに、さらに進んで八時間のずぶぬれはできまいとも考えた。つまりなぜ白根山の山頂の下を一時間も背を向けるのか？　否、雨と霧にもかかわらず、左への道を行くべきなのだ！　霧のため、僅か二歩先までしか見えない。大地はどこも雪で覆われていた。その後しばしば巨大な岩や焼け焦げた樹林が見られた。やがてそれも途絶えた。ただ雪と霧のみになった。唯一の騒音は激しく落ちてくる雨の音だった。上りの勾配はひどかった。雪は多くの箇所で雨に洗い流されていた。時に胸の高さにまではまりこむこともあり、そこから抜け出るにはさんざんの苦労だった。このようにして一時間も進んだ。突如として突風が私の周りの霧を吹き払った。ここで初めて私の存在する所が認識できたのである。本格的な山野がそこにあった！　眼前には雪を被った二つの円錐形の峰が聳え立っていた。左手のそれは森林に覆われ、右手のそれは裸の山だった。後者が白根山なのは疑いなかった。火山性の山であるのがはっきり判る。雪はだんだんと灰色になった。火山灰に覆われるからである。その後、それもなくなり、私は大雨ですっかり滑りやすくなった溶岩の上を歩いた。かくて山の麓に達し、そこからよじ登り始めた。その頂上の近くに家があるのには大いに驚いた。いかなる敬虔な隠者が、一年の半分以上もあらゆる世間と遮断されたこの孤独の中に隠れているのだろうか？　この家に近づくにつれ、謎はやがて解けてきた。家の前には、硫黄の塊が積み上げられていた。この建物は、敬虔な隠者のためでなく、産業用のもの、つまり硫黄を製造する竈だった。火山が大量の硫黄を大地の表面に運んでいるのである。

私はさらに頂上に向かって進んだ。火口壁はどこでも直角に落ちこんでいて、近寄れるものではなかった。だが一箇所だけ狭い通りぬけ道を発見した。そこに大きな鳥居があり、それは噴火口の中に神社があることを教えていた。白根山は、日本の高い山がそうであるように神聖なる山である。この山は浅間山と同様、本州にある数少ない活火山の一つである。その噴火口は、長さ約千五百フィート、幅六百フィートほどの長方形の平地である。この底の大部分は、火山から注ぎこむ煮え立つ硫黄の湯からなる池で占められている。しゅっしゅっと音の出る湯気を吹く水面は不気味で、極めて美しい印象を与える。私は、他の世界と隔絶する火口壁に取り囲まれていた。眼上には、雨を降らせる灰色の一片の空があるにすぎなかった。眼前には、神秘に満ちた池があった。それは濁った黄色の大量の湯であり、その上には人の息の根を止めるような蒸気の雲が浮かんでいた。魔法の世界にいるように思われた。その映像はまさに不気味だった！

硫黄の蒸気は、私に直ちに出発を促した。下りが始まる。霧はまた再び長く私の周りを囲んでいた。土砂降りの雨であった。小一時間ほど、下り坂の道を進んだ後、また上りとなった。渋峠への道だった。するとともに烈風が加わった。それはだんだんと真の嵐のようになった。今まで雨を辛うじて防いでいた日傘はもう使えなくなった。防ぐものとてなく雨に晒され、このハリケーンが私の前進を許してくれさえすれば良いのだった。大地もまた前進を妨げていた。道はしばしば直角なくらいの上り坂とであった。しかもぶっ通し雪で、前進をひどく困難にしていた。ぬかるみに深く足を踏み込むこともしばしばだった。雪が洗い流されている箇所はさらに厄介だった。ひどく滑りやすくぬるぬるしているからである。二時間がすぐに過ぎた。嵐がごうごうと吹き荒れ、雨がざあざあと降っていた。だが峠の頂上は間もなくであろう！　寒さも私を不快にした。皮膚まで濡れてしまい、身体は凍え始めた。しかし、私はこれらの障害と戦いつつ一歩一歩進んだ。すると道の右手に小さな仮小屋が見えた。ついに峠の上に達したのだ！

私はあまり歓迎されそうもないこの避難小屋に足を踏み入れた。風は手幅もある隙間から、ひゅうひゅうと音を立てて入り、雨をも吹き入れていた。しかし、それはそうとしても、屋根があるから、短いながら朝食をとり、苦労の後で一息入れることができるのである。私は汚れた土間に蹲って携行品を改めた。朝食のため、そこで三十分ほど過ごした。そしてすぐ出発である。この避難所はあまり心地良いものでないからである。まだもっとひどい苦難の多い、残り半分の道中がひかえているのだ。ここからずっと下り坂である。あと四時間で渋に着くと期待した。だからさあ先へ進もう！　だが立ち上がろうとしてうまくいかない。寒さのため、身体が硬直し、濡れた衣服が凍りついた鉛のように体にはりついていたのである。そこで、また改めて外に出て嵐と雨に晒される前に、歩行訓練、つまり身体を再び動かせるよう試みなければならなかった。道は急な下りとなった。寒さは一層ひどくなる。両手が凍えるのを防ぐため夢中になった。手袋を携行することは、この季節だけに考えていなかったのである。嵐は私の進行方向に向かって吹き荒れた。それは山から私を下に追い立てたのである。霧は吹き散らされた。雨中にもかかわらず、今や周囲の景観をはっきり見ることができた。すばらしい景観が眼前に開けた。左右には巨大な山の絶壁が聳え立っていた。私はこの間の谷間を登ってきたのだった。この絶壁は、あるいは道を狭め、あるいは後退して眼下の平野への展望へと私の眼を走らせたりする。道路の左手には、雨でひどく水嵩が増して泡立つ渓流が平野へと突き進んでいる。多くの箇所で、それらが滝を作っていた。このすばらしい全景は、カナダのロッキー山脈中のいくつかの地方を思い起こさせるものだった。今や、雪の地帯を後にした。再び暖かくなってきた。嵐からもいくらか身を守られるようになった。ただ雨ばかりは、ずっと私を付け回していた。だんだんと荒涼たる山岳の景観は薄れていった。そして色鮮やかなつつじに飾られた緑の原と暗い森林とが代わる代わるに出てきた。道中、小屋が現れた。そこには人が住んでいた。住人の女性は、私に熱燗の酒を一本勧めてくれた。それによって身体は温まり、最後の道程を乗り越える新たな力が与えられたのだった。あと一時間歩けば目的地である。下り道はもうなくなっていた。孤立した山の谷間に来たのである。間もなく畑に出た。人もいて、私の脇を通り、不思議そうに見つめていた。荒地から再び人間の住む地に入ったのだ。眼前に村が見えた。渋、つまりこの日の行程の目的地だった。

泊まるよう勧められていた旅館はすぐ見つかった。私の道案内人が私の紹介状を渡した。彼はさらに私について口頭で、「ミナヨクワカルヒト」、つまり日本語も日本の風習もよく解っている人だと言った。この案内人には、私のコルク製のヘルメットをはじめ、その他の道具を預けていたのだったが、この男のヘルメットへの配慮には閉口した。というのは、私の道具を雨から防ごうとの善意からではあったが、ヘルメットに赤の格子縞模様の布を被せたのである。そこでこの帽子は華やかではあるが、私には有難くない外観を呈することになったのである。私のあてがわれた部屋は、庭の真ん中にあった。そのすぐ脇に浴場があった。私は大喜びで、濡れて重くなった衣服を脱ぎ捨て、すぐ温かい湯の中に座った。

草津の硫黄泉と違って、この湯は明るく透明で真水のようだった。この日の入浴ほど有難いと思ったことはなかった。その後に出てきた日本食を、私はまるで飢えた狼のように平らげた。外で嵐が吹き荒れ、雨がいかに注ごうとも、もう何の苦にすることがあろうか！　今や私は、気の置けない屋根の下にきているのだから！――

訳注1　チェンバレンは、日本式旅館（旅篭）の夕食、宿泊、朝食を含めての代金は、場所、格式によって異なるが、現在のところ、一円から三円と記す。左の書を参照。Chamberlain & Mason, *A Handbook for Travellers in Japan*, p.6

五　国内旅行

東京にて　一八九二（明治二十五）年六月三日

翌日、快いまどろみの後、私は早朝に眼を覚ました。天気は変わらなかった。旅を続行して、汽車で本州の北西沿岸の直江津に行く計画は中止し、東京に戻ることにした。一番近い駅の豊野は渋から四時間程のところにある。ここを徒歩で行くことはできなかった。なぜなら一つには、それでは軽井沢行きの汽車に間に合わない、また前日のように雨にたたられっぱなしは望まないし、さらに私の両足は、事実、歩行不能同様だったからである。そこでバシャ、つまり日本の乗合《のりあい》で行く以外の方法はなかった。これがどんなものか予想しておけば良かった！　かつて幸いにも、このような馬車に自分の生命を預けたことのあるものには、右の叫びが何を意味するか解るであろう。まだ預けたことのない人は、もし自分の健康が大切なら、私の善意の忠告を聞き入れ、世界中の交通手段のうち、最もひどい、この馬車はぜひとも避けるべきである。私は言いたい。ほかにどうにもならず、しかもどんなことにも嫌な顔をしてはならないような状況――いわゆる緊急事態――はあるものだと。この状態の中に私はいたのである。とはいえ、少なくとも私は、間近に迫ってくるものを知ってはいた。それゆえこれから生じることについて、何ら幻想を抱くことなく、勇気を振るってこの馬車に乗り込んだのだった。しかしそれで、数時間にわたって、この馬車での苦労を味あわねばならなかった。ともかくこの苦労は本物だった。馬車の簡素な箱型荷台は翼を持っているように見える。それは道路を飛んでいくスピードのためではなく、地面ではなく、事実空中を走っていくからである。今までこの道を馬車で通った人が皆、嘲笑の的にしているのは、この道が大きく尖った石で舗装されたというより、それが撒き散らされていることである。この上を進むことは、魔王に引き立てられて現れる死霊の群れのようなものである。日本人の御者は障害を知らず、それを見ようともしない。また彼は起こりそうな万一の場合について余計な心配などしないのである。眼中にあるのは、ただ一つ到達すべき終点のみである。このようにして彼は、道中立ちはだかるすべての障害をもてあそぶがごとく乗り越えてしまう。馬車の車体はおもちゃの独楽のように飛び回る！　動揺すると、道から外れるかと思った。しかもその次は小躍りである。かくて誘惑は乗り越えられるのだ。この名人御者の力あふれる手綱さばきで、目的地にはたしかに到着した。御者が脇に飛んだり、小躍りしたりするのを、息をこらして見ていた小人数の乗客もそこまで行き着いたのだった。しかし私に向かって、どうだったとだけは聞いてはならない！　この馬車旅行中、私が抱いた生々しい感情は、しがみつく所があれば、どこでもしがみつきたいのに、僅か二本の手と、二本の足しか持っていないのが残念だということだった。この旅行にかかった四時間の間、私はただこのことだけに集中しており、長い時間中、この地方をじっくり見るという感情は生じなかった。また何か内面的な考察をする機会もできなかった。ただ用心し続けていたからである。

とはいえ、人間には、私の苦悩を認め同情し元気づけようとする者がいる。その人物は、馬車の横、時には前や後ろを走っていた十代半ばの若者だった。この若者は、時には馬車の中に入って座って私の仲間となり、その存在は私の乱れた心を和らげてくれた。若者は脇に角笛をぶら下げていた。この角笛にはすばらしい特長があった。そこには、多くの西洋の作曲家がまだ知らないような響きが隠されていた。ともかくそれは、良い音やハーモニーのあらゆる法則とは正反対のものだった。その響きは、音楽会場には決して合わないものだが、聞く者に、音楽には人間の肢体に及ぼすことのできる力がたしかにあるという感情を呼び覚ますものだった。この乗合仲間は、絶望状態の私を認め、この角笛の力によって、私の抱く後悔の念から再び元気をとり戻す希望を与えてくれた。彼はあらゆる機会を利用して、この善意の試みを納得させようとしたのだった。だが残念なことに、この善意の意図は、期待した成功をもたらさなかった。私は意気消沈しており、この力強い対抗策も私を救い出しはせず、かえって苦悩を深めたのである。二重に責めさいなまれて、私は豊野で馬車から離れた。しかしあらゆる辛い運命に対抗できた自らの力には驚嘆したのだった。

豊野では、駅の近くで茶を飲み菓子を食べ、三十分ほどの時間を過ごした。やがて汽車は南に進路をとり、長野を過ぎて軽井沢の高原に向かった。コンパートメントにいたのは、洋服を着た日本人一人だったが、長野で五人に増えた。三人の美人の女性が乗ってきたのである。この美女たちは、町でいろいろな化粧道具を買ってき、それをのんびり眺めていた。その中の一人は西洋鋏を購入していた。この鋏には皆感嘆していたが、するとこれを試しに使ってみようということになった。鋏の効用を試すために適したものが、やがて見つかった。美しい指の爪をこれで切ろうというのだった。この道具の切れ味は抜群だった。手の爪を全部よく観察し、どれも短かすぎていないのも見た。鋏の持ち主の女性は、次には足の爪をも試みようとした。これも全くうまくいった。その結果、友人の女性も鋏にいっそう興味を抱き、うまく切った持ち主の女性と同じような実験しようとした。私はこの成り行きのすべてにいたく感心した。最も真向かいにいる美人の女性の真似をする気にはならなかったが。ただ、洋服を着た私の旅の道連れは、これを見て良き理解を示しているようではなかった。真向かいの女性が手から下肢に移ろうとすると、彼は落ちつかない様子で、その座席で腰を左右に動かしはじめた。明らかに、この同席の女性たちが気兼ねなくさらに無遠慮なことをやらかすとすれば、私が日本の文明摂取の中での悪しき見本を見るだろうと恐れていたのである。しかし彼はその点では私を誤解していた。私は、ただ彼が陥っていた危惧を快く認めてやったのだった。

正午近く、われわれは軽井沢に到着した。ここは標高三千フィートの火山浅間山の麓にあり、ことに西洋人に好まれる避暑地である。私は個人的には、軽井沢を特に好んでいない。ここはたしかに東京より温度は低いが、夏はけっこう暑いし、特に蚊には悩まされる。

そこには日本の旅館はあまり多くない。ここに来る旅客はたいていアメリカの男女の宣教師たちである。私がここを避けたいと思う理由はこれだけである。だが軽井沢は浅間山登山の人にとって、宿舎という限りでは重要である。この山は全日本のうち最も興味深い山である。そこで一八九〇年に戻って、その時行った登山についていくらか述べておきたい。

浅間山は、日本の活火山の中で最高かつ最も活動的な山である。標高は八千フィート以上ある。最近の大爆発は一七八三年にあった。当時数千の人口をもつ四十八の村落は壊滅したという。全地方は無人地帯に変わった。今日なお、当時の火山爆発から生じた溶岩台地が見渡せる。それ以後、ここ七十年のうちに、何回かの小さな噴火が起こっている。日本の火山のうち、これほど多くの荒廃をもたらした山はない。登山は軽井沢からの上り下りと、途中休憩を加えて十二時間かかるという。そこで私は朝五時に出発した。道案内人は、いくつかの食料のほかに、私のために日本の靴下（足袋）と草鞋を携行していた。これらは乾燥した溶岩の上を歩くのによいということであった。まず一時間は高原の中を沓掛まで行った。そこは登山のために最適の出発点の村である。ここからだんだんと山に向かって上り道となる。潅木と背の低い森の間の道であった。これが約二時間続いた。その後はじめて本来の険しい登山が始まる。今や植物群はなくなった。大地は溶岩でおおわれていた。上りは三時間続いた。これは私が経験した中で最も苦しい行程の一つだった。登攀に登攀を重ねて、十一時に頂上に着いた。太陽は私の真上から照りつけていた。だがその熱も、きびしい冷たい風によって和らげられた。頂上で休憩し、元気回復した後で、火口の見物に出かけた。巨大な噴火口は圧倒的な印象を与えている。その直径は三千フィートもあるという。その周りの火口壁は直角に下っており、噴火口に降りていくことは考えられない。不気味な火口からは、硫黄を含んだ蒸気が立ち上り、風向きが突然変われば、見物人はしばしば避難を余儀なくされる。頂上からの眺めはすこぶる壮大である。一時に下山を始めた。この時、私は日本の草鞋履きを試みてみた。上りにあっては、西洋風の長靴で何一つわずらわすものはなかったので、ずっと脱がずにいた。そして今、別の履物を試みてみようと思ったのである。だがこの試みは全くいいことがなかった。数分経つか経たないうちに、尖った溶岩の石が、草鞋に突き刺さり、まもなく足袋で行くのが嫌になってきたのだった。それでも十五分おきに新しい草鞋に履きかえたりしたが、――新しいのをたくさん持ってきたのだが――やっぱり足を何度も擦りむき、致し方なくまた長靴にはきかえねばならなかった。日本の履物は、山登りには勧められない。他方、西洋の靴の上に草鞋をつけるのは推薦できると思われる――。ついに溶岩台地から抜け出た。足はひどく痛く、踏み出すのもやっとだった。それにものすごい喉の渇きが私を苦しめた。火山の上で水はもちろんない。持ってきたビールも照りつける太陽と振り動かしたので、生温くなっており、すぐには飲めなかった。そこで冷たいものを飲みたいとひたすらあこがれ、小川の流れる音を聞きたいものだと考えた。そしてついにこの願いが叶えられた。沓掛に着いた時には、いくらか元気は回復していた。しかしここに来て、私の体力は尽きていた。足の裏は燃えるようで、一歩も進められない。粗末な茶屋に入り、軽井沢まで行く車はないかと尋ねた。奇妙なことに、村中探しても人力車は一台も見つけられなかった。どうしよう？　隣にいた農夫が、馬を貸してあげようと申し出た。疲れはてた状態では、これはあまり魅力的なものではなかった。だが背に腹は代えられない。馬が連れてこられた。だが鞍は置いてなかった。この状態で乗っていく私の苦痛は筆舌に尽くしがたいものだった。まさに死ぬ思いで軽井沢に着いたのは夕方六時だった――。

これが浅間山登山のあらましである。この時の旅行では、軽井沢に留まる理由はなく、同日すぐ東京行きの汽車に乗ることにした。その日の午前に乗った直江津からの汽車は軽井沢が終点である。ここから東京まで行くには、四千フィートの碓井峠を越えなければならない。この峠の東側は東京の平野の方に下っており、そこは野性的な美で際立っている。この時は登山電車が建設中で、この路線は、軽井沢から多くのトンネルを通って峠を越え、高崎から東京を経て終点の横浜まで通じるそうである　その鉄道はまだ完成していなかった。（原注1）そこで私は別の乗物を探さねばならない。私の足は残念ながら歩くまでにはなっていなかった。しかし時間は迫っている。横川発東京行きの最終列車まで四時間しかない。だから何かほかの交通手段を探さねばなるまい。ひどいことに人力車は見あたらなかった。その代わり、横川行きのテツドウバシャ——馬が曳く客車——があると言う。だが私には、すぐこの便を利用する気にはならなかった。この日の午前に乗った馬車には、あまりにもひどい鮮烈な思い出があるからである。しかも碓井峠を越えるこの馬車には、生命の危険すらあると言われているのを聞いていた。私はかつて自分の生命を無駄にすまいと誓ったことがあるのだ——。だがその時馬車の出発が告げられた！　見渡したが人力車はどこにもない。ここに留まることはできない。そこで仕方なく満員の馬車の中に入ってしまった！　神の摂理は今回も理解を示し、寛大にもわれわれを煩わさないようにして下さったのだ。——かくて出発した。まず峠の上り道である。馬車は全部で六台あり、空席は一つもなかった。馬車は小さい人間を乗せるために作られたようだった。平均的に小さい日本人でさえ、車は狭すぎるように思えた。ヨーロッパ風に考えると、一台には四人の席があり、それでも乗り心地が良過ぎるなどと言うことはない。ところが日本人の考えでは、そこが十二人の席で、この数はどんな場合でも守るのが当然としているのだ。これでは車の中では急に向きを変えられないし、身体はこわばってしまう。というのは、この状態では、腕にも足にも触れられないばかりか、できるだけ小さくするため、身体を縮めるようにしなければならないからである。とはいえ、楽しみはまだあるものだ！　今や峠はわれわれの背後にあった。四千フィートも急降下したのだった。道はかなり幅広くなった。そのトりは蛇のように曲がりくねっていた。右側は深い絶壁である。展望は美しく見事だった。山の連なりから平野まですべて見通せた。絶壁も鬱蒼たる草木で蔽われていた。残念ながらこの馬車というものは、そこから静かに自然を堪能する場所ではなかった。馬車の車輪はしばしば道の際を走る。その下には絶壁が大きく口を開けている。しかも快速力で走っていくのだ。眼がくらむほどのカーブが続く。次は左へ半円を描くように迂回し、そこから美しい大絶壁を越え、鋭角に曲がって対岸に渡った。二フィートもそのままうなりを上げて進めば、乗っているすべての人もろとも、深い谷底に落ちてめちゃめちゃになるのだろう。脱線もしばしば起こる。私もそれを体験した。なぜカーブの後、それが起こらないようにしないのだろう？だが事実はすでに何度も起こり、そうなると助かった人はひとりもいないのだ――。

カーブは次から次へと出てくる。いつも緊張していなくてはならない。自然を堪能するなど、とても考えられない。この危険は軽率な日本人御者によって増大した。われわれはまさにその見本を体験したのだ。馬は途中で何度も交替させられた。一番前の馬車が、交替の後再び動き始めると、当然のことながら、後ろの馬車の馬も次々と動き出す。これは御者にとって当たり前のことである。御者は――私は中程の馬車にいたが――この馬交替の場所で、長い間そこから離れてはいけないはずなのに、私の御者はそれを阻もうとしなかった。馬車が動き始めた。すでに走りだし、鋭いカーブの所にきた。その時、御者が乗っていないのには驚愕した。私は用心のためドアに近い席をとっていた。そしてすぐドアを開け飛び降りようと身構えた。谷底に落ちるより、足を折るほうがまだましだからである。その時、背後にかの御者が全速力で走ってくるのが見えた。砕石につまずいたり、両手両足とも全力を振り絞っているようだった。誰も彼を助けるわけにはいかない。なに一つできないのだ。ところが、最後の瞬間に救いの手がのびた！　われわれの前にいる馬車から若者が急いで御者台に飛び移り、鞭を手にとったのである。目前の危機が転換したのだった。この突然の出来事で、われわれの馬の中の一頭がおびえだし、これを鎮めるのはやっとのことだった。だからカーブがくるごとに、われわれは興奮した。このようにして数時間が過ぎた。だんだんと勾配が減っていった。平野に近づき、ついに窮地を脱したことを神に感謝しながら、横川で馬車を降りたのだった。そこでは、なお夕食をとりビール一本飲むだけの時間が残っていた。その後、汽車に乗り五時間かけて東京に戻った。私の最後の旅はこれで終わりとなったのだった！

【原注1】　この線は最近開通した。

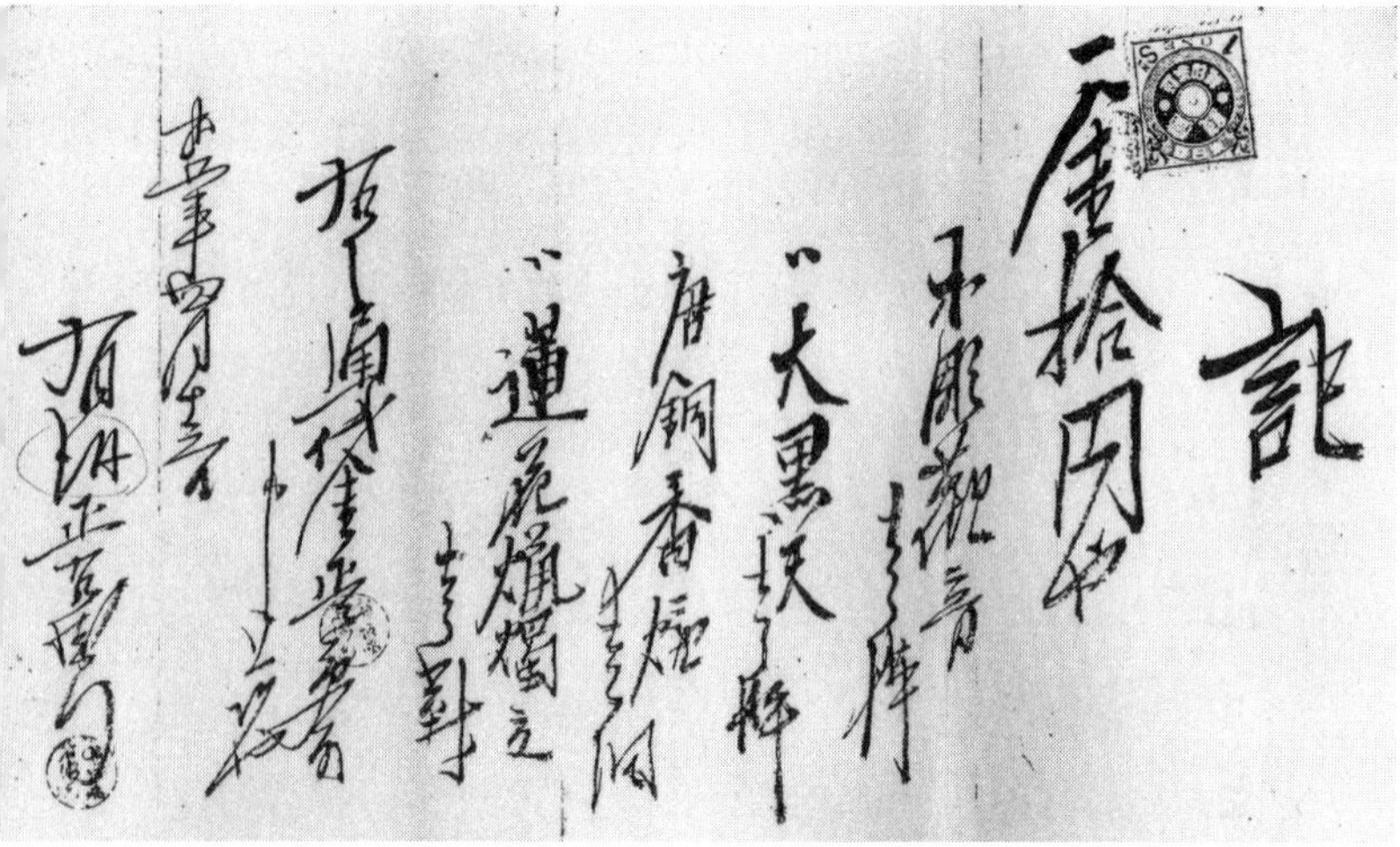

記

一金　拾円也

木彫観音　一体

同大黒天　一体

唐銅香煙　一個

同蓮花蝋燭　一対

二十五年四月二十三日

有明正衛門

購入に対する受領証

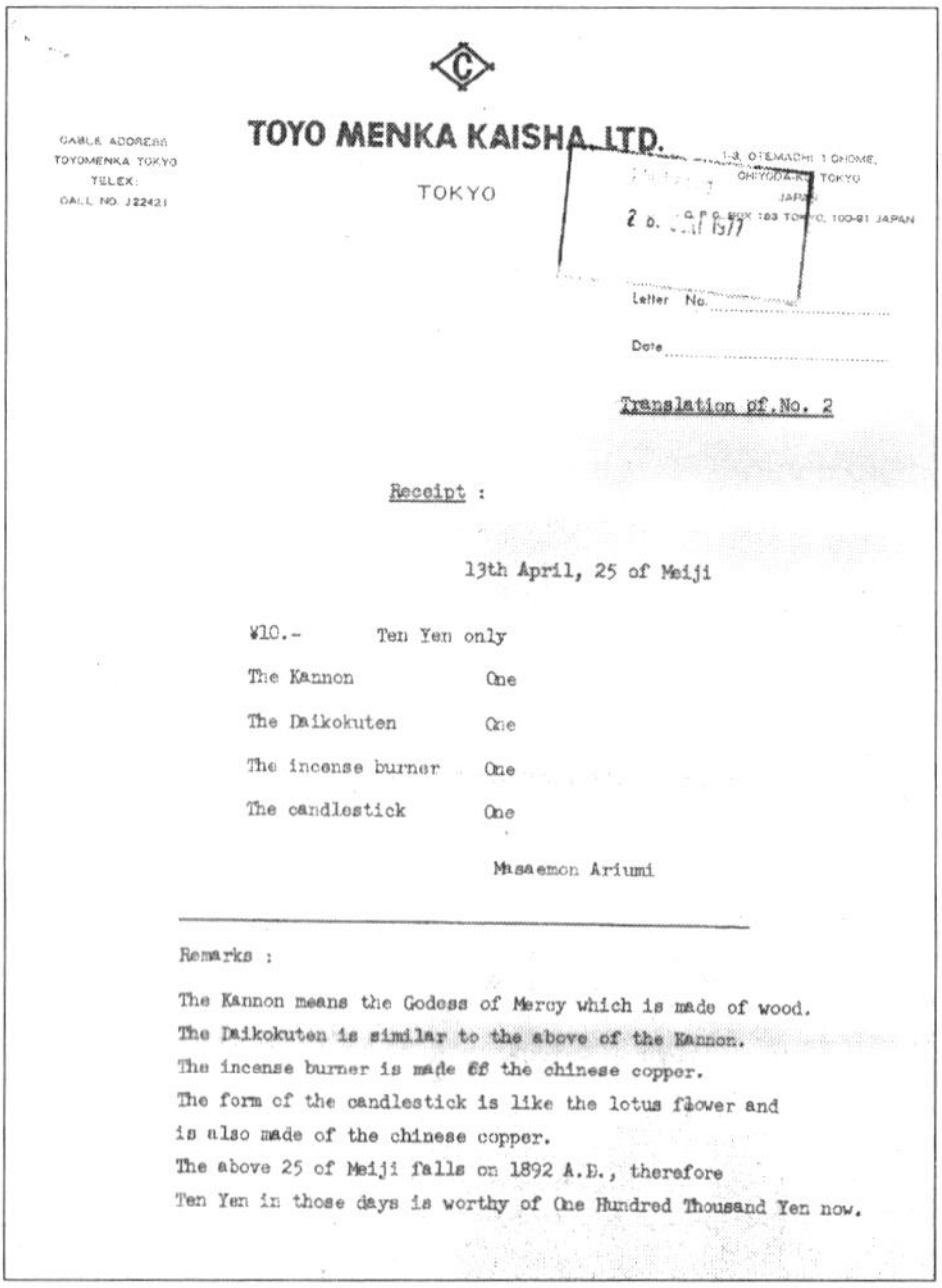

TOYO MENKA KAISHA, LTD.

TOKYO

CABLE ADDRESS: TOYOMENKA TOKYO
TELEX: CALL NO. J22421

OTEMACHI 1 CHOME, CHIYODA-KU, TOKYO, JAPAN
C.P.O. BOX 183 TOKYO, 100-91 JAPAN

Letter No. ....

Date ....

Translation of No. 2

Receipt :

13th April, 25 of Meiji

¥10.-	Ten Yen only
The Kannon	One
The Daikokuten	One
The incense burner	One
The candlestick	One

Masaemon Ariumi

Remarks :

The Kannon means the Godess of Mercy which is made of wood.
The Daikokuten is similar to the above of the Kannon.
The incense burner is made of the chinese copper.
The form of the candlestick is like the lotus flower and is also made of the chinese copper.
The above 25 of Meiji falls on 1892 A.D., therefore Ten Yen in those days is worthy of One Hundred Thousand Yen now.

第Ⅱ部　開国後五十年の日本の発展

Die Entwicklung Japans in den letzten fünfzig Jahren

序　言

本書は、私が本年三月二十六日にベルン地理学協会で行った講演の再録である。この口述は、二、三の追加を除くとそのまま記されている。講演の性格上、私は初めから事細かに述べることは止め、主要な観点に関することのみに限らねばならなかった。そうしないならば、日本というテーマを正しく評価するためには、別に一冊の書物が必要となるだろう。

そういう書物が書かれるのは、まさに望ましいことである。なぜなら東洋の事物は、いつかは真剣に観察することが必要になるからである。東洋については、長い間、われわれの下では、珍奇なものだけを見ることで満足してきた。そこで私は、今の時代に重要だと意識させるにふさわしい契機を前面に押し出すべきだと考えた。

しかし私はそれゆえに、その他の有力な諸要因を見誤り、日本人が行動するに際して、その当然の権利に異論を差しはさむ最後の一人だということも強調しなければならない。私の記述を読んだ人は、私が常に日本文明の同権を擁護しているばかりか、国際法上われわれ西洋人以上に高次な意味で、その極めて崇高な財宝のために闘っている日本人の側に立っていることが解るであろう。十年前、私のようにかの三国干渉の危険を警告した人物は一人もいなかった。この干渉を私は、国際法上でも否認したし、政治上でもすこぶる疑問のあるものだとしたのだった。日本国民が、その名誉の感情から、ここ五十年来の屈辱に対し復讐を考えるであろうことは、この民族の性格を知る人の中で疑うものは一人もいなかったのである。

彼らは、今や復讐の時が来たと考えた！　われわれにとって、この状況に直面して、日本の目標をはっきり見直し、またそこからわれわれ自身のとるべき態度を見たうえで、その結論を引き出すことは必要だと思われる。現在は、プラトン流の感激のうちに、日本の軍隊の成功に対し歓声をあげる時ではない。わがヨーロッパの政治家や外交官は、なお多くの誤りを行ったかも知れないし、また白人の代表者たちがヨーロッパの外で多くの罪を犯したかも知れない。――今、われわれはヨーロッパ人の自覚を持たねばならない。それは現在だけのためばかりではなく、未来のためでもあるのだ！　日本人の復讐は心底から、あらゆるヨーロッパ列強に向けられている。列強は五十年前、平和で幸福な日本に開国を強要し、その過程で日本民族に、人種、文化それればかりか武力の優越をあからさまに示したからであった。だからわれわれは、この事態の中で連帯している。私が別の箇所で言ったように、われわれはヨーロッパ人の性分を変えることはできないからである！　攻撃されるなら、守らねばならない。危険に晒された者は、防衛の手段を探さねばならない。それはたとえ、攻撃するほうに正義があるとしても、またもともとは自分のほうが攻撃者だったとしてもである。将来われわれヨーロッパ人はそのようになるだろう！　それゆえわれわれは自己の財産や利益を擁護しなければならない。それらは商業交通上の利という、真の意味においてであって、よくあるように文明、人道、進歩、キリスト教といった美しい隠れ蓑は外すべきなのである。われわれはこういうあらゆる美名のもとに、悪事を働いた当事者であったという感情を持つようにしたい。われわれはこの利益を子孫の利益として守らねばならない。しかし日本の政策の反ヨーロッパ的傾向を一瞬疑うとしても、大した危険はないかも知れない――。

現在の世界情勢に直面して、われわれの下でもかつてのように、警告の声を聞こうとする傾向が生じているのではあるまいか？　今、私のほうでこの問題を前面に押し出すとしても、誤解されないように希望する。私は、日本人の当然の権利を知る場合は、常に彼らの立場を擁護しているから、――私は日本人の権利に今でも反駁しようとは思わない――先入観と疑われることなく、日本の目標に対して警告することができると信じている。私の立場は、同情とか反感とかとは無縁である。その代り、私はできるだけ明瞭に未来を展望することを人々が学ぶように希望したい。これこそ、私のかの講演における指導的な構想なのである。

チューリヒにて、一九〇四（明治三十七）年春

オトフリート・ニッポルト

日本は真に不思議の国である！　読者は私と一緒に安心して日本への旅を始めることができるであろう。その際、日本に存在する魔力が、この国をよく知るにつれて失われてしまうのではないかと恐れることはない！　読者も、ここに来るすべての人と同じく、日本という国に参ってしまうであろう。そこにある魔力を、私は残念ながら充分に記すことはできない。われわれは、南国的な真っ青な空の下にある、驚嘆すべき美しい国を見るだろう。毎日のように太陽が照り、おだやかな気候で、火山を含む高山もあり、その中の一つ富士山はモンテローザ（訳注1）ほどの高さがある。さらに熱帯及び温帯の植物が混じり合って、特別な魅力を高める独特で豊かな植生の国がある。この景観は、どの方向に行こうと魅力に充ち、単調であることは絶対にない。どこに足を向けようと、そこには、微笑みかける空の下にある、すばらしい庭園に出会う。人工の庭園はほとんど必要としない。だがその庭園こそ、まさに人間が、自然からその秘密を探り出したような微妙な仕方で、訪れる人に強烈な印象を与えるのである。日本の庭師が示すと同じような繊細な感覚は、また日本の建築においても示される。日本の寺院建築も、また通常の家屋も、日本の自然に寄り添っている。日本の建築物は自然を破壊しないし、かえって補完する。茶色の日本の木造の家を見ると、われわれはスイスの家を思い出す。スイスとは、その他多くの点で、日本との類似があるようである。日本の家屋は単純素朴である。しかしその設備は実用的で、特有の魅力に溢れている。われわれが日本中を歩くと、この魅力を実感できる。日本人と同じように、国の慣習に従って旅行すると、つまり飲食、睡眠、水浴、逍遥するに際して、ヨーロッパでは必要なことを忘れてしまうと、この魅力は十二分に味わえるのである。

われわれが日本人の生活にうまく順応するとき、初めてこの日本人という人間を最もよく知ることになる。そしてその際、日本人の魅力はさらに発揮される。われわれは、素朴で自然に生き、常に控えめな丁重さと親切さで人に接し、しかも少年のような明るい性分を示す人間を見出す。彼らが自然に寄せる喜びは、彼らの細やかな芸術感覚と同様にわれわれを魅了させる。われわれは、この無邪気な人間に連れられて、花見に出かけ、上野公園での桜まつりに加わり、赤坂や団子坂での菊の花に感激し、また日本人とともに寺院や芝居小屋や威厳のある能の舞台を訪れるのである。われわれは、ことに美しい衣服で飾り立てた優雅な女性の姿を眺めて楽しむ。それにひきかえ、われわれの下での完璧な改良婦人服(訳注2)はなんと中途半端なものだろうか。われわれは夜になると、日本の茶屋で芸者の踊りを見る。――短く言えば、われわれは日本人達と一緒に歩き回り、ともに生活し、また彼らとともに美しい自然に驚嘆し、彼らとともに素朴で幸せで調和のとれた生活を夢見るのである。われわれは牧歌的生活を体験する。その魅力はいかなる詩人といえども描けないだろう。われわれに迫ってくる独特の文明は、やがてわれわれを中世に立ち戻ったかのように感じさせるし、さらには古典古代の文化、古代のギリシアが眼前に現れたかのように感じさせるだろう。次にわれわれは、またまた「あべこべの世界」が眼前にあるのを見る。しかしそれは貴重な夢、メルヘンであって欲しい、あるいはそれが現実であって欲しい。それをわれわれは、享受し、驚嘆しそして酔いしれるのである。

　そしてこの夢は数週間、数ヵ月も続く！　われわれは、それが終わるのを考えたくない！　すでにわれわれは、そのメルヘン像の中で、あらゆるヨーロッパ的なものが邪魔になっているのを感じる。われわれはさらに歩みを進めて、忘れたいものがある。ヨーロッパとヨーロッパ人をである！　日本人はヨーロッパ化するだろうか？　その通り、彼らはもともと正しいことをやっているのだ。これは彼らの知性が証明しているのだが、彼らは進歩の道を歩いて「われわれの」意味で文明開化する必要を認めたと考えたい。しかし有難いことに、われわれが日本を逍遥すると、これは一切感ぜられない！　われわれは、その夢が何物によっても妨げられないようにしたい――ヨーロッパ到来のものによってなど、なおさらのことである！――。

しかし、この地上では夢は続かないものだ。日本にも目覚めがある！　しかし幸いなことに、それはすべてのものにおいてではなかった！　逍遥を長く続ければ続けるほど、われわれの視線はより深く食い込む。われわれは次第に冷静になり、その映像の裏側もまた認識する。しかしそれとても、あまり悲観的に言いくるめられない限り、全体の印象を損なうことはない。「しかしこの国はやはりすばらしい！」とわれわれは言っていい。ところが悲観論者は答える。「たしかにそうだが、空気は重苦しいし、花には香りがない。鳥は鳴かない」と。この美しい国にも、悪がある。それは地震である。私は地震をはじめは無害のブランコのように感じていたが、時とともにその重大さを正しく知ることになった。台風の威力は、われわれの旅行を全く不可能にするが、この自然現象の前には、尊敬の気持ちを起こさざるをえない。近所に起こる夜の火事は、何千という家屋を犠牲にするから、それはわれわれが平生抱く安心感を揺るがす。とはいえ、これらはすべてわれわれに幻滅を味あわせはしないし、夢を壊しはしないのだ。

われわれに不審の念を起こさせるのは別のものである。すでに日本に長く滞在した知人が語るのを聞いたが、それによると、身体が小さくて控えめな日本人は、気位が高く傲慢で虚栄心が強い。一見実直そうに見えるその背後に狡猾、悪巧み、無性格、不信が隠れている、という。彼らは自制をよく心得ているとはいうものの、情熱的で復讐心をも抱く。「しかしそれは絶対にそうではない！　日本人だけを観察して、厳しく追及してみよう！　すると違う。彼らの答えから察すると、この起こされた告発は正しくない。それらは妬みや個人的な悪い体験に基づいているものであり、その体験の責任は当事者たるヨーロッパ人自身にあるのである。もし日本人がそのような見解を抱いたとしたら、彼らは一体西欧化されるといえるのだろうか？　そうとすると、これは矛盾である！　そのような性格だと、われわれが今まで味わってきた、かのメルヘンとは完全に矛盾してしまう。だからこそ、事は違っているのだ！」われわれは右のように考える。しかし、それはそうでも　――一度は不審の念を起こしたのだから、以後は綿密な注意を払うことにしよう――。

そのための機会に欠くことはなかった。なぜならわれわれは、その後の旅行において日本人と職業上、仕事上の関係を持ったからである。その際、得られた経験は残念ながら告発者のほうが正しいように思えた。われわれの眼が鋭くなったので、そのことは認めねばならない。それはわれわれを悲観的にしている。そこで今、われわれは日本という国と人についての判断のいわゆる第二の段階にきたのだ。私は日本について、三つの段階に分けて述べるのを常としている。初年ではすべてが気に入る。二年目にはすべてがすこぶる悪くなり、三年目に黄金の中道に至るのである。一般的にこの観察はたしかに正しい。しかしそれぞれの気分の段階の期間は、すべての人において同様ではない。そしてすべての観察者が、この違った状態を見たわけでは決してない。幸いな世界漫遊者は――私はこの言葉を悪い意味で使っていない――多くの場合第一の状態だけを知り、そこから明るい面のみを報告する。その反対は商売人たちである。彼らは悪い経験と印象によって、第二の危機的な段階から抜け出せなくなっている。このようにして、日本の港湾都市においては、長い間滞在し、日本民族の生活やその性格について正しい見方が全くできなくなったヨーロッパ人が見出されるのである。

この事実を知った上は、われわれのなすべきことは、日本での逍遥をさらに続け、かつて日本の魅力に参ってしまった時代が追い立てられたと同じように、かの悲観主義の時代から脱出するよう試みるよりほかないのではないか？　もとより第三の段階に達することは容易ではない。なぜならそこへの到達が、われわれの日本滞在の長さによるだけでなく、とりわけ、そこの事情を計るための正しい尺度を学ぶことによるからである。われわれは日本事情をヨーロッパの尺度でなく、日本の尺度で計らねばならないと知るべきである。このことは想像する以上に困難である。なぜならわれわれは皆ヨーロッパの生活事情、政治、倫理、経済、社会のあらゆる面で、われわれの文明の上で創られた理念とともに成長してきており、そのためすべてをヨーロッパの尺度以外で計ることは、絶対にできなくなっているからである。これによってわれわれは極東の事物について正しい判断の眼を閉ざしてしまうし、またそこの国と人とを唯一正しく知る立場を見出せないのである。かくて本当の知日家の数は、今日多いとはいえない。それどころか、われわれはそこに長く滞在すればするほど、また日本の国民の魂に迫ろうと努めれば努めるほど、われわれの知識の足らなさをいっそう感じるのである。ヨーロッパ人で日本人を知るものはいないのだ！　われわれのもとで深く根づいた理念から離れるのに、長い時間がかかるとしても、またわれわれが先入観を振るい落とすまでには何ヵ月も何年も必要だとしても、われわれはその努力をものともせず、黄金の中道に達するまで、日本での逍遥を続けていこう。

そして今、これまで理解できなかったことが、突如として明らかになった。また今、このメルヘンの国の独特の魔力を充分感じるようになり、それがわれわれの中に絶えず反映されているのである。日本独特の文明は、今やわれわれの前に充分な光の中に現れ、その文明の仕組みも、そのあらゆる細やかな点でも、驚嘆に価すものとして見られるのである。間違っていると思われた世界が、われわれの前に間違ったものでなく現れるのだ。そして文明と西欧化とは互いに関わりあるものでなく、決して同じ概念ではないことを認識するのである。この問題については、無限に多くのことが語られよう。私は進んでそれを考えてみたい。

だがこれらすべての観察によっても、われわれは日本の住民を天国の人のように持ち上げる気にはならない。それは逆に、われわれにも判ってきた日本人の陰の面によって、あっさりと彼らを非難しないのと同様である。日本の文明、教育、歴史、哲学との関連で考察すれば、日本人の悪しき性格の面も穏やかな光の中で現れるのである。「すべてを理解することは、すべてを許すことなのだ！」われわれがヨーロッパ人に対してあまり強く非難できないことは、日本人に対してもほぼ同様である。われわれの尺度は、人間の判断を容易にさせているし、またその明暗の部分を正しい光をあてて見させてくれる。日本人の性格を描くにあたって、個人的な印象や経験は不可欠なことではあるが、それらが描く際に心ならずもの影響を及ぼすことはもはやない。われわれが日本人について見出す人間的特性は、それが共感できる良いものであれ、欠点と見られるものであれ、単なる個人的な意味ではなく、日本人という人種の特性として把握され解釈されてしまう。われわれヨーロッパ人は、同じ人種のヨーロッパ民族を判断する場合、日本人を見るのと同じ尺度を用いようとはしないのである。

ごく短期間日本に滞在する外国人でも、日本人について良い判断を下すのは、――これはすでに強調しておいたが――日本人が常に同じように親切で丁寧で控え目な行動をとるからである。日本人はどの階級に属していようと、それは教育に基づいていて、すべての日本民族の第二の天性となったものなのである。日本人はすでに子供の時から自己抑制を学ぶ。この徳目は、たとえ困難な生活状況にあっても保持されていた。最悪の心情の時も、日本人は外面的には冷静さを保つ。それゆえ、絶えず友好的な顔つきで、丁寧で親切そうな態度を示すことは、彼らにとってさして困難ではない。丁寧さは、礼儀や優雅さと同様、生得的なもののようだ。それは日本人にとっては、全く自然の要求なのである。また静かで友好的な本質は、日本人の現実的な心性と対応している。というのは、日本人は人生を安易にかつ悪意ないものと考えていて、まさに彼らは本来、行動においては子供のようなのである。ラインは次のように記している。「日本国民は、私の見る所では、多くの点で小児的民族である。悪意なく、信頼に満ち朗らかで、子供の遊びを年をとってもしたがる」(訳注3)と。日本人の無邪気な特性は、彼らの自然の美に対する感受性と同様に、極めて共感できるものである。さらに彼らの振る舞いには、控え目な態度が加わる。控え目と丁寧さとは、日本人の見解では同一の概念である。彼らは進んで自らを高位の人とは対極の身分低い人物のように語る。自分自身や自分の持ち物を自慢しようとすると、それによって教養がないことが示されてしまうのだ。礼儀の規範は、最下級の人々にも行き渡っていて、それが一般に認められている規律に反する過激な行為を防いでいる。

この控え目な振る舞いと並んで、全国民に共通の極めて几帳面な綺麗好きは、その優雅さと好い趣味とともに、外国人に非常に良い印象を与えている。

日本人の人生観に見られる暢気で気軽な性格には、気前良さも加わるが、それらは彼らに騎士的な気質をも与えることになる。もとよりこの気軽さは、安易な生活態度になるし、またしばしば――ことに金銭に関して――軽はずみに陥る。とはいえ日本人は、平均的には非常に節度ある生活を身につけている。

なお多くの日本人の特性はあげられるだろう。例えば気軽に順応したり、ものわかりが良いなど。――だがあますところなく述べるのは私の課題ではない。しかしそれにもかかわらず、われわれはより深く見据えられるようになってきた。すると日本人の丁重さには、暗い面もあることが判った。それは彼らが嘘をつくということである。言葉というものは、日本人の見解によれば、思っていることを表現するばかりでなく、それを隠すためでもある。言語に特有な多くの慣用句や言い回しによって、日本人は真実と虚偽との区別感を失い、さらに教育の結果によっても、嘘は不正なものだとの意識を持たなくなった。このことは、モンゴル人種の抜け目なさという特徴を示し、ことに商売や交渉に際して信用を失わせるものになっている。観光旅行者として日本の至る所で一番良い点のみを見てしまった人ばかりでなく、職業上あるいは商売上日本人と接する人にとって注意すべきは、日本人の礼儀や親切に惑わされることなく、また彼らの快い外見によって無制限の信頼を寄せてはならないことである。むしろ常に用心し、東洋人を相手にしているということを忘れてはならない。英国人が、日本は世界漫遊者の楽園ではあるが、期待を抱いてやってきた商人の墓場だとよく言うのはいわれのないことではない。

ともかく忘れてはならないのは、われわれが日本の尺度で物事を計ることである。すると多くの許せるものが見出せるであろう。良き観察者である宣教師ムンチンガーが、われわれ西欧倫理の厳しい尺度を、日本人の嘘吐きに当ててはならない。また日本の現在の世代には、この嘘の責任はあまりない、と言っているのは正しい。さらに言う。「彼らの嘘は、封建時代の事情によって今日の現象となったのだ。というのは日本人民は上からの圧制を受け、他人を不信の眼で見、スパイすることもしつけられてしまった。だから、この嘘吐きは悪しき性格というより、悪い慣習というべきであろう（訳注4）」と。日本人の親切さや礼儀正しさによって思い違いしないようにしたい。彼らの外見上の謙虚さも見誤ってはならない。というのは、謙虚さも全く外面だけのことなのである。ことに、この礼儀正しくへりくだったような場合でも、日本人はヨーロッパ人を、上役のように尊敬しているなどと信じてはならない。まさに、すべてその反対なのである！　謙虚とは日本人にとって、礼儀が命じる形式以外の何物でもなく、それは男子の思想とは何の関わりもないのである。この思想は決してつつましやかものではない！　その反対に日本民族は、謙虚さとは無縁のすこぶる高い見識を抱いている。日本民族を特色づけるのは、単なる自負心ばかりでなく、すべての国家的問題の中に現れる全く異常なほどの自惚れである。

この特性は極東での多くの重大な事件を解く鍵となる。なぜなら、それらの事件の経過を辿っていくと、日本人は、この自惚れを叶えるために、ありとあらゆる犠牲を払う覚悟をしていることが思い浮かぶに違いないからである。日本人は自らをすべての点で優れ、その才能によって傑出した国民だと思っており、それゆえヨーロッパ人の卓越性をいかなる点においても認めようとしない。このことは、日本人が「優れた西欧文明の受容」の巧みさで名声を博すのと矛盾しているようだ。それでもこれは正しいのである。だから大部分の西欧化の理由を日本人自身の見解――つまりヨーロッパ人のでない――に求めるならば思い違いをしてしまう。日本人はひとたび問題に取り組み、それを本当に実現しようとする時、彼らの見解では、うまくできないものは何一つない。しかもそれを世界に示す手段の選択において、日本人は選り好みはしない。やむをえない場合、それに国民的要因がかかっているかぎり、日本人は戦争をもいとわないのである。日本にかなり長く生活した人は誰でも、そのような民族的な思い上がりの兆候や自己の力の過大評価の傾向を見出すであろう。それらは自国のみならず、他の世界をも重大な危機に陥れるものでもあるのだ。

ところで日本民族の能力と知性がどのようなものであるかの問題が生じた時、それには否定的な判断は下せないだろう。しかし肯定的な判断としても、それはある条件付である。極東通の人にとって、中国人のほうが平均的に日本人より知性においても——また信用においても——優れていることは秘密ではない。ヨーロッパでは、日本に多くの点での西欧化を見るとともに、その反対の点も推測されている。両者が密接に交流するにつれ、この反対の点が——多くの他の誤謬も——明らかになってくるであろう。日本人にはたしかに知的という評に価するものがある。彼らは知識を容易に採取して、見せつけられたものを短期間にすべて理解し、意外な方法でそれをうまく模倣してしまう——。しかし残念ながらこの模倣は法的に禁止されていてもである。これはまた同時に彼らの能力の限界を示すことにもなる。それは日本民族の多くの優れた特性と同様、外面的なことであって、物の核心というより形式にかかわるものなのである。そのため、日本人は外国の知識を容易にものにするとはいうものの、さらに自己のものとして発展させる、つまり精神的な領域において独創的に働かせるまでには至らない。日本人の能力の中での欠点を助長するものとしては忍耐欠如がある。一般に日本人はもともと勤勉だとはいえない。たしかに彼らは好奇心にとみ、この特性は精神的な創造の領域で発揮されている。彼らは思いがけない新しいものはすべて求めようとする。このように彼らには知識への渇望がある。例えば学生としてきわめて勤勉である。しかしこの最初の熱意は、その後の成果を伴わない。日本人は初めは速やかに学ぼうとするようだが、すぐ新しいものでなくなった事柄への関心が冷却してしまう。その知識は外面的以上には進まず、根本的な深さまでには達しないのである。この事実の前では、日本人の才能について、彼らが虚栄心から自ら行ったような好判断を下すことはできず、多くの点において彼らの尊大さを咎めねばならないだろう。

日本人について今までよく言われた特色には、さらに激しい熱情が加わる。感情をいつもどんな状況にあっても隠すことのできる日本人は、実際はきわめて情熱的なのである。この激情が爆発すると際限がなくなってしまう。日本人のとめどない虚栄心が、その力を過大評価させると同様に、彼らの激情も簡単に節度をすべて忘れさせてしまうが、他方、この性格は一面良いものをも持っている。日本人は生命を最高の財宝として理解しておらず、それゆえ彼らが信じている財宝のためには躊躇なく生命を賭ける。しかし小さくて、外面だけは親切な日本人に、一見そんな毅然とした勇敢さを見てとることはできないが日本人は、その歴史と教育とによって、恐るべき愛国心に満たされた戦士なのである。彼らの神々の国土と、神の子たる天皇への愛は無限であり、それがこの民族を危険な戦争相手たらしめている。

この日本人の勇敢さに関して、われわれヨーロッパ人にとって奇妙なのは、彼らが敵を殺すため、その背後から襲うことを躊躇しないという事実である。しかしその際留意すべきは、東洋人の抱く名誉とか誠実とかについての概念が、われわれのそれとは逸脱しているということである。一見卑怯とも思えるにせよ、攻撃する日本人のほうも、常に自らの生命を犠牲にするつもりでいる。彼らには、この勇敢さと激情とともに、すこぶる高い自尊心が見出せる——。しかしそれと並んで復讐心や残酷さのあるのも否定できない。残酷な行動は、一人ひとりの日本人が平生犯すのみならず、日本の歴史も伝えているものである。これはある程度、彼らの無情を示しており、事実われわれ多くのヨーロッパ人は、日本人の心的性格がわれわれのもとでのようには発達しなかったという印象を抱くのである。とはいえ私は、われわれと日本人とのギャップがいかに大きいものかの究明はできていないという一つの問題点を考えている。

ここで三十年近くも日本人の性格について記しているブスケ（訳注5）の言葉をあげたい。

「日本人の私生活は、彼らの歴史を見れば判るように、その政治生活に似ている。両者は彼らの気候的体制に似ている。つまり長い静寂と睡眠の時間と突然の目覚めの荒荒しい爆発とが交互に起こる。自然の無気力が、激しいショックで打ち破られるのである。カーニバルのラッパが憂鬱の霧を突き破って響く——。すべてから判るのは、平衡心を欠いた気質、バラストのない船が大海を進むような精神、がくんと動いたり時にはぴょんと前に進むような鈍い動作の人間だということである。娯楽や予想外のことはたいへん好きである。そして長続きすることは嫌う。意気の高揚と衰退とが突如として代わる代わる起こる。活発さ、知性、才能は豊かであるが、原則や個性が欠如している。国土を襲う鞭（これは地震と台風である）のように、彼らのエネルギーには、長い睡眠と不規則な目覚めとがある」

私の日本人についての考察は、多くの点で、右に述べた記述と重なり合うことが認められよう。私の見解では、先入観なしの観察者として、日本人の性格を詳しく研究すると、全体として共感する印象が残る。それは自分独自の尺度でもってのみ計ると、われわれとは全く異なる人種を、根本的に別の眼で見るという事実を意識した上で、人間の行動の仕方を理解するとそうなるのである——。

国土と国民についての今日のわれわれの知識によって、今、日本人の「目的」を評価し、極東での「事件」を正しく判断することができるだろう。われわれが見たような多くの反対意見も今や自ずから解消してしまう。日本人はわれわれを野蛮人だと考えていること、これはかつて考えていたばかりでなく、今でもそうだと初めて聞いた時、私には実におかしく思えた。このことは至る所に見られる欧化熱と両立しないように見える。しかし今、私には、これはおかしくはなく、その矛盾が解るのである。

今日の立場からは、われわれにはこの五十年間に成し遂げた、初めは多くの点で解らなかった日本の発展が理解できる。

発展とは？　もともとこういう問題について、東洋の国制を見ながら語ること自体、すでに人目を引くことのように思える。かつては、東洋の原則はいわば平穏、停止であって、ヨーロッパの原則たる運動、進歩の反対である。しかしこれらの諸原則のどちらが正しいかなどは問題ではない。われわれは何事についても先入観で判断しないと決めた。どんな事情でも、この立場を守らねばならない。だから、われわれは中国人について、彼らがその原則を愚かさではなく、確信から守っているのだと信じたい。われわれは自己の体制の陰の部分についても充分意識している。今日のわれわれのナーバスな時代というものは、もともとわれわれの原則がもたらしたものだということを見誤ることはないのだ。しかし今日興味深いのは、日本人に「発展」があるとはっきり言える事実である！　だから彼らは今までの原則を打ち破って、今やわれわれの原則を信奉することになったのか？　そこでまず、日本人がその発展の歩みにおいて決定した理由とその目標とを調べ、この五十年の発展の成果を見てみよう。すると日本人は、本当にわれわれの原則を信奉しているのかどうかという問いへの解答がすぐ判明するであろう。

しかしそれには、日本の歴史について簡単に振り返って見ることが必要であろう。

十六世紀に日本では、初めて外国人を迎えた。これは決して嫌ったわけではなく、かえって活発な交流が発展した。しかし日本人は、やがて西洋の連中とは悪しき経験を重ねたので、ついに西洋との交流を諦めることにした。この当時の歴史を知る者は誰一人として、この処置をとった日本人を悪くとってはいない。最初に来たヨーロッパ人はポルトガルの冒険家で、彼らは商人でもあり海賊でもあった。当時、今から五十年前と同様の同じ文明に恵まれていた日本人には、この赤毛の野蛮人は何ら評価をもたらさなかった。彼らは軽蔑される商人階級に属しており、その振舞いの中に、日本人の眼には、高い文化の持ち主だと思わせるものは何一つ持っていなかった。外国人の行動は、むしろ日本人に初めは憎悪と軽蔑とをもたらすものだった。外国商人の詐欺と並んで、日本人の立場から、まさに国家にとって危険と思わせたのは、狂信的なイエズス会によって広まったキリスト教の前進だった。これが日本国土の鎖国の契機となったのである。キリスト教の教義の伝道者の中に、国家権力への不従順を教える者を見たのは理由のないことではない。

数世紀にわたる鎖国の間、外国人についての唯一の思い出は野蛮人に対する憎悪と軽蔑の感情だった。それ以来、日本民族の魂に深く根づいたものは、外国人とは民族の平和と幸福にとって危険な存在だという信念だったのである。

鎖国に時代について言及すべきことは少ない。日本人は、ヨーロッパとヨーロッパ人について知ることなく、二百五十年間を過ぎるに任せた（出島のオランダ人は別として）。そしてわれわれが今日驚嘆しまた羨ましく思う、素朴で幸せな民族として、連続する平和を楽しんできたのである。

彼らのもとでは、数世紀がたいしたことなく過ぎ去った。そして五十年以前に、二百五十年前と同様のすばらしい文明制度がやってきたのである。われわれは、それを日本人が未来のために歪曲することなく保つよう望んでいる。だが今日においてすら、数世紀以前に遭遇したと同じ光景を、われわれは見ることができるのである。

ところで日本は、五十年以前は封建国家であった。当時幕府があった。将軍は軍事上の最高司令官であるが、西洋風の記述によれば、しばしば世俗的皇帝として、宗教的首長であるミカド（天皇）と比較される存在である。それは一種の西洋の宮宰（訳注6）から発展し、数世紀のうちに、国土の全権力を一手に握ったのである。神々の子であるミカド（天皇）は、政府には何一つ介入できなかった。宮廷貴族のクゲ（公家）に囲まれて、世間離れした存在の日々だった。封建国家の頂点に立つのは将軍だった。この将軍に、封建諸侯である大名は服従を義務づけられていた。国土は何百という大名領つまり藩に分かれていた。そこでは全住民が、全く恣意的に支配する一人の領主の下にあったのである。大名は同時に封建領主だった。各大名は、諸領の大きさによってその数は異なるが、サムライあるいは刀二本差しの男として知られる封臣を抱えていた。裕福な諸侯の封臣の数は、時に何千に及ぶ。この諸侯は封臣とともに将軍の居住地たる今の東京に毎年伺候する。東京には各大名の屋敷があり、そこで一年のある時期を過ごすことが義務づけられていた。

全国家制度は、この軍事的封建制に基づいていた。サムライは全体として戦士階級を形成していた。彼らは日本民族のうち、最強かつ最も名望ある階級であり、また実際上、皆教養のある知的な部分であった。二百万人を数える、この誇り高い階級は、本来の仕事を持たず、日々の糧のために働く必要はなかった。彼らの貴族的見解によれば、下層の人民のみが労働するのだった。いわゆる平民と呼ばれる者は、幾つかの階級に分かれていた。そのうち商人が最低の位に属する。彼らは実は単なる小売商人と古物商のみであった。これは本来の商業取引は存在せず、貿易や産業は未知の概念だからである。この独自の国家制度のすべては、まさに封建制の要求に対応していた。法律家や裁判官や、すべての市民が関わることのできる、われわれの意味での一つの法というものはなかった。このように日本は五十年以前は中世であった。この中世の間にヨーロッパでは、文明が古代ギリシア文化の頂点にわれわれを導いたかに見えたのである。ただ近代の精神はなかったのだ――。

ヨーロッパの側からは、この鎖国の島国との交易を求める試みがしばしばなされた。しかし成功しなかった。前世紀の中頃、限られた範囲内だったが、この国との交易関係が成功した。もとよりそれは暴力の方法によってであった。その際、京都のミカドと江戸の将軍との間の対立がヨーロッパ人の役に立った。

外国人の到来と条約締結によって生じた国内の騒乱は猛烈だった。英訳された『近世史略』(訳注7)は、すこぶる具体的にこのことを記している。ミカドの宮廷は外国との関係の断絶を求めた。しかし将軍の政府は、これには力が足りないと感じていた。外人に対する憎しみは由々しいまでになった。特にサムライは道すがら出会う外人に刀で試し斬りをしようとしたのである。「攘夷」と「尊皇」は、その後しばらくの間の合言葉であった。サムライは、外国の商人を軽蔑の眼をもって見た。多くの外国人が、彼らの憎悪の犠牲となって倒れた。国中で人々は、幕府が外人追放の日を決定するよう苛立っていた。

だがこれは生じなかった。政府のうち分別ある人々は、すでに以前から、外国人は暴力で追放できないと見ていた。艦隊の示威的行動や砲撃は、この印象を強めた。かくてさしあたり、「攘夷」の考えは捨て去られた。それは現実の力に従うのが賢明だと思えたからである。つまり変節したのでなく戦術を変えたのである。彼らは外国の卓越した武器と戦闘方法を知って、これらに対抗して行動を起こすより、これを自己のものにするほうが現実的だと感じたのであった。大きな影響力を持つ人物の中には、外国人を憎んではいたものの、「攘夷」は無駄な試みだと見抜き、好むと好まざるとに関わらず、かの憎悪を隠して、彼らから学ばねばならぬと考える者がいた。こういう連中は、二つの強大な藩、薩摩と長州に存在し、国内政治における特別な目的を追求したのである。以前からこの両藩は、徳川の敵対者だった。そして徳川を排除してミカドの権力を強化し、それによって自らの権力を増大しようと共同戦線を張ったのである。

この激変の明らかな兆候には、薩摩の大名が英国の公使を招待した事実がある。(訳注8)

一八六五年になると、ミカドは外国と条約を認めた。かくて外交政策における日本の変更路線が徐々に生じるに至った。それは国内の諸事件によって促された変化であった。一八六八年の内乱は幕府の崩壊からミカドの支配となる復古に導いた。このようにして欧化の時代が始まったのである。

この三十年の歴史の細かいデータをあげていくことは、私には意味がないように思える。それは、その大部分が既知の事実でもあるし、また欧化の運動が及んでない領域は事実ないからである。最近のいわゆる発展は、一見すべてのものを含んでいるように見える。それは時に盲目の模倣になってしまった。かなりの長きにわたって、形ばかりの欧化熱が支配していた。そのため、うわべばかりを見た人は、日本人がまさに国民的自殺をしようとしていると考えたのだった。この欧化の熱意がどこまで進んだのかは、一人の日本の大臣が主張したという、日本語を英語に代えようとの構想が最も良く示している。

ここで一八七〇年、八〇年の欧化の実例を挙げていこう。一八七一年封建制度が廃止された。これまで人の眼に触れなかったミカドが、公の場に出ることになった。いろいろな職業の西洋人が、教師や官吏として雇われた。すでに一八七二年、初めての鉄道が敷かれた。これに続いて郵便、電信、電線、電話、電燈、汽船、燈台、鉱山、国道、貨幣、兵器廠が造られた。陸軍は西洋風に組織された。その用員には、大名領の廃止のため職を失った武士が使われることになった。そして一八七四年には、すでに義務兵役制が始まった。一八七三年にはグレゴリー暦が、一八七六年にはキリスト教の日曜日が導入された。青少年の教育も英国をモデルとして制度化された。経済制度も変わった。株式や商工会議所もつくられた。国内博覧会も開催された。法律書が西洋風に編纂された。拷問は廃止された。警察制度や刑務所も再編成された。一八八〇年には、刑法と刑事訴訟法が導入された。これに続いて、民事訴訟法、裁判所構成法、民法、商法もつくられた。一八八九年には、憲法が発布された。古い身分差別の廃止の後、英国モデルの貴族制度が新たにつくられた。都市では裸で道路上に現れるのは禁止された。日本の髪型（ちょんまげ）も禁止された。官吏は洋服を着るように規定された。

まだいくらでも挙げられるだろうが、欧化の例はこれで充分だろう！

この導入されたものの意味について、日本人が時にはっきり解らなかったことは疑いない。またそのことに、彼らは無関心でもあった。日本人が、この発展全体の中で目論んでいる目的に叶うならば、彼らはそれについて何の動揺もないのである。この目的とは？　欧化を導いた理由を直視し、日本民族の性格を思い浮かべると、目的は簡単に判ってくる。それは、すでに見たように決して西洋に友好的なものではない。欧化とは、日本にとって、外国の影響に対して、出来得る限り独立を保つため、「やむをえず」さしあたってとった政治手段であった。外国人を追い払うことができなかったから、西洋文化の輸入こそ、彼らと同等となるための最善の手段と考えられた。そこで大急ぎで欧化の渦の中に飛びこんでいったのだった。

ヨーロッパでは、日本の最近の発展をヨーロッパ文明の勝利と見、日本を西欧文化の東洋での先駆者、ヨーロッパ利益の代表と賞揚することがしばしば見られる。これほど誤った見解はない！　欧化の道を進む「西欧文化の友」となるような私心のない理想主義がそこに存在しないことは確実である。「文化的進歩」など、日本人の心にはない。ましてやヨーロッパ人のさしあたっての優越を認めるものの、彼らが現実的に優れているとは意識していない。進歩も西洋人に対する驚嘆も、日本人の行動の理由ではない。現実的政策こそ、その理由なのである。もし理想主義的な要因が問題となるとすれば、それはたった一つ、即ち日本人が一人として疑いをいれないもの、祖国愛だけである。

さらになお、もう一つの要因がある。それは傷つけられた国民的虚栄心である。もしこの要因の中に、日本の最近の発展の主要な動因を求めようとするならば、思い違いすることになるであろう。国民的虚栄心は、とりわけ日本人の態度を規定するものであり、また外国人を凌駕し、さらに自己の武器で倒そうとする考えを起こさせている。この目標がすぐにでも達成されるなら、日本人にとってその他のことはどうでもよくなる。そうなると、これまで多かれ少なかれ欧化したか否かなどは、大した問題ではない。つまり外見上は、現在の日本人から静かに脱皮しているようなのだ！　かくて彼らには、その目的に叶うすべてのものを採用しているのである。それが本当により良いことか否かはどうでもよい。西欧をなるべく早く凌駕するのに役立つのみなのである。この課題が数年のうちに解決されれば、その後は外国人を追放するか、その権力を弱体化するだけの力を持つようになり、その結果アジアの問題などは、日本が決定権を持つようになると期待されたのである。

この目的について、すべての日本人は合意に達していた。しかし武士の中には、初め不満が存在し、それは一連の反乱ことにサムライ一揆を起こすに至った。厳格な神道主義者——神道は日本の国家宗教である——も、進んで別の方策をとったようだ。だがこれらすべての反対者たちも、本来の目的では一致していたので、「親欧米派」の連中とも団結していた。それは一八九〇年代になって、自国の風俗習慣を墨守しようとする反動が強くなり、外見上は国粋主義が支配するようになった頃からであった。

ここ十年間の歩みは一見、日本の政治家達の行動を是認したようで、彼らの本来の傾向を強化したに違いない。かくて今日の日本では、その国粋主義的志向は、隠れもない事実となった。これまで行われてきた「西欧文化の輸入」にもかかわらず、欧米の理念や影響はあまり感ぜられなくなってしまったのである。国粋主義は「青年日本」(訳注9)の行動に現れている。それは国民の独自性を強調する自己主張や自己の過大評価を——ことにヨーロッパ人に対して——誇示するものだった。他方、古い派の日本人のもとでは、これらの主張は、礼儀正しさや謙遜の態度の陰に隠れていた。

日本人のヨーロッパ人に対する関係は、すでに中世、蛮人に対する軽蔑と憎しみが、その特質となっていたように、今日においても、この三十年間日本人が外の世界との交渉において成し遂げた偉大な物質的進歩にもかかわらず、その本質は同様であったことを、われわれは見ている。

またこれとともに、この五十年間の発展の成果の問題に取り組んでいこう。一見、文化の進歩に耽るこの民族は、あらゆる生活領域をこの発展に引き入れた。発展に含まれないものは、何一つないようだ。この革命は、――事実、静かな発展は問題にならない――多くの持続的な成果をもたらした。日本人は、全体として欲する所のものはほとんど達成した。外見上は、一九〇四年の日本は五十年前とは正反対である。この点を、個々の領域において追い求めるのは、興味深いであろうが、今日の私には残念ながら、そこまではできない！

事実、日本は今日あらゆる領域でヨーロッパと競争している。それが政治、軍事の領域で、どんな形で生じているかは最近の日々の事件が物語っている。ここでそれについて一言でもしゃべるのは無用のことであろう。日本がヨーロッパの大国の一つと戦争している事実は何よりの証拠であるのだ。

今日の日本の経済については、領事報告が物語っている。ことにここ十年の経済的進歩は、すこぶる興味深く、かつ重要な話題となっている。このかつては何よりも武士中心の民族だったものが、今ではその武士的伝統を忠実に守っていながら、他方、貿易・産業国家に発展したのを、われわれは見てきた。貿易など全く知らなかった日本人が、日本のみならず、東アジアのあらゆる市場で、西洋人と競争しているのを、われわれは見ている。東アジアの市場など、三十年前の日本では、その名さえ知らないものだったのだ。大工場も建設されたのを、われわれは見ている。工場労働者をかかえた大工場が、従来の家内工場とともに、建設準備中であるのだ。

この新しい経済体制への移行それ自体を考えると、何と重大なことだろうか！　この事実は、その他の商売相手の国々の将来にとって、いかなる前兆となるのだろうか？　日本は経済領域では、十年前に可能だと考えてきた以上のことを成し遂げたのである。日本人は、今日、通商産業の領域では、ヨーロッパ人と競争し、さらにアジアでは彼らを追放しようとしている。

それとともに、他の領域における発展の成果を見ても少なからぬものがある。今日の日本には、法律書があり、法治国家と称している。今、一八五四年以前の日本の法律を思い浮かべると、何という激しい変化であろうか！　日本人は、数十年来、熱望してきたものを獲得した。かつては、それが存在しないことによって痛く心が傷つけられていたのである。それとは領事裁判権であるが、一八九九年七月一日に廃止された。これは、日本には整った法律書もないし、その適用も問題外と考えていた外国人には、大いに不満だった。彼らは領事裁判権のあった古き良き時代を考えていた。元の条約によって認められていたあらゆる利益、ことに領事裁判権、免税、低関税と引き換えに得た権利は開国であった。かつての条約に基づく開港場の外で定住し、そこで通商できるという、この権利は、その後の時間は経過しても全く行使されないと同様だった。今後、外国貿易が、この四十年間に決められた中心部から大きく移動することは、たしかに困難であろう。日本の政府、政党、国民は、これを阻止しようと懸命である。だから、この新しい条約の利点はごく僅かなものだった。外国人は、今まで主張してきた条約による権益は、それと引き換えのものを得ることなく、ほとんどすべて放棄してしまった。日本の決定的な政治的勝利は、ここ三十年間の交渉の成果であったのである。

さて、その他の領域での欧化の成果を考えてみよう。まず教育の面で新しく創られたものは何か？　日本人のうち、あらゆる職業の者が、ヨーロッパのわれわれのもとで学んでいるばかりでなく、日本では、あらゆる種類の学校が存在し、今日では、ヨーロッパ的要素をできるだけ排斥しようと努めたので、その大部分が日本人教員であることを、われわれは知っている。

日本では、どこにでも西洋医学を学んだ医者がおり、しかもその多くがドイツ語ができることはよく知られている。昔の日本医術の本質を考えてみると、このことは何を物語るのだろうか？　日本人は、自然科学における、われわれの進歩を皆、当然のように自己のものにしてしまったのだ。

任意に他の領域に転じてみても、ほぼ同様な結果である。近代技術が日本人にもたらしたすべてについて、手短かに論じることはできない。ただわれわれのもとにある、あらゆる交通機関は、日本でも見出せることのみを言っておこう。三十年前には、駕籠で行くのが普通だった日本が、今日では、電車や登山電車まであるのである。

国家行政の形態も、根本から変わってしまった。古い封建制度に代わって、数多くの官僚スタッフによる行政区域ができた。日本は憲法もつくった。この事実だけでも、ヨーロッパでは、この国に共感を寄せるべきであると考えられている。ここで私は、その舞台裏を覗き見ることは止めておこう。

まとめて言うならば、ここ五十年間の成果は事実偉大なものと認めねばならない。近代で日本以外には、これだけの偉大な成果は見出せないであろう。三十年のうちに、外見上このような成果は不可能だし、日本人が行った多くの新しいことを、他の民族が短期間の中で身につけることはできないと言っても過言ではない。日本人は成し遂げたいと思ったことは、例外なく成し遂げた——しかし、それ以上のことは求めなかったのだ！

つまりわれわれがもっと深く分け入って、より高い視点から、単なる物質的成果だけでなく、この五十年の発展を振り返って見るならば、前述のものとは違った回答に達するのである！　つまり、この偉大な発展について触れずにいたものがある。——それは人間についてである！　われわれが人間というものを問題として捉えると、――そして人間なしの文化はどんな目的をもつものなのかを問うとき、われわれは、この五十年の発展の成果がもともとゼロも同然ではなかったかと言わねばならなくなる。そこまで考察すると、このひとつの発展は問題となりえない。このことは多くの人にとって驚くべきことのようであるが、東洋を知る人々にとっては、至極当たり前なのである。西洋の文化は、日本人の手の中では、まさしく文化ではなく、彼らの目的に奉仕する道具であり、その高邁な内容や精神を、彼らは理解しなかったし、彼らの天性からして理解できなかったことを思い浮かべてみよう。われわれの文化の根底について、日本人はこの文化に感動しなかったとしたら、われわれは驚嘆すべきなのか？　彼らがわれわれない。日本人がこの文化に感動しなかったとしたら、われわれは驚嘆すべきなのか？　彼らがわれわれの上辺のみを覗いただけで、われわれが彼らを見たと同様、われわれの内面まで観察しなかったとしたら、やはり驚くべきなのだろうか？　しかもこれは「すべて」の日本人がそうなのである。つまり新しい運動に無縁な普通の民衆ばかりでなく、ヨーロッパで生活し、近代の発展のために働いた日本人でさえ、これがあてはまる。彼らは心の中では皆一つであり、ずっと同じだったのである。

かくて彼方のヨーロッパ文化からもたらされたものは、彼らの手中に入ると、それはわれわれのもとにあるものではなくなっていた。理の当然である！　日本人はやはり違う人間、完全に別な生活観、別の天性、性格の種族なのであった。もとより、どの種族もこんなに多くの抵抗をするわけではない！　どの民族も、外面上そういった革命をわが身に及ぼすわけではない。内心はそれほど感激せず、見せかけだけでも一つの文化全体を受け入れてしまうわけではない。しかし日本人はそれをかつて一度中国文化との関係ですでに行っている。それには日本人独自の性格、つまり東洋人の粘り強さが必要だったのだ。このことは、受けた印象には深く入りこまず、表面上だけにとどめ、ほかの特色と比べて気質や感情生活にはあまり動かされないような民族においてのみ可能なのである。少なくともわれわれヨーロッパ人は、このように判断できよう。日本人を見て、こういうことすべてがわれわれを驚嘆させるわけではない。われわれの文化を摂取し、それを活用したことは大いに評価できるが、他方、われわれとの差異の存在は評価できないのである。日本人を、その内的本質や人間的特性にしたがって把握した人にとって、日本人の思考方法や生活観、つまりその人種的特性を知った人にとって、またこの種族が追求した目標を忘れないでいる人にとっては、この発展をもたらしたものは、すでに述べたように、別に驚くべきことはなく、当然であり、すべてはかくなるはずのものだった。いずれにせよ、日本人は、これとは別のものを望んでいなかった。この発展の結果は、彼らが追求したことと完全に一致していたのである。日本人にとっては、心の底から欧化しようと思うことは重要でなかった。なぜなら日本人の心はこの革命に関わっておらず、心中この強いられ押しつけられた発展とは無縁だったからである。

日本人が「東洋の原理」に忠実ではなくなったとは決して言えない。なぜなら、今の政治的傾向は外面上のことだけだからである。日本人は、中国人と同様、昔も今も、人生については東洋的な見方を信奉している。それはわれわれが日本の最近の発展の決定的な要因として、つまり日本での欧化の成果として学んだものと完全に一致するのである。

東洋をよく知る人々は、このことをすでに以前から予想していた。日本人の追いつき追い越せの努力に感嘆し、またこの民族の知性を見て喜ぶ人々のほかに、日本の進歩は確固たる基盤がないし、この新しさは表面的なものに過ぎないことを指摘して、疑念を表明する声も欠くことがないのである。ラインは一八八〇年に次のように言っている。

「一つの文明は温室育ちではなく、野外で育った樹木にたとえられる。……われわれの文明は数百年にわたる発展の成果である。しかし日本では、キリスト教的西洋のこの成果をあっさりと、その基盤を理解して摂取することなく、自己のものにしようとしている。青年日本は、この目標に到達するには、あたかも鳥瞰図のようにヨーロッパとアメリカを眺めた後、適当な所を見つけて、美味い汁を吸うより、良い方法はないと考えているようだ。」

日本の有力筋の人々のもとでは、このような疑念はない。なぜなら彼らは何を意図しているか、またヨーロッパは落胆するかもしれないが、究極の成果がもともとの目的に沿ったものになることを知っていたからである。かくて彼らは、そのような警告に惑わされなかった、当然のことながら、たとえ近代化の運動が、時に活発になったり、そうでなくなったりしてもである。

しかしヨーロッパで最近やっと、この「発展」の意味が何であるか、また彼らのもたらしたものは何かが完全に解ってきた。今日、日本人を知る者で、彼らの動機や意図について疑う者はほとんどいない。また根っからの楽観論者すらも、現実の事情をだんだんと意識しつつある。ある事情通は数年前、この発展のもたらしたものについて、左のように記している。「ここ四十年間に日本で起こった変化の速さに、世界が驚嘆している。どうしてこうなったかには、十分な理由があることは疑いない。だがこの変化の広がりは過大評価したり、その性格を見誤りやすいものだ。真実は、この民族的生命の大きく決定的な潮流は、事実変化しないままだということだ。根本感情、戦闘を巧みとする心の動き、民族、支配者ともに、その生活の在り方は、本質的に同じのままだった。これに、『古き日本』が数百年の間支配されてきたのである。この問題に関していうと、古いと新しいとの区別は全く皮相的なものである。『新しい日本』を考え、またこれに関わる問題について、あらゆる合理的説明を行う時、その主要な要因としては、社会的、政治的、道義的、宗教的確信があげられるが、それらは、単に新旧似ているのでなく、全く同一なのである。……日本で発生した変化も、心理学的観点からすると、奥深いというより、皮相的である。この変化は、旅行者の眼に入り、そして驚嘆させてはいる。しかしそれは、民族精神的生命を理解しようとする者には、ほとんど明らかにしてくれないか、あるいは全く不明のままなのである。だが歴史的立場からすると、判らぬままであった多くのことが明らかとなる。伝統的な感覚の、道徳的な感情の動きの、そして父祖伝来の風習の燃えさかり、かつ活動的な炎の上には、東洋文明の薄い蓋がかかっている。その大部分は、不快で強要された諸条件のもとに蔽われたのである。しかしこの蓋は外面的な現象であり、消え去ってはいるようだが、隠れた内側の火こそ重要な現象なのである。」

明らかに日本人礼賛者に数えられるハーン(訳注10)でさえ、人種的区別の持つ意味は、高等教育が作用する中でも、日ごとにますますはっきりしてくると強調している。共通の感情を創出する代わりに、それはむしろ西洋と東洋との裂け目を広げているように見える。最も近代化した日本人のうちの教養階級と西洋の思想家との間には、知的な共感の点で似ているものは何もない。日本人の側では、これはきちんとした礼儀正しさによって、とって代わられている。

他の国々では、繊細な感情の発達にとって極めて重要であるような力が、日本ではこの感情を抑えつけるという奇妙な作用をするらしいのである。この謎の解明は、まず第一に、生命や幻想についての先祖代々からの風習に求めなければならないだろう。しかしまた、この現象の元々の原因については、人種的性格の中を調査すべきであろう。どんな高等教育の成果が今後の未来に保たれようとも、それが本来の性格を変えるとは期待してはならないのである――。

ところで日本人は、最近の三十年に達成した偉大な成果に対して心中逆らうことは全くない――これは繰り返し強調せねばならない――かえってその反対が今日、外見に現れているのである。日本人は、その生活様式においてさえ、人が考えるよりはるかに、かのあらゆる変革に触れる所がない。つまり本来の国民は、政府が発し、さしあたって政治運動に過ぎないあらゆる運動には、全く介入していない。そこで日本民族の大部分が、その感情、その思想のみならず、その生活様式において、今日全く日本風のままだということは、さして驚くべきではない。そこでわれわれの日本旅行の足跡を辿った人も、日本では多くの者が、かつてとは違って変わってしまったとはいえ、やはり日本独自の文明の魅力に酔いしれるとの期待に耽ることができるのである。今日なお、近代工業都市日本においても、日本をその港湾都市だけで判断する皮相的な観察者が考えるよりも、西洋及び日本の向こう見ずな連中に逆らって、はるかに多くの古い日本的文明が保たれているのである。長くヨーロッパで生活し、われわれの眼には完全に西欧化したとの印象の日本人ですら、帰国すると、また日本風の生活に戻る。これは、その生活方法に多くの利点が認められるから、ある意味では正しい。

「つまり日本人は変わらぬままなのである。」――そして彼らの目的も変わらぬままなのだ。この目的が何に向けられているかを思い起こしてみよう。すると、それは外国人の影響の排除なのである。これは今日では違っているだろうか？　日本人は西洋についての見解を変えただろうか？　彼らは五十年以前とは違う目標を追求しているだろうか？　日本民族の性格を知るものは、ここで疑うことはない。もちろん日本人は、その意図するところを、全世界に吹聴するほど愚かではない。彼ら自身がそれについて述べることは、些かの価値もないのである。

ソウンジョ（Soundso）子爵（訳注11）が、ある外国特派員を引見した。その対話、

「開国の原則に賛成ですか？」

「はい、その通り。」

「日本では、開国の原則を常に守り通しますか？」

「はい、たしかに。」

記者は満足して、それを同様に満足しているヨーロッパに伝えた。ソウンジョ子爵の発言によると、日本人は開国の原則に賛成していると。ソウンジョ子爵も満足していた。彼は記者にただ儀礼上接したのだった。

「開国？――奇妙なことだ！　あの男は何を言おうとしたのだ？　しかしいずれにせよ、彼は記者に儀礼上接したので、誰にでも、その通りと言ったのだ。開国が何かはすでにはっきりしている――したいことをいつもしているのだ！」その後、多くの年が流れ、日本人は反対にヨーロッパ人に対して国を閉ざすことが明らかになると、かの記者は怒って、子爵は臆面もなく嘘をついたと主張するだろう――。しかしどうしてそう極端になるのか？　記者は子爵にはっきり良くないことをしたのだ。子爵は儀礼的に接した以外は何もしなかったのだ。日本人は、言葉をそれが意味する以上には理解しないのである。記者がその背後にいくらか違った意味を探したとしても、子爵には何の責任もないのだ！

こういう誤解は毎日無数に起こっている。そして日本人は、時には真実への愛に欠けているという評

判をとってしまう。彼らは誰にでも「はい」と言うよう教育されているから、彼らの言葉にどんな価値があるかを知らなければならない。まさに相互の理解がまだ全く不足しているのである。だから日本からのニュースは、すべていかに慎重に受け入れねばならないか考えねばならない。なぜなら、ある事を真に受けてよいか否かを知っているのは、ごく僅かの外国人記者のみだからである。

それゆえわれわれは、日本人が追求する真の目的について思い違いのないようにしたい。ヨーロッパで、日本が反西欧的な人物を先頭に立てて、帝国主義的政策を行ってはいないと考えるならば、これほどお人好しの見解はあるまい。日本人が朝鮮に固執している事実には、彼らが良き愛国者であると共感すべきであろう。もしそうしないならば、悪しき日本人ということになろう。なぜなら日本人の祖国の歴史は、彼らの先祖が朝鮮で英雄的行動をしたと教えているからである！　しかしこのことは日本人にとって死活問題なのであろうか？　日本は、その国土の一二パーセントのみが耕作されているという事実を思い浮かべてみよう。だがそのほか九百万ヘクタールは明らかに耕作可能である。つまり耕作できるがまだ耕作されていない面積は耕作地より八〇パーセントも大きいのである。日本は合理的に耕作した場合を評価すれば、今の四千三百万人でなく、九千万は養っていけるのである。かの大陸政策は、日本にとって死活問題であることは確かである。しかしこれは世界強国政策を遂行する立場から考えてのことである！　日本の政治家は、人口過剰ばかりを考えているのではない。それとともに、別の理由も作用している。つまり彼らのもとに内在するものは、西進である。彼らは大陸に地歩を確立しようとする。これは太平洋での支配をより確実にしたいためである。しかしこれと同時に憎むべき西洋人を西へ追放することができるのである。というのは、アジアはアジア人のためにあるからである！　政治的にも経済的にも、アジアでの西洋の影響を排し、それをついには粉砕しなければならないのである！――

このように日本人は考えたのだ！　しかしこれらすべては不審を抱かせるものに違いない！　われわれは眠りから目覚めて、日本人とは実はどんなものかを見なければならぬ！　もし日本人が、われわれの文化がもたらしたものすべてに反抗して、あくまで自らと自らの目的に忠実であろうとするならば、彼らが欲するものにほぼ到達して、われわれの文化を乗り越え、その勝利によって地球上に、越えがたい柵を設けようとするならば、そしてまた、東洋人がもともとわれわれの武器を持って刃向《はむ》かってき、われわれが彼らのために鍛えた武器によって彼らがさらにその目標に向かおうとしている事実を見るならば、日本人が行ったこの五十年の発展は、児戯に等しいようなものだ。かつてわれわれは、東洋の諸民族を、そのまどろみから叩き起こした攻撃者だった。われわれはいつか攻撃される側になるのだろうか？　われわれのほうが、まどろみから覚醒する必要があろう。否、真に必要なことは、東洋の民族の魂、極東の状態をより深く観察することだ！

そしてわれわれはこのような見解を個人的に残念とするわけにはいかない。お伽噺の世界を肉眼で見、甘い夢を真に体験することが美しいように、この民族の外面的、内面的生活を見通すことは、まさに無限の美しさなのである。人生の数世紀が、われわれの前を飛ぶように過ぎ去っていく。われわれは二つの文化の激突を体験する。またわれわれの文化の成果が東洋という天性に跳ね返ってくるのを見ている。この東洋と西洋との衝突の中に、われわれの後の世代の人々は、この時代の偉大な事件を見ることができるであろう――。

訳注1　モンテローザ Monte Rosa は、標高四六三七メートル、スイスの最高峰の山である。富士山の三七七六メートルよりはるかに高い。

訳注2　一九〇〇年頃に流行した胴を締めつけない健康的な婦人服。

訳注3　ライン Johannes Justus Rein (1843-1918) は、ドイツに生まれ、マールブルク、ボンの大学教授、一八七三年に来日、各地を旅行し、日本の地理、産業を調査した。この文は次の書から引用 *Japan nach Reisen und Studien*, Bd.1, Leipzig 1881, P.458

訳注4　ムンチンガー Carl Munzinger (1864-1937) は、ドイツに生まれ、一八九〇年ドイツ普及福音教会の宣教師として来日、一八九五年帰国。本書の文は次の書からの引用。*Die Japaner- Wanderungen durch das geistige, soziale und religiöse Leben des japanischen Volkes*, Berlin 1898, p.101

訳注5　ブスケ George Hilaire Bousquet (1846-1937) パリに生まれ、弁護士になったが、一八七二年明治政府に招かれ司法省の法律顧問として来日、日本の法学教育に貢献した。一八七六年帰国。この文は左の書から引用。*Le Japon de nos jours*, vol.1. Paris 1877.p.97

訳注6　宮宰 Majordomus 西洋中世、フランク王国メロヴィング朝の最高の宮廷職で、王権の弱体化に伴い、この職が国政に実権を握っていたので、日本の天皇に対する将軍をこのように表現した。

訳注7　近世史略　Shozann Yashi, *Kinnsei Shiryaku, A history of Japan*, 1871、椒山野史『近世史略』紀伊国屋才助、一八七二年。

訳注8　一八六二年八月、薩摩藩士が英国人を殺傷した生麦事件の後、英国は薩摩藩に賠償を求め、翌年艦隊を鹿児島に派遣すると、薩摩藩は来航の英国艦隊と交戦（薩英戦争）した。のち、薩摩藩は英国の要求した十万ドルを代理公使ニールに支払い、これを機に薩英親善が始まった。その後、坂本竜馬らの周旋により、薩長連合の密約が生じたが、一八六五年五月、英国公使に着任したパークスは、天皇親政、雄藩連合政権を支持し、六月十六日、キング提督と薩摩を訪問し、翌日以降、藩主島津茂久、その父久光、家臣の西郷隆盛らと会談を行っている。

訳注9　十九世紀のヨーロッパでは、国家改造、民族統一・独立などを目的として、青年イタリア党　青年アイルランド党、青年ドイツ派、青年トルコ党などの運動が展開された。日本では一九〇四年までに、「青年日本」という名称の国粋主義運動は見当たらない。ただ一八八七年に「国民の友」を創刊した徳富蘇峰が、一八八五年、『第十九世紀日本の青年及其教育』の著によって、青年を鼓舞する論陣を張り、強い影及ぼした。その後、日清戦争の頃から、銃後を守る「青年団」運動が展開されたので、この状況を指したいるものと思われる。

訳注10　ラフカディオ・ハーン Lafcadio Hearn (1850-1904)、作家、英文学者、イギリスから日本に帰化して、小泉八雲を名のる。一八九〇年来日、松江中学、第五高等学校、東京大学、早稲田大学で英文学を講じた。

訳注11　ソウンジョ子爵、この発音そのままの子爵は存在しない。西園寺公望侯爵（当時）のことであろう。彼は一八八七年、ドイツ駐在特命全権公使であった。

第Ⅲ部　西欧化されない日本を見る

Ein Blick in das europafreie Japan

序言

「西欧化されない日本」の観察は、今日、多くの人々にとって、時代遅れのように思える。今日、ヨーロッパのわれわれは、日本人が、「われわれによって」いかにすばらしいことを成し遂げたかとの感慨に浸っている。とは言うものの、より深く考察すると、それは「西欧化されない」日本を見ることが、いかに必要かを教えてくれるのである。私は少し前に『開国後五十年の日本の発展』（ベルン、一九〇四年）を発表したが、ここにおける「西欧化された日本」よりも、「西欧化されない日本」を見ることのほうが、はるかに重要であることが解るであろう。

多くの人々にとって、私がこの著で強調したことが、唯一、強調に価するものに思えるかもしれない。そして私も、最近の事件を見るにつけ、そこで取り上げられた要因が今なお重要だということを否定しはしない。

しかしそれとともに、当時私はすでに、自ら、「その他の重要な要因を見誤ったり、日本人たちが行うに際しての正当な権利に反駁していた」とも述べていたのである。

この「その他の重要な要因」が、主題となるはずである。すでに述べたように、これらの要因は、さしあたっては、たいして重要でないように思えても、はるかな未来には――しかしそれは無限の彼方のことではない——日本の最近の発展を見て、支配的であると認めたものより、はるかに大きな意味を持つことになるであろう。

この問題を考察していくと、日本民族の生活の中で共感できる面が強調されることになる。というのは、この共感できる面は、西欧化した日本の考察よりも、私が「西欧化されない日本」としたものを明らかにする時、はるかに多く現れてくるからである。

ところで、この示唆的な対立関係から、判断というものは、対象を正しく評価しようとするならば、実際はいかに多面的であらねばならないかを教えてくれる。まさにそれゆえに、今、一方的に判断されることが多いのは、実に残念なことである。そこでいつかどこかで、われわれの問題が起こった時は、西洋の理念や先見は、いかにそれぞれの人の生活領域に入っていようとも、それらを無視することが必要となる。日本の事情には適用できない西洋の概念をもちこむと、それはこの外国の状態の明確な観察を妨げ、極東の真の知識の邪魔になるのである。

今日、書物や新聞記事だけに頼っている一般人が、日本に関する文献の中の矛盾や混乱で、もはや行くべき方向が判らなくなったとしても、それは不思議ではない。今、ヨーロッパで日本について真実と作り話とを見分けられるのは誰であろうか？　抽象能力に欠けており、それによってニュースの上っ面《うわつら》だけしか見ない多くの記者たちが、不明なものを明らかにしていくよりは、むしろいっそう暗くしてしまうのは確かである。それゆえ土地と人について、より良く知るためには、いっそうの詳しい知識が今日ほど必要なことはないと私が主張しても、それは誇張ではない——！

この困難さにもかかわらず、私が好意的な読者の方々に、私とともに西欧化されない日本を見るよう勧めたとしても、この私すら、この独特の国と民とについて、現実の知識を得るにはほど遠いということを告白しなければならない。――これは、正直かつ実直に本質に迫ろうとしている人々なら誰でも、私とともに分かちあう感情なのである。

一つの古い文化の多種多様な領域や構成部分を一瞥する場合は、個々の対象に長く関わることは当然許されないから、何か新しい事実や発見を明るみに出すわけにはいかない――そこで私は、結局の所、すでに知られていることを報告するだけに留める。その際問題になるのは、どんな立場でものを見るかである。

すでに以前から、私は今日のこの立場を主張してきた。しかし恐らくこれを信じる人は多くなかった。世界は砲声のみに耳をそばだてているかのようだ。なぜなら、日本人が戦争に勝利して以来、初めて日本人を信じるようになったからである。

人類が自己認識に至るために、右のような方法が必要だとすれば、まさに残念である。他方、われわれのヨーロッパ世界が、だんだんとその文化的自惚れという迷妄から目覚め始めようとすれば、それは喜ばしいことであろう。

この記述が、右のような覚醒のために、いくらかでも役立つよう望みたい!

ベルンにて、一九〇五(明治三十八)年九月

O・ニッポルト

西欧化されない日本？　どこにそれを求めるべきなのか？　例えば最北端の地や隔絶した内陸のような地理的区分を目安にするのだろうか？　または時代を区分して、五十年前に観察の眼を移して、古い日本に身を置きかえて見るのだろうか？　これは、両者とも違う。西欧化されない日本は、今日至る所で見出される。西洋の流行服を身にまとった極めて近代的な日本が、われわれの前に現れてもそうなのである。

たしかに——多くの人が日本を旅し、帰国し、日本についていろいろ語ったり、記述したりしている。だが彼らは、それにもかかわらず、西欧化されない日本を見ていない。それは、あらゆるすばらしいものを蔽っているベールの裾を上げられる注意深い観察者にだけ見ることができる。またそれは、愛情に富んだ努力で日本の魂に深く入ろうとした人の前にのみ現れてくるのである。

西欧化されない日本を知り、かつ理解するのがむつかしいのはなぜか？　その理由はいろいろある。その根底にある原因は、結論の所で発表したい。その前に、私は少なくとも理念上、西欧化されない日本の中に分け入ってみよう。もとよりその中のすべてを認識するわけではない。またその際、われわれは、その無知に潜む原因を除くわけではないし、それゆえ日本人を完全に知るのではないことを確信するのである。

われわれの無知の原因の一つを、ここで取り上げておこう。——それはわれわれの文化の優越への信仰である。この信仰を無条件に固守する限り、東洋の独特の文化がわれわれに差し出す秘密や謎を見据える眼は閉ざされてしまう。もしわれわれがヨーロッパ文明の「世界的使命」と「恩恵」とを唯一のものとしているならば、またもし、われわれの文明を文明に価する唯一のものとしているならば、さらにまた、他の諸民族がこの文化の恩恵に与ることを、唯一自明の幸福であると考えているならば、――われわれはいかにして、他の文化を正しく評価できるであろうか？　われわれは、他の民族の文化をはじめから低級なものとして見ていないだろうか？　そしてその結果、われわれの文明の理念にかなうすべてを、正しいもの、かつ追求すべきものとし、そうでないすべてを、哀れかつ改善の要あるものとしていないか？　たしかにそれは当然のことである。なぜなら、西洋文明の中で育ったわれわれは、その生活と理念とに無意識のうちに結ばれていると感じているし、それゆえ、ほかの事情や理念をわれわれの文明の尺度で計るのは当然の理なのである。そうであるなら、この別様につくられたものを、知ることは絶対できない！

このように今日われわれは、他民族を過小評価したり、東洋との関係の歴史の中で一貫して流れている西洋の優越を信じているが、他方、西洋におけると同様、東洋においても、自己の優越への信仰が認められている。――たとえ短期間にせよ、異質の日本文化の中に深く入っていくためには、われわれはこれらの過小評価や優越感を捨て去ってしまわねばならない。われわれが観察するのは「誤った世界」なのではなく、生活や行動において高度に発達した文化を持つ他民族であり、これを理解しようとしているのである。

日本人がそのような文化民族だという私の発言は、あっさりと信じられてしまった。だが、この信仰が一般化されるためには、今次の戦争が必要だったのは残念なことである。日本の文化を学びとるためには、「西欧化されない」日本の中に入っていかねばならないであろうか？　その文化は、やはりヨーロッパの影響の産物でないのか？　そして日本はまさに西欧化の度合いによって文明開化されているのではないか？　この誤った信仰は、今日われわれのもとで広まっている。日本人は、ヨーロッパ人が来航するずっと以前から文化民族であったし、すでに数世紀にわたって発達した文明を持っていたことは、あまり強調されていない。なお、さらにある！　もしわれわれが、日本文化をその最高かつ深奥の発露において、知りたいと思うならば、西欧化された日本ではなく、西欧化されない日本を探し求めねばならぬ。この私の怪しげな主張に対しては、その証拠が欲しいというであろう。しかし私が、西欧化されない日本と名づけたものを、ちょっと見るだけで、その証拠は納得されるのである。

そこで私は、今日ここでは、ヨーロッパの影響でつくられたものを話すことはしない。私は「開国後五十年の日本の発展」の著で、近代の業績の中で、日本人が成し遂げたものより大きなものは、日本以外では見出されないし、ここ三十年の中で目立った成果としては、日本人以上に到達したものはなかったし、他の民族でこれほど短期間に、日本人ほど多くの新しいものを獲得した民族はいないということを詳述したのだった。日本人は獲得しようとしたものは、まずほとんど手に入れたのである！

右の著の同じ個所で、私が詳説しなければならなかったことがある。即ちそれは、西洋文化は日本人にとって、彼らの目的に役立つ道具に過ぎず、その高次な内容や精神を、彼らは全く理解しなかったこと、またあらゆる変革にもかかわらず、日本の「人々」は、この発展に無縁のままであり、この「人々」をよく見ると、もともと発展などは何の話題にもならないということであった。

今日よく言われているように、日本の新しい発展が「日本全国の西欧化」と見られるということほど誤ったものはあるまい。この点については、知日家のもとにおいては、いささかの意見の相違はないのである。（原注1）

この要因に関して、日本人は強烈な変革にもかかわらず、心中はもとのままだったことを思い浮かべるならば、われわれは、西欧化された領域であるとしてしまう所ですら、われわれの目前に迫ってくる「西欧化されない日本」について、私がなぜこのように包括的に記述できるのかが理解されるであろう。外見上、日本風のままの領域とともにさらに無限に大きい西欧化されない領域がある。それは人間の内面的生活に含まれるし、また外面的関係では、西欧化した現象として、われわれの前に現れて来るような所ですら、実は西欧化されない領域なのである。この西欧化されない日本は、人間の胸中に固くかつ確実に潜んでいる。それは、この人間が外見上は、さらに新しいものを摂取していってもである——!

そこでまず、「外見上」われわれに迫ってくるものから展望してみよう。もとより私は、一般的によく知られたものを今日ここで繰り返したくない。そこで特に、通常の「歴史的」展望は取り除けておこう。それとは、六世紀までのことであるが、この時、中国から朝鮮を経て仏教が日本に渡来し、それとともに中国の文化、政治制度、哲学、医学、文学、芸術等々がもたらされたのである。日本の文明は、今日、中国のそれとはあらゆる点で異なっているので、右のような展望は必要としないのである。

ほかの事物も私は見過ごしておきたい。例えば、日本の「家屋」を、その構造の点から記述することはしない。だが、この「家屋」はいろいろな点において、西洋の家とは異なっていて、しかもより大きな利点を持っていることは強調せざるをえない。それは日本の「家屋」はその性質上、実に細かな所まで優れ、かつ計算づくめの美的趣味を示す一つの芸術作品であり、また光と空気とを自由に取り入れるなど、風土に実によく適合しているばかりでなく、ことに「建築上の装飾」との口実のもとで、周囲の風景を損なうことはないからである。このように日本の家は、すばらしい日本の風景に似合っているが、それはスイスの土着の木造建築が、その地方に適合しているのと同様である。西欧化されない日本では、母なる大地の最も美しい場所が無趣味な巨大建築によって損なわれるようなことは全くない。また右のような利点は、富める者の家にも、貧しい者の小屋にも認められる。貧富の対立は、幸いなことに眼に映る限り目立って小さい。これは家屋の構造や調度のみならず。その他の点においてもそうなのである。

日本家屋の「内部」についても、長々と述べることはしない。なぜなら調度品はすこぶる単純で、家具など話すことは特にないし、部屋の装飾も同様であるからである。それにもかかわらず、これらの調度は、日本人の生活習慣に実によく似合っている。そのため、長い間快適なヨーロッパ風の生活を味わった後でも、日本人にとって日本の家ほど心地よいものはない。日本を訪れて、そこにいったん慣れてしまったヨーロッパ人も、この環境に魅せられ、絶対に忘れることはないのである。たとえそこに机や椅子やふかふかのビロードの家具などがなくともである。

日本人の独自の見解は、住いの装飾に示されている。その趣味の良さは、装飾の過多を禁じている点にある。人生や芸術を享受するあり方には、一つの良き哲学が潜んでいるのである。この哲学によれば、一気にただ「一つの」対象にのみ注意を向け、しかもそれを徹底的にするのが良いとしている。例えば床の間には掛け軸が掛かっており、その前には活け花を盛った鉢が置かれている。それがすべてである！　しかしこれは、そこの住人にはそれ以上の財宝がないというのではなく、――耐火性の蔵には宝が収められている――部屋に何もかも陳列するのは厚かましいと考えているからである。日本人の方法は、われわれのそれとは異なっているが、それとてもわれわれの方法と同様、長所も存在する――。このことは、これからの展望のうちに、ほとんどすべての領域で確認されるであろう。あらゆる面での見解の相違の中でも、われわれはやはり日本の至る所で高い完成度を見出す。それは古い西欧化されない日本に、文明が本当に存在することを示している。

日本人の服装は、少なくとも図解から知られている。衣服においても、ヨーロッパのそれと比べて決定的な利点がある。日本人の服装はよく似合い、心地良くわれわれのそれより健康的である。だから、淑女ぶりたいという理由からの、日本女性の服装の変更は、まさに笑止千万かつ誤りである。反対にわれわれのほうが改良せねばならない。ことに婦人服は健康上の理由から差し迫った必要であろう。ところで日本では、洋服が和服を追放していくのではないかという考えは、幸いにも全く誤っている。結局のところ、日本の女神がまだ流行を追わないのは、日本文明の計り知れない美点ではないだろうか？　それは、日本では、衣服は自宅で作るので、洋裁師や裁縫師はいないからである。

日本の食事については、今日、誰でもすでに聞いたり、本で読んだりしている。日本の台所には、われわれがなくてはならないと思っているパン、じゃが芋、肉、ミルク、バター、チーズなどがないのは、よく知られている。しかし、これら食品がなくとも、現実には生活していける。それは、ヨーロッパ人で、これらの料理に慣れっこになっていたとしてもである。否、それどころか、その気があるなら、素朴ではあるが健康食品である日本料理をすぐ学ぶことになるであろう。その上、日本人は、他の事柄と同様に、食事においても節度を守っているが、これは明らかに長所である。なぜなら、われわれヨーロッパ人は一般に食べ過ぎだからである。主食は米である。三度の食事も、朝、昼、夕と米飯である。それとともに、海産物も主役を演じる。魚の料理にあっては、日本人ははなはだ巧みである。多くの種類の魚を薬味のきいた醤油をつけて生で食べるが、これはデリカテッセンと言える。海藻も食べる。その他の日本食の素材としては、例えば豆、栗、大根、茸、胡瓜、卵、蓮根、筍、麺類がある。食事に際しては、ナイフ、フォーク、スプーンを使わないが、これは短所となっていない。食物の調理にあたっては、二本の箸が実にうまく使われている。ヨーロッパでは、上流階級のもとでさえ、指を用いて食事していたが、これはどれほど長く続いたのだろうか？ その頃、日本人はすでに箸を使っていたのである。

日本人の生活を述べる際、特別に論ずべきものが入浴であることは疑いない。もし一つの民族の文明を、この点から判断するならば、ヨーロッパ人は疑いなく低い点をとることになる。日本では、肉体労働者でさえ毎日入浴する。時には一日に六回も入浴することがあるから、浴場の有無など言及するまでもない。さらに、旅館の主人夫婦が、われわれが到着すると、この時節柄、日に二度しか入浴しませんので、汚らしく見えて申し訳ございませんと謝ることすらある。入浴の温度は平均摂氏四十五度である。山どの家にも入浴施設があるにもかかわらず、東京にはすでに数年以前から八百もの公衆浴場がある。山岳地方にある浴場の数はすこぶる多い。またそこでの生活の営みは、まさに独特かつ興味深いものがある。清潔さこそ、日本の文明を示す美しい証明となっている。しかもそれは、今日でも浴場内で男女両性が混浴することでも侵害されてはいない——。われわれのもとでも、数世紀前では同様だったのだ。

日本政府は一八七〇年代に、大都市では裸で道に出てはならぬとの禁令を発したが、日本人はこの規定を単純に理解しなかった。それはヨーロッパ人への追従ため以外の何ものでもなかったのである。すべての自然的なものにおける日本人のとらわれのない物の考え方は、高度な礼儀作法と結びついている。われわれは至る所で、彼らの自然で気兼ねのない行動に出会うが、これこそ彼らの高い文化段階を証明するものである。——もとよりこの文化段階は、幸いにも今日なお、われわれが時代の表現として用いている「世紀末文化」とは遥かに隔たっている。文明と自然さとが、なぜ絶対的対立するのかとは、実際には理解できぬことである。日本人の無邪気さは、むしろ羨んでいいのではないか？　反対に、ことに英国人が、われわれの気取った西欧風のお上品ぶりを東アジアに導入しようと努めているのには苦情を言うべきではないか？　倫理の問題では、日本よりはるかに悪いヨーロッパの国民がいるし、そのような国民のもとでは、倫理の概念を全く外面的な慎ましさに代えてしまっているのである。このようにして偽善の制度が養われ、多くのことがキリスト教的愛というマントで被われる。このような概念の取り違えは、ヨーロッパの多くの人々が、日本人は倫理の観点では低級だと報告されると喜ぶことからきているのだ。

自然さは道徳とは全く関わりのないことである。そこで日本人の道徳に関して先取りして言うとすれば、われわれが、自分の尺度で計るのは、はじめから誤りなのだということである。それはこの問題のみならず、他の問題においても同様である。われわれの通常の方法をもってすれば、きわめて特徴的なことが生じる。例えば、私が日本問題の理解者として平生は非常に高く評価しているある宣教師が次のように言っている。即ち、「恥の感情は日本人のもとでは、まだあまり発達していない。」　そして「道徳に反した行為は、いつどこでも罪とはされていない」と。即ちこれは「われわれ」の概念を、日本人の概念の位置に置いたということで、その場合「われわれ」の道徳の立場からすれば、やはり正しいのである。しかし日本人はモラルを有していないのだろうか？　われわれは後に見るように、日本人は「彼ら」の道徳律に従っている。それは他の民族以上にはるかに正確かつ厳密で、それは法令によって強制されることがなくともなのである。そうであるなら、彼らが「われわれ」の道徳律を守るべきだと、どうして期待できるのであろうか？　われわれのヨーロッパでは、われわれの持つ道徳律を守る点に関しては、日本人よりずっと悪いのは確かである。それはわれわれが、自分の持つ自然さや率直さを引き合いにして、慎ましやかであったとしてもである。従って日本でヨーロッパの影響が大きくなった所では、西欧化されない日本より、不道徳が現実にずっと多く見られるのである！

これまで示してきたことから、日本人の生活様式は、素朴で自然で健康的であると認められる、しかもその際、洗練された道徳に決して欠けることもない。その実例を克明に感じとれるのは、自国の美しい自然の魅力を味わい、芸術や手工業を振興する点で、日本人がいかに感情細やかに、かつ大規模にそれをなしえているかを、われわれが見た場合であろう。そこで恐らく次のように述べても間違いではあるまい。即ち日本民族の美的な才能は、唯一独特のもので、またこれまでも独創的であった、と。さらに美的なことが、日本人独自の領域であり、日本人はそのために際立った感覚を保有し、彼らの生活態度は全体として美的であると強調してよいであろう。「優しい妖精は、彼に美の感覚、人生の明るい面全般に対する感覚を、生れつきのものとして与えたのだった。」

日本人が偉大な自然の友であることを、聞かない者がいるだろうか？　しかしこの自然への喜びが、どこまでのものか、自然の享受がどんなに洗練されたものだったかを知るものはごく僅かである。それを理解できるのは、われわれのうち、さらにごく僅かとなろう。日本人がどんなに愛情のこもった理解をもって、自然の神秘を探り出しているかは、例えば日本の「庭」を見れば解る。東京の皇居の庭を訪問した場合であろうと、また小さな茶室に座ってその前の小庭を観察した場合であろうと、われわれは常に驚嘆してしまう。つまり母なる自然の業に対する、彼らのすばらしく洗練された理解や愛情に満ちた観察を見出すのである。その際、最も素朴な人間と最も教養ある人間とは、この洗練された感覚においては共通なのである。(原注2) 日本の庭園は、どれも自然の模倣であって、それは偉大な自然であれ、岩や水流や橋や植物をもった縮小した自然であれ、一つの風景を内容としている。この小さな空間に一つの小宇宙が見られる。それは時には足を踏み入れられず、ただ眼で見て驚嘆するのである。しかしそのために、日本人は誰でも、大都市の中に住んでいるものでも庭を所有する。

その際、日本人のもとでの造園の洗練ぶりは、われわれが造園の名で理解するもの、または理解できるものを遥かに越えている。造園は日本人にとっては、真の芸術または科学である。それは十五世紀以来、数世代にわたって芸術家たちがその洗練化に努めてきたものである。それはすこぶる複雑で、ヨーロッパ人でその神秘に忍び込むと誇れるのは、ほとんどいないほどである。この一見簡単な問題も、われわれにとっては、他の多くの問題と同じく、基本的には理解できないのである。しかしわれわれが日本人の考え方に入れないからといって、この芸術を単なる遊び事と思ったら誤りである。このような芸術のために一つの用語をつけるとすれば、それはいかなる人が考えるよりも、遥かに複雑で人目につかないものだと言える。例えば各種各様の庭燈籠に対しても、水盤についても、生垣や大きな庭石についても、一連の名称がある。庭石は日本人の考えによれば、庭園の全構図の骨格をなすものである。またその他、どんな細目についても規則がある。また造園芸術または造園科学の各種各様な流派もあって、それらには部分的には正反対の規則がある。特に独特なのは、庭園は日本の理念に従って、例えば平和、老齢、清純等々を象徴的に表現していることである。(原注3)

若い日本女性が学ぶ芸術に活け花がある。この芸術もまた、個人の気紛れに任せるようなことは全くない。この点では、われわれは自然の野生児である。日本人はここから芸術をつくり出した。さらに口にはしないが、それは科学でもある。彼らは儒教の教えを借りて哲学的に花を活ける。それは自然法則を適切に守り、十六世紀以来活け花のいろいろな流派に伝えられた、一定の伝統的規則を順守することによってであった。この活け花哲学は、いかに考えようと、ともかく優雅で微妙な芸術であり、人間精神の歴史の中での奇妙な一章であろう。日本の活け花を解く鍵、秘密は、線の効果、ある程度の均衡、そして研究しつくした、不規則性から獲得したバランスであると言える。つまりその指導理論は色彩のコントラストではない。この芸術が、日本の造園術と同様に、やがてヨーロッパにもその信者を生み出さないとしたら、われわれは思い違いしたことになろう(原注4)。

これらの例からわれわれが、日本人の精神の秘密に入っていこうとすると、いかにその理解が困難であるかがすぐに分かろう。日本人の自然への愛がわれわれによく解るのは、花祭りの時である。日本人の好む植物の開花期は、毎年盛んな民衆の祭となる。どの月も何らかの花が咲くから、本格的な花暦が作られている。その花を一月から挙げると、椿、梅、桃、桜、あやめ、つつじ、芍薬、蓮、そして秋の菊である。上野の桜祭り、または団子坂の菊祭りを彼らとともに体験した人は、それを一生忘れないであろう。それは正真正銘の民族の祭典なのである。身分の高い人も低い人も、大人も子供も集まって、全く無邪気に自然の美を堪能する。幸せに見えるこのような人々の群れを、他の所で見るのは困難であろう。「それは昨日を省みることなく、明日を煩うことなく、子供のように朗らかで、自然を楽しむ人間なのである。」耳障りな音がこの祭を妨げることはない。祭の喜びにあっては、耳や眼を傷める極端なものはどこにもない。ヨーロッパでは、祝典に際しては、どの民族階級の人々においても、典型的な粗暴さが生じるが、そういったものに出会うことは全くない。最底辺の肉体労働者も、この日には幸せそうに祭の晴れ着を見ながら、ふんだんに飲み食いするのである。この祭典の調和が破られることはない。すべてが調和的で無害な経過をとるのである。

美的なものは、かくて「日本人の全生活に浸透する力であり、それは実際すべての外面的、そして一部の内面的な生き方の規準を構成している。(原注5)」これを最も良く証明するのは日本の芸術である。芸術は日本全民族の共有財であると言ってもよい。日本人はだれでもある程度、芸術に対する感覚や理解力を有している。恐らく他の民族で、このように生得的な芸術理解を持ち、その芸術的本能を表現する術を心得ているものはないであろう。ヨーロッパでは誰でも日本の芸術や手工業製品を見ている。また日本の絵画や日本の色彩木版画の見本も知られている。男女のヨーロッパ人たちは、日本の絹の美しさに見とれる。京都の古い金襴は世界的に有名である。薩摩、肥前、加賀、九谷、粟田の陶器は、収集家にとって至宝となっている。木彫や象牙の彫刻は、ヨーロッパ人の眼を魅了させている。日本の漆器は、かなり多く広まってはいるが、あまり知られていない。残念なことに、ヨーロッパの市場にもたらされるのは、粗悪品ばかりなのである。日本の金属製品の中では、私は僅かなもののみを強調しておきたい。日本刀はトレドまたはダマスクスの剣と張り合うことができよう。日本の青銅鏡の摩訶不思議な特性については、苦労を重ねた研究のすえ、数年前にはじめて納得のゆく解明がなされた。日本の青錆、銅、金、銀の合金、シャクドウ（赤銅）とかシブイチ（四分一）と言われるものの製法は、ヨーロッパ人には今日なお謎であるといわれる。十三世紀に造られた四九フィートもある鎌倉の阿弥陀坐像は、まさに日本の金属工業の初期の発達を示す誇り高い証拠となっている。

これで実例を挙げるのは充分であろう！　芸術や工業における日本人は、われわれより多くの点で優れていること、またわれわれは日本人に大いにお蔭を蒙っていることは、うんざりするほど知られている。この芸術の製品は、「西欧化されない」日本に由来していることは議論するまでもない。「西欧化された」日本のつくった他の製品は、工場商標をつけているが、衰退の前兆だとされる。その製品が真の芸術であるかについては、ほとんど述べられていない。

これまで述べてきたことの多くは、皮相的な観察者も感じてきた。しかし彼はこれらのことに価値を見なかった。なぜなら、彼は自らの優越感と文化的自惚れをもっており、それらを「古い日本の遺物」として感じとったからである。それらは、「近代産業国家日本」には、もはやそぐわないし、それゆえ早かれ遅かれ没落に至るものとされたのである。彼が今はじめて西欧化されない、それゆえ本来の日本に入ろうとの考え、つまり日本の民族精神の理解が、この「二の次」の事柄から始められるとの考えは、全く彼の脳裏に浮かばなかった。大部分の旅行者たちは、日本人の考え方やその生活の中の偉大な予測できないものに関わる時間も持たないし、日本の「新しい大発展」と「他の文明諸国への眼に見えての接近」に直面して、そういうことをする気にもならないのである。

とは言うものの、嫌気を起こさず日本人を見て回る努力を続けよう。少くとも、日本人の家庭生活、人付き合い、風俗、習慣について調べてみたい。

日本人の家庭生活は、何よりも明らかに日本民族の文化の高さを示すものである。家族は日本人のものとでは、国家の中の他のすべてのものが拠って立つ根幹である。家族への関心、家族への帰属は、われわれのヨーロッパにおけるよりも高度に発達している。家族の長は、最も高い地位を得ている。そして子供の両親への孝行は最高の道徳とされる。

しかしまた、日本は「子供たちの天国」と言われるが、これは正しい。子供たちは快活に見えるし、大変素直である。これは日本の特性でもあるが、教育のせいでもある。子供たちが泣き叫んでいるのを聞くのは稀で、いつも友好的である。彼らはまた寛大かつ細やかな心づかいで扱われている。かっとなって怒鳴ったり、厳しく折檻されたりすることはない。親と子は、常に明るく親しい態度を保っている。子供にとって両親への服従は最高の義務である。子供はあらゆる犠牲、生命をも犠牲にする用意がある。主に従うため父母のもとを去れと説くキリスト教は、日本ではまさにこの教えゆえに非道徳であるとされる。日本人がこの点について、いかに厳しく考えているかは、ラフカディオ・ハーンの次の言葉ほどよく示しているものはない(原注6)。「親に対する孝行が道徳的基盤となっていないような体制、自分を生んでくれた人より、妻を愛することの方が自然であり、また正しいと思われている体制、結婚が親の意志から離れて、若い人間同士の愛によって決められるような体制、これらのような制度は、彼らによって空飛ぶ鳥、野に住む獣の世界より良いとは言えぬ状態、またはせいぜい一種の道徳的無秩序のように思えるのである。」

孝行と対応して、国民の父と見なされる主君への臣民の忠節は、第一の道徳とされる。

教育は日本においては、常にかなり高い段階にある。日本人は誰でも読み、書き、計算を習う。漢文学の影響は大きい。そこから漢字の知識の重要性が説明されよう。それと並んで、多くの単純化した日本文字も存在する。娘たちも、ずっと以前から良い教育を受けている。ことに家政とともに音楽と活け花を学ぶのはほとんどすべての女子の義務でもある。

女性は日本の家の真珠である。日本についての評価が、その他の点でいかに異なっていようとも、日本女性への賞賛は一致している。しかもこの賞賛は完全に正当化される。もしわれわれが日本人の家庭を見、彼らが皆幸福で満足しており、またわれわれヨーロッパの場合よりはるかに、そのようだとの印象を受けたとすれば、これは日本人の人生観、風俗習慣、ことにその家庭生活に帰せられるのである。いかなる国といえども、日本におけるほど、たいして探しもせずに真に幸福な家庭生活が種々様々に具体化されているのを見出すことはないであろう。日本の家庭生活の決定的な利点は、子供たちが適切に扱われている事実とともに、特に日本女性が多くのヨーロッパの国々のように社会のためにでなく家のために教育されている事情による。その結果は団欒であり、これは多くの点でヨーロッパの家庭も模範にしうるものとなろう。

日本女性は決して無教養ではない。むしろ多くの知日家の意見によれば、全人口のうちの知的な部分を代表している。それゆえ日本女性は、宣教師たちをはじめ、多くの日本記述家が主張するような低い地位を占めてはいない。要するに彼女たちは家庭の支配者であり、その存在として家政の先頭に立って自ら指導する。もとより尊厳が侵されることはなく、たとえ社会で働く女性を望んだとしても、今のほうがより良いのである。しかし彼女らは社会のためにあるのでなく、夫や子供たちのためにある。外の世界に飛び出ることは稀である。日本の家の内側で、どんなことが行われているかを判断できるヨーロッパ人はごく僅かである。いかなるヨーロッパ人が真の深い洞察をなしうるのだろうか？　上流階級の家庭生活については、外国人は見ることはないから、ほとんど判らない。というのは、結婚や家族は、日本人にとって神聖な関係なので、外国人の眼にさらされることはない。家庭は聖域で、そのベールを剥ぐことは尊厳に悖るものなのである。

ハーンが、この家庭と家族関係の神聖さという理念を、西欧でこれに対応して最高とされる概念より下位におくことはできないと強調しているが、これは正しい。即ち「妻子への愛情を口にしたり、家庭生活と密接な関係にあるものを話題にすることは、日本人の教養の概念とは一致しない。われわれがよくやるように、家庭関係のことをあからさまに口にしたり、または人前にさらすというようなことは、教養ある日本人にとっては野蛮きわまるとまではいかないとしても、少なくとも無作法なこととされる。この感情は、日本人の生活の中で多くのことを説明している。それがまた、日本女性の地位について、外国人が全く正しくない概念を持つ機縁となっているのだ。(原注7)」このように、日本の家庭事情について正しいイメージを持つことはむつかしい。だが、すでに述べたように全体としては次のような印象が得られるであろう。即ち、日本の家庭生活の幸福について言われていることは、決して見せかけではないこと、夫婦喧嘩が日本ほど少ない国はほかにないこと、妻は全体としては夫に従っていること、これである。この第三の印象は、いずれにせよ不幸ではない。そこから日本女性の地位が低いと結論するのは早計なのである。なぜかと言うと、日本人を完全に見た人はいるのだろうか？　また、一つの判断を下すため、日本人の礼儀作法を充分知りつくした人はいるのだろうか？　女性はやはり、家の中で君臨しているのかどうか、またどこまでそうなのかの問題は、日本ではわれわれヨーロッパ以上に、一般的判断を避けているのである。

もし礼儀作法、伝統、風俗習慣が女性に服従を要求した場合でも、それはわれわれヨーロッパのモラリストたちが推測したがっているように、女性の地位が低いということを意味していない。新渡戸教授はどう言っているであろうか？　儒教と仏教とが、女性について低い評価をし、また宗教が大きな影響を及ぼしたにもかかわらず、日本女性の地位を引き下げなかったのは、彼にとって絶えざる驚異の的であった。（原注8）「われわれの行った武士道は、われわれ独自のものであり、武士が弱きを助けるのは、真の男らしさを教えた武士道のおかげである。さらにまた、両親を敬い、女性をすべて母ないし母になるものとして敬うことを仕込んだのも武士道である。」同様なことは岡倉覚三も強調する。すなわち女性は日本では、東洋のどの国よりも尊敬されている。「日本婦人は今や西欧の婦人姉妹の持つ権利を持っているが、しかしそれを強調しようとはしていない。というのは、彼女たちは依然として、その本来の領域としての家庭を考えており、社会ではないからである。（原注9）」日本の家庭内での活動範囲が、われわれにはほとんど判らないのと同様、よく引用される他の事柄の中でも、日本女性の地位の低さを肯定するものは少ない。日本の礼儀作法の規定に、男性に優先権を与えるようなことがあっても、それ以上詳しく語られることはないのである。

しかし、家庭内の最大の幸福は、そのような外面的なことによらないのを別として、かかる規定は、まず正しく理解しなければならないだろう。日本では、夫が妻と並んで散歩する習慣はないし、ましてや腕を組んで階段の昇降の際に手を貸したりするのは論外なのである。そうかと言ってラフカディオ・ハーンが強調しているように、これは夫の側の愛情の不足の証拠では決してない。それは日本の礼儀作法を守っているにすぎず、つまり「夫婦の関係を人前で見せるのは無作法だという考えから生じており、それは道徳的弱点を公然と告白するのと同じなのである。両親の生存中は、嫁の立場は養女のそれであって、愛情に満ちた夫であろうと、家族の礼儀作法を忘れることは、片時も許されないのである。(訳注1)」

このように、すべてがそうなのだが日本の家庭生活を判断する際には、特に日本人の理解の仕方について、彼らの身になって考えることは前提の第一である。もしこれを行うと、すぐにはっきりするのは、われわれが日本女性に寄せていた同情は全く誤りであったということである。正反対なのである！　日本女性は、彼女が日本の文明制度において占める地位の枠の中では、一見、上流で羨ましく見えるヨーロッパの女性より、幸福かつ満足しているのである。ヨーロッパの上流社会の要求について、もとより日本女性は何も知らないし、知ろうともしていない。(原注10)他方、全く違ったものの見方と理念をもったヨーロッパの女性が、この日本の体制の中では順応できないし、そこで幸福とは感じはしないであろう。(原注11)

それにもかかわらず、ここで言っておかねばならないのは、日本女性の地位が、われわれのもとでは低く見積もられており、それゆえ日本女性が低い段階にあるという考えを放棄すべきであるということである。事実、日本女性は幸福で明るく真に女性的な存在であり、家庭のためにのみ教育されてはいるが、模範的に優雅な物腰とごく自然な立派な態度の持主なのである。もしどこかに悪しきヨーロッパの影響があるとすれば、それは素朴で自然な女性の模範のような日本女性を、新味のないヨーロッパの型にしたがって近代化させようと試みる際であろう。なぜかというと、女性問題が日本におけるほど適切に解決する国はほかにないからである。そしてこれと異なる悲観的な叙述がありとすれば、それはある一定の傾向が根底にあるからである。(原注12)結婚は日本においては、民法上の契約で、国家や教会の介入なく行うことができる。しかしそれにもかかわらず、この行為には大きな意味が付与されている。なぜかというと、結婚の中には、両家の家族関係という際立った意義が見出されるからである。結婚当事者のみならず全家族がそれに関わるのである。他方、教会と国家の不介入ということは、結婚がこれに関係する両家の私的な問題としてのみ存在することを示す。官庁の仕事は、かつては住民登録のみに限られていた。最近では、その代わりに結婚の同意を告げるため官庁に報告することになった。結婚は単なる家族契約であり、他の契約と同様に結びつけるが、また他の契約と同様に解約することもできるのである。

この後者の要因から、日本人は結婚を神聖なものと思っていないとしてはならない。法が禁じていないものを、慣習や世論が禁じているのである。しかし日本では、正にこの点に日本人の道徳的に高い規準があり、彼らは法的強制なくとも倫理的に行動し、そこに人倫に外れない社会が可能になっていると、私は信じている。日本のように良俗の影響力の強い国は少ないであろう。このことは何度も繰り返し強調されるべきである。かの怪談話の中に、現実の離婚の例が出てくると、ことに宣教師たちが触れ回っているが、これはむしろ例外である。そのような話は、新聞を読み直せば、われわれのもとでも出てくるであろう。

そのほか日本では、一夫一婦制が支配的であることは強調されるべきである。この点も法でなく、風俗習慣がそうしている。未婚の人間は日本にはほとんどいないし、結婚は非常に若い年齢でなされている。

ここでさらに強調されるべきことは養子の風習である。これは日本で非常にしばしば生じる現象で、子供がいない時、または子供が娘ばかりの時、この養子の制度が生じる。婿になると同時に、妻の姓を名乗る。このようにして日本の家族は容易に廃絶することがない。日本の家系の古さ、ときにミカドの王朝のそれは、このようにして簡単に説明される。この風習の目的は、どんなことがあっても家系の存続を確保するためである。その理由は、日本人は家族への関心が強いためばかりでなく、他の理由、ことに宗教的関心もともに作用している。ことにそれは養子縁組によって、先祖への供物を存続させるためである。というのは、日本人の見解では——神道は先祖崇拝の宗教である——家長たる男子にとって息子がいないほど大きな不幸はない。それは先祖に供物を捧げることができなくなり、先祖は冥界において、永遠に空腹や喉の渇きに悩まねばならなくなるというのである。

すでに強調してきたように、日本の家族はそれぞれ全く孤立して生活する。何らかの社会的交流などは論外である。日本人が家を出るということは、商売の目的を除くと、主として神社仏閣に参詣のため、あるいは花祭りや芝居見物などのためである。

日本人同志が出会うと、どこでも異常なほどの礼儀作法に従う。そこで交わされる決まり文句は延々と続く。しかしその際不可欠なのは、個人個人の善意に委ねないことである。このことは至る所で、最下級の身分の間でも守られている。外国人は、日本の肉体労働者たちが、お互いの付き合いにおいても丁寧な言葉を交わし合い、お辞儀するのを見ると全く奇異な感じがするのである。しかしそこには、人間的な激情を、外面上、儀礼的な規制に従属させることがすこぶるうまい、この民族のお互いの尊敬の心が流れているのである。日本人は常に丁寧である。激情に陥ったり、怒りをあらわにすることは、日本人の概念では、教養のない人間の証拠である。かくて日本語には侮辱の言葉がない。

われわれの考えからすれば、日本人の礼儀正しさは、いささか行きすぎである。それは真実への愛が、礼儀正しさへの顧慮から引き下がってしまうばかりでなく、この礼儀正しさが、われわれからすれば、不自然に見えるからである。例えば、ある人の死亡において、その親族にお悔やみを言うと、彼らは笑いながらそれに答えるというような場合、これはわれわれには心が冷たいと思えるのである。この笑いが何を意味するかは、最近ラフカディオ・ハーンが気の利いた記述をしている。われわれの考えからすれば、心中悲しみに満ちている人に笑いを強いるような礼儀は時には行きすぎである。これに反して日本人は、自身の感情を抑える名人であるばかりか、自分自身をいつどこでも、数多くの礼儀作法の規則に従わせるのを好むのである。

この規則がどの範囲まであるのかについては、一章を設けて説明すべきであるが、私はそれを論じつくすことはできない。なぜかというと、われわれヨーロッパ人は、この迷路の中に、日本人の後についてはいけないからである。われわれが、それについて知ることは、日本の全体系の中のごく一部分にすぎない。われわれにとって日本人は、その性格、気質における同様、社交においても今日なお謎のままなのである。その儀式はしばしば行きすぎで、われわれにとってはエクセントリックに見える。例えば、茶の湯の秘儀に入っていけるのは、ヨーロッパ人の中でも僅かであろう（原注13）。いずれにせよ、われわれがまだ知らず、それゆえ評価できない事柄を、即座に遊び半分と言ってのけるのは間違いであろう。これは日本人の魂に深く根ざしたものなのである！　われわれが日本民族の道徳・宗教観を知り、それらを考慮に入れる時、われわれには不可解に思えるものの多くが、はじめて解明される。日本の何らかの領域が問題となった時、それについて、私は前もって言わねばならぬことがある。それは、われわれの知識は中途半端であるという、すでに何度も述べた所見である。そしてここにおいても、われわれは正にそれゆえに、いつも同じ観察をしている。この同じ観察とは、これらの重要な要因を、われわれヨーロッパにおいては、残念ながら過小評価するのが慣習となっていることである。日本民族生活のいかなる面も、われわれの理解からほど遠く、それゆえわれわれは、日本民族生活のどの面についても、早急に否定的判断をしないよう心がけねばならない。

日本の本来の宗教が神道であることはよく知られている。これはカミへの奉仕、またはカミの教えといわれ、カミまたは有名な人物の精霊を神として敬う祖先崇拝であって、そこには、非常に洗練された儀式がある。神道はまた日本の国教とされていた。そして日本の歴史の中で卓越した影響を及ぼしたことは疑いない。神道によれば初代のミカドは、直接、女神たる太陽に由来しており、正真正銘の日本の国法上の全構造が、このミカド理念の上に成り立っている。かくて神道は、一度ならず、宗教的目的と手に手をとって、政治的目的の育成の任務を遂行するとともに、また現実に強力にそれを育成したのだった。私は、神道を唯一の日本の国教としようとする一八七〇年代の運動を想い起こす。(原注14)徳川幕府は仏教を保護していたが、一八六八年の内乱(戊辰戦争)の後は、神道を促進することによって、ミカドの支配の強化が期待されたのだった。

しかし神道の特色は、我々の理念によれば、政治的要因と宗教的要因が連結されているようであるし、その結果、われわれキリスト教神学者には、ほとんど魅力を発揮できないかも知れない。しかし日本人にとっては、それは一つの権力を意味しており、まさに現代において大きな意義を示しているのである。

このことを、ラフカディオ・ハーンほど美しく表現した者はない。(原注15)私は、日本民族の魂の中に入ろうと努めたこの観察者の言葉から、ここでいくつかを紹介せずにはいられない。即ち、彼ら日本人の表情には絶えず微笑が浮かんでいる。日常生活の事柄を、彼らは行儀よく、かつ愛想よく耐える。彼らの全生活は魔法にかけられたようなものである。精神的な眼がすべての行動を見張り、精神的な耳はすべての音を聞く。その思想は、死の神々をもその視界におく。かくてそれらは、美しい影絵芝居にすぎない。即ち、生命、光、色、幸福、苦悩、これらすべては、速やかに無と沈黙の中に沈んでしまうのである。まさにそれゆえに、日本人はその短い日々を快活かつ敬虔深く生きる。そして過去は、その生活に決定的かつ強力に作用するものである。丁寧と親切とは、彼らの祖先から伝えられた宗教の形である。それらはまた、祖先崇拝によって求められた畏敬の気持と密接につながっている。日本では、死者は生者をひそかに支配している。祖先崇拝は二千年以上の間に多くの変化があったものの、今日なお日本民族の宗教的道徳的信念と礼節がよって立つ基礎杭となっている。宗教や支配ばかりでなく、日本の社会のすべてが直接間接に、祖先崇拝に由来している。そして過ぎ去った先祖の精霊の如き影像は、その暗くて静かなシルエットを、近代の生活の中に投入し、生きている人々の運命を導くのである。この古き祖先宗教は、仏教をその中に採り入れ、キリスト教をも破壊してしまったし、近代の文明化した日本の中においても、それは民族の魂の中に残っている。その行動によって世界を驚嘆させた、この人間の英雄的犠牲心や強靭な力のすべての鍵はここにあるのである。日本の真の強さは、生の空しさと死の偉大さに寄せる神聖な信仰のうちに、天皇のために生命を捧げようとする通常の日本人の心にある。戦争に赴いた何千という青年の口から、名誉に包まれて再び故郷に帰る希望を聞いたことはなかった。彼らが口にする唯一の希望は、天皇と祖国のために死んだすべての人の精霊が集まる招魂社、つまり「精霊の社」に入ることである。この古い信仰が、今日の戦時（日露戦争）ほど強く日本人の魂に植えつけられたことはない。この狂信的な心情の高まりは、ロシアにとって、魚雷や銃砲以上に危険なものとなろう。神道という愛国の宗教は、かつてモハメットの教えがアラビア人に及ぼしたと同様、日本人に十二分の力を与えるものである。日本人には宗教がないという報告ほど誤っているものはない。宗教は今なお民族を動かす力であり、最も強い刺激なのである。ここまでがラフカディオ・ハーンの説である。神道は「宗教的民族心の中に空虚」をつくるがゆえに、今まで多くは思想的内容のないものとして記述されてきた。しかしこの神道でさえ、実際にその本質に入っていき、それを正しく理解しようとすれば、直ちにその内容が解り、また第一級の精神的な力となることを、われわれは見たのである。

日本に儒教がもたらされたのは三世紀である。その道徳哲学は、神道にも採り入れられた。しかしそれは特に、日本民族の最強の階級である武士団に、(原注16) 大きな影響を及ぼしたが、民族の中でも大衆には、一つの宗教を提供するには至らなかった。しかし神道は、たしかに中国の賢人の道徳律から影響を受けたとしても、神道の本来の観念を犠牲にしてしまったというのは、多くの点で過大評価されているのではないかと、私は思う。

よく知られているように、日本人は宗教心の薄い民族であり、特に教養階級の人々は懐疑論に陥っていると、好んで記述されている。(原注17) 神道は、われわれのもとでは、通常、最悪の取り扱いを受けてきた。それゆえ神道に関する判断が、いかに不当なものであったかを、われわれは見てきた。しかし、この判断は、日本におけるその他の問題にあっても当たっていないのである。

六世紀に、仏教には神道と儒教とがつけ加わり、短期間のうちに、独自の民族宗教になってしまった。ここにおける仏教の教えの内容と意味については論じない。しかし、この教説にとって、特に輪廻や涅槃が持つ意味については、既知のこととして、その前提にあげておきたい。しかしわれわれはここで、その概念が一部歪曲されているの考慮に入れねばならない。そこで私は、この理由のためにラインの記述に従って、右の問題についての所見を些か織りこんでみたい。（原注18）ラインは強調する。この新しい祭祀は、日本人の心に解りやすく、かつ感動的に作用したばかりでなく、想像力に豊かな栄養を与えた。それは特に、はるか彼方の世界への転生の教えと、その記述によってであった。「その上仏教は、あらゆる点で、寛容かつ友好的に振る舞い、古い宗教観に順応し、しかも神道の神々をもその体制に受け入れたので、急速に広まり、日本人が今日なお信奉する独自の民族宗教となったのだった。」

仏教の教えの最も重要な部分は輪廻転生で、その行きつく所は涅槃である。「仏教徒は転生、つまり涅槃への道程にある。それが近道となるのか、あるいは苦労の多い茨の道なのかは、その人次第である。修道院のような隠棲と瞑想による自己抑制、悪の回避、善業、純真な思想、これらこそ、魂が各種各様の段階を経て、ついに涅槃に至る転生を促進するものである。」「転生に関するこの教えへの信仰は、確実に貞潔な人生を送るための強力な刺激であった。殺人、窃盗、離婚、虚言、暴飲暴食、猥褻な言動などを、仏教は禁じている。また、偽善、怒り、傲慢、邪推、欲望、饒舌、動物に対する残忍な行為等々は非難さるべきものとされる。他方、両親への愛、従順、感謝、中庸の幸福、不幸の中での忍耐、人生のあらゆる状況の中での心の安定への警告も欠けていない。」

転生の目標は涅槃である。その目標に達した人は、神々すらそれを羨む存在となる。それは魂の最も望ましい終点である。そこに至るには、魂は物質に打ち克ち、あらゆる激情から解放されて、この神聖化された領域に入るのである。そこでは魂は、その存在意識を失ってはいるが、決して無の中に吸収されてはいない。

仏教は人格神を知らない。それはむしろ「人間の神格化や崇拝すべき多神教的形態の理念」を説いている。また仏教は救済を知らない。なぜなら仏陀によれば、人間自身が自らの力で救済を行いうるからである。各人は仏陀の道徳律によって、自ら涅槃への道を開拓していくのである。(原注19) この教義の多くが、われわれにとって異様な感じを与えたとしても、われわれのもとでは、いずれの場合でも、この宗教体系が過小評価されているのは、残念なことである。この宗教制度が道徳的観点で、威力を発揮した場合ですら、われわれはその功績を認めようとはしない。そのほか仏教は、その信者の宗教的欲求をひときわ優れて満足させた。仏教が東アジア全域に広まったその速さは、このことをよく証明している。今日五億人、すなわち地球上の人口の三分の一が仏教の信者である。ヨーロッパでさえ、数多くの信者がいるのである。

ラインは次のように強調しているが、これは正しい。すなわち、仏教は東アジアにおいて、他に比類のない文明開化の力を行使した。またことに民族大衆のもとで、平和で温和な信念を広めた。「日本人は特に、今日の文明と文化、自然の美に対する鋭い感受性、そして各方面にわたる美術工芸の高度な完成などを、仏教に負うている。」仏教を観察するものにとって、とりわけ目につくことは、カトリックの儀式と仏教のそれとの類似である。この外面的な類似は、あまりにも目立つので、解明を必要とするほどである。なぜなら、われわれは仏教の中に、カトリック典礼の特色を示す、すべてをそこに見出すのである。つまり荘厳な伽藍、色彩豊かな祭服、ロザリオの祈り、香煙、蝋燭、護符、聖画・聖人・聖遺物崇拝、ミサ、行列、修道院、女子修道院、独身制、巡礼、免罪符、煉獄等々。キリスト教は仏教より、その起源は新しい（約五百年若い）という事実を見た上で、キリスト教は、この両宗教に共通なものを仏教から借用したといっても、それは偏見のない人にとっては至極当然の解釈であろう。ところが両者の類似性を一度も否定できないのに、仏教こそその外見をキリスト教に負うているのだから、この問題は逆だと屁理窟をつける者がいる。私は、この主張が科学的な客観性に基づいているか否かについて判断はしない。しかし不自然な主張は、いずれの場合にせよ、人を満足させることはないであろう。それはそうとして、多くの人々が、キリスト教に被ったこの「非難」を洗い流そうと努めているのは理解できる。なぜなら、仏教がそのようなキリスト教に対して父の関係ありという通例の判断につじつまを合わすのは良いことではないからである。仏教について、ヨーロッパで通常行われている判断はこのようなものであるが、これに対して、ある宣教師が、われわれは独善的な眼差しで仏教を見下してはならず、そこには事実、精神的な力が認められ、あらゆる異教の中にも深い真理が含まれると記しているが、これこそ満足のいく答えとなるであろう。しかしこういった要請も、さしあたっては、あまり役に立っていない。キリスト教の先入観という森の中では、この叫びは、他の多くの要求と同様、空しく響くのみである。そして以前と同様、仏教をもっと詳しく学ぼうとの動機も機会もある人々でさえ、キリスト教側の過小評価にしがみついている。そして依然として、仏教をどぎつい神々崇拝と記述する。実際は、希望はもはや何一つ知らず、十分な満足を感じている至福の状態を意味するのが涅槃であるのに、――この概念は、それに対応するキリスト教的理念と等価値である――今もなお、この涅槃を無として叙述している。さらにまた、仏教は絶えず没落に向かっているかのように述べるのをやめない。――それは「自分の目にある梁に気がつかないからである」（聖書、マタイによる福音書7‐3）。

そこでこうも言いたくなる。すなわち、日本人の宗教感情や宗教観に対する偏向のある過小評価に対して、彼らが一般に、ことに仏教徒の人々が、宗教に対して示す寛容こそ喜ばしいものであろう、と。

キリスト教に対しても、この寛容は今日と同様、かの中世（キリシタン時代）においても行われていた。仏教と同じく、当時キリスト教も公然と採り入れた。その数十年後、キリスト教の採用と布教が禁ぜられ、信徒たちは迫害を受けたのだが、これはむしろ信徒側の狂信と不寛容にその責任があると言える。(原注20)日本人の寛容な態度のために、日本では各種各様の宗教が、いつの時代にも併存することができた。ことに注目すべきは、神道と仏教との密接な関係で、ごく最近までは、一つの神殿がこの二つの宗教のために役立つこともあったのである。数百年にわたってカミへの崇敬と仏陀へのそれとが、平和裏に併存していた。そして現代においても、すでに述べたように、日本政府は神道を公然と優遇しているとはいえ、両宗教の関係に本質的な変化はないのである。

なぜ、この寛容な関係が可能だったかの理由の一つが、日本にはわれわれが考えているような教会や、世俗的に公然と、私的な問題にも不遜に介入するような特権僧侶階級がいないこととするのは恐らく誤っていないであろう。

さて日本人のほうが、われわれについて、またわれわれの道徳や宗教について、どのように考えているかを問題としないで、この章を終わりとするわけにはいかない。もし日本人が、外国人の道徳と日本民族のそれとを比較した場合、彼らが次のように言っても誤りではあるまい。すなわち、「君たち外国人は、聖書が君たちに影響を及ぼしたとは、決して主張できないだろう。君たちは、聖書の中で、温和であれ、冷静であれ、貞潔であれ、何でも人に与えよ、憎しみを抱くな、偽証するな、人を中傷するな、そして慎ましく行動せよなどと、教えられている。ところが、これらすべてのうち、その反対を君たちは行っているのだ」(原注21)と。さらにまた、日本人はヨーロッパの歴史から好んで次のことを指摘する。すなわち、キリスト教が支配するヨーロッパでは最悪の内乱が荒れ狂っていたのに、その間、仏教国の中国と日本は穏やかな発展の関係があった、と。(原注22) 事実、日本は五十年前に外国人が渡来するまでの二百五十年間、断続することなく平和を楽しんだ。その限りにおいて、過小評価されている日本文明のほうが、平和を説きながら極めて好戦的なキリスト教文明より利点が多いのである。一六〇〇年頃、キリスト教が日本から消失するとともに、戦国の内乱は終わった。その後、キリスト教文明が再び入る時まで戦闘は生じなかった。

いずれにせよ、われわれは、われわれの状態についての、日本人の見解をできるだけ多く引用して、日本の風俗習慣や見解を十二分に知るために、いっそう慎重にならなければならない。なぜなら、われわれが自分の知識で、日本の中に足を深く踏み入れれば踏み入れるほど、日本人の考えや認識と、われわれのそれとを隔てるギャップがいっそう大きくなるのを見るからである。――この観察から、われわれは再びわれわれが皆抱いている考察に戻ってしまう。つまり、今日、われわれの精神的な眼の前を通り過ぎていくものから、われわれの一般的な結論を引き出そうとするならば、日本のすべてにおいて、次のように言わねばならなくなる。われわれは、この民族の生命の内側については、きわめて不充分にしか知ることができない。この民族の魂の中に入って行けば行くほど、われわれは、この民族を完全に理解することが、不完全どころか全く不可能であると感じるのである。そこでついには、われわれは次のように認めなければならなくなる。われわれは理解の限界にきており、そこにはわれわれが何とかしようと思っても越えることができないギャップがある、と。

外面上のみで、西欧化した日本を知る人には、このギャップの存在が全く判らない。西欧化されない日本に入って行こうと努める人だけが、それを認め、それとともに、私が初めに予示しておいたように、われわれが知ることのできない、奥深い理由が解るのである。このギャップとは、われわれとは基本的に異なった、日本人の考え方、素質、人生観によっている。日本人はまさに、異質の天性と性格、異質の本性と理念とを持った異質の人種である。「あべこべの世界」について好んで比較したがる人は、日本人の外面的な習慣や方法における相違点を考えた上、さらにこの「あべこべの世界」は、思考や感情のような人間の内面性にも存在すると認めることができよう。ラフカディオ・ハーンの親友の日本人が彼に言った。「あなたは四年ないし五年たって、日本人については、いまのところ、まだ全く理解できなかったと納得したあと、やっとその時から、日本人の本質を知り、またヨーロッパ人とわれわれとを永遠に分け隔てる相違点が解りはじめるでしょう。そして日本人をより良く理解する方へ入っていくのです」と。それはまさに、ハーンが表現したように、われわれの文化からは、ギリシアやエジプトの文化と同じくらい、遠く隔たった文明であり、全く異なった生活感情、異なった世界観が彼らの中に生きており、彼らの芸術と同じく、彼らの全存在は、長い文化的発展と閉鎖した世界感覚が生んだ結果なのである。東の人間も、西の人間も、たしかに人間として等しい基盤をもっている。惹き起こす感情や本能などは同じである。しかし人類の間には、感情や思想において橋渡しできない裂け目が存在する。日本人の魂の流れは、ヨーロッパ人とは全く違った方法で放たれるのである。この民族の理念は、われわれの理念ではない。彼らの感情はわれわれの感情ではなく、彼らの道徳的生活は、精神や魂の領域に達しており、そこはわれわれの全く知らないまま存在するか、あるいはわれわれがすでに長い間忘れ去った所であるのである。(原注23) もしわれわれが西欧化されない日本とわれわれとを分け隔てている裂け目に気づいた時、なぜ日本人がわれわれの文化の内面に触れることなく、外側のみをものにすることが、どこまでできたかは、われわれには解るであろう。このことを、私は別の箇所で次のように言うことができた。すなわち、われわれの文化は、日本人の性格にあっては効果なく跳ね返り、彼らはわれわれの文化を乗り越えてしまう、と。

ヨーロッパの影響は、この裂け目をいくらか変えていくだろうか？　私はそうは思わない。この影響が、今日まで日本人を内面的にはあまり変えなかったように、将来においてもそうであろう。日本人は今日、変化のないままであることについて、この民族を何かしら研究した人々は皆、この点で一致している。また西欧化されない日本についての、今日のわれわれの眼は、この点に関して十分に確信できるものであろう。(原注24)この西欧化されない日本の領域は小さなものではなく、西欧化された日本より無限に大きいことは、今日では理解できないことはあるまい。恐らく今では、この西欧化されない日本のほうが、われわれが正当に評価するに値するという、私が初めに述べた主張に人々は同意するに違いない。それは日本民族の生活の中の共感できる面を、特に強調する機会があるからというのではない。(原注25)否！　何よりもまず、西欧的日本というものは、そうでない別の日本が生んだものに過ぎず、西欧化されない日本に内在する強力な勢力なしには考えられないものなのである。今、日本民族の魂の力によって、われわれの眼前で驚嘆すべき発展を見せたものは、すべてヨーロッパの影響の結果ではなく、西欧化されない独自の日本の中に長きにわたって潜在していたものの特有な発現なのである。それゆえわれわれは、外国からの影響がもたらした作用を軽率に驚嘆することなく、この日本のほうに賛辞を寄せるべきであろう。今日、日本について見たことを回顧するのは、私には無駄のように思われる。われわれは西欧化されない日本の中に、高度に発達した文化や、全く独自の精神性があるのを見た。また全く異なるが、それにもかかわらず一分に練り上げられ、最高度の精密さで仕上げられ、それゆえ、独自性を認識し評価すべき文明制度が日本に存在するのを見たのだった。――これらすべてのことは、私が今、結論において論じる必要はあるまい。それはわれわれのもとでは、この日本の文明の個々の事柄において、重要な関係が存在し、しかもわれわれの文明より多くの領域で優れた所もあるのに、未知のままで、しかも残念なことに過小評価しているという事情については論じつくしたからである（原注26）。私は、平均的日本人は、平均的ヨーロッパ人より開化された人間であると主張するのをはばからない。というのは、われわれの下層の人々を考えると、われわれは自らの文化の成果を誇ることはできないからである。この成果は、われわれのもとでは、僅かな階級の特権として現れたもので、他の階級の人々は、この成果から利益を得ていない。一方、西欧化されない日本の中で学んだことは、全日本民族が共有しているという利点があるのである。しかし、われわれのもとでは、ヨーロッパとは違った感情の人、違って考える人への過小評価が一貫して流れている。恐らくこれは、いつかひどい仕返しに合うであろう。今の戦争（日露戦争）は、いろいろとわれわれの眼を開かせた。しかし十分ではないし、長続きはしない！　何よりもそれは正しい評価ではないのである。われわれは多くの領域で突如として日本人の過大評価を行った。日本人を新たに驚嘆した人々は、当然のことながら、真実と虚構とを区別することがほとんどできていない。そして今、日本人の多くの面を過大評価している。それは他の面を過小評価していたのと同じようにである。ヨーロッパ人は一方では、日本に与えたヨーロッパの影響力を法外に思い浮かべた。近代化された日本人に、彼らが持っていなかったし、これからも持たない特性をなすりつけようとした。――

この特性は、日本人の性格上、所有することができないものである。——他方、ヨーロッパ人は、日本人の民族性の中にある別の決定的な要因を、完全に見逃している。一面では、評価が極端から極端へと走り、日本人が危険な存在でないとは言えないと見ると、今度は直ちに「黄禍」の幽霊を呪文で呼び出したりする。また他面、西欧化されない日本については、依然として「些細なもの」と考えているのである。これらの事実は、未来に向けての短期的展望をあえて行い、われわれが今日観察したことが、日本にとってのみならず、その他の世界、ことにわれわれヨーロッパの文化世界にとって、どんな意味を持つのかを、われわれは考えねばならなくなる。ところで、日本人自身が、この点について、いかに考えているかを知るのは、疑いなく興味深いことである。これを検証するのは、そう簡単なことではない。なぜなら日本人は、強い自制心で知られているものの、自らの未来への期待については、気軽に口を滑らせてしまう民族なのである。そこで初めからヨーロッパの読者のために向けられた、日本人の判断というものは、いかにそれが日本人らしく興味深いものであろうとも、日本人の真の価値を評価できる人にとっては制限付きの価値しかないのである。このことはまず、日本人外交官の発言にあてはまるであろう。彼らがわれわれに、その心中に潜む考えを打ち明けたとしたら、それは彼らの職業にとっても、また国民性にとっても栄誉にならない発言となってしまうからである。そこで最近発行された『わが祖国日本』(原注27)のような、すこぶる意味深長な書についても、それが日本人の努力をわれわれに知らせ、その認識がいかに興味あるものであろうと、いくつかの箇所では、表向きの見せかけであるので、慎重に接しなければならない。

しかし、日本人が自分自身について、またその世界的使命について、どう考えているのかを知る機会はいろいろあるようだ。もとよりここで問題なのは、もっぱら日本人に向けられて得た声だろう。例えば、ここ三十年の日本ジャーナリズムの研究を課題とする人は、それが横浜で発行された英字新聞が提供する抜粋のみだったとしても、十分な資料と多くの興味ある情報をそこに見出すであろう。

この関係において特別興味深いのは、日本の純粋主義者、ショーヴィニスト（国粋主義者）で中国の文人と似た立場にある厳格な神道主義者の見解である。これらの人々は、同時代の神道の再生とさらなる広大な希望とを結びつけている。彼らは自らの日本を、日本と日本人のためにのみ愛しており、日本民族の古代と民族的伝統が、彼らにとってすべてであったから、世界の中で日本の持つ意義に関して独自の見解を抱いた。とはいえ私はここで、歴史上の思い出に夢中になろうとは思わない。私がここで、日本の極端な方向を選び出したと非難されても、それは正しいであろう。しかし私はここで、日本人の最近の声をあげておきたい。それは多くの日本人の内に潜む心情を反映しているのみならず、また日本民族の独自の気分をあらわにしており、後になって、だんだんと表面に現れてくるのである。

そこで例えば、岡倉覚三が最近刊行した本『東洋の思想』(訳注2)の中で、アジアは一つであり、すべての宗教、あらゆる芸術のゆりかごで、特に仏教の発祥の地として描いている。人類の偉大な宗教はすべてアジアに起源がある。芸術もアジアでは宗教と手に手をとって進んだ。奈良——古代のミカドの首都——には、紀元前九世紀（?）の芸術の痕跡が見出せる。これらの文化財が、日本ほどよく保持された国はない。それは英国と同様、数世紀にわたって敵の侵入を免れたからである。最古の文化の国としての日本は、岡倉によれば、われわれの文化の上にあり——つまりすべてはわれわれ（日本）から！——彼の解釈によれば、ヨーロッパ人からは利益になるものを採るが、日本のアジア文化を変えることはないのである。

興味深いのは、浮田教授が(訳注3)「東洋の立場からの歴史の研究」について述べていることである。浮田は指摘する。ヨーロッパの歴史家によれば、人類の歴史は要するに白人種の歴史である。しかし「文明の光は今や、その出発点に戻る。西洋人は東洋人の負債を暴力的仕返しで支払っている。中国から生じた発明の製本術、磁針、火薬と引き替えに、西洋人は今、汽船、鉄道、電信をもたらした。……東洋はやがて再び西洋に影響を及ぼしはじめ、それとともに人類が今まで見たすべてのものより充実して、より豊かであり、より貴重である文化的発展の時代が始まる、とわれわれは信じている。……この最近の世界の歴史は、世界史の終わりではなく、新しい時期の開始であり、そこにおいては、すべての人間は一つの人種の仲間として認められ、この時期に比べると、今までのあらゆる歴史、つまり古代、中世、近代の歴史は重要ではないものとなるであろう。」

さてわれわれはさらに山川智応が(訳注4)「世界の中心たる日本」というタイトルで記した論文を見てみよう(原注28)。彼は日本の民族主義的理念と外国のそれとの差異を論じ、前者が後者に飲みこまれないよう抗議した後で、さらに続けて言う。「いったい日本は、他の諸民族の集団の中に吸収されるべきか？　われわれの偉大な哲学者、日蓮の予言が実現されるべきではないのか？　即ち、あらゆる国々の最高の理念は、日本で一つになり、日本の宗教の影響のもとで、唯一にして真の文明が生み出され、それを全世界が受け入れるであろう」と。これこそ日本の使命であり、それをわれわれは永遠に意識していなければならない。この意識を妨げたり、この使命の行方に立ちはだかる、その他すべての理念は容赦なくはねつけるべきなのである。……「太陽が天の中心にあるように、日本は人が住む地球の中心にある。存在するものにはすべて中心がある。それゆえ人の住む地球が中心を持たないことはありえない。日本以外の国が中心でありうるなど、私には考えられない。」山川智応は、英国、米国、中国と日本を比較することによって、この構想をさらに進める。そして次の結論に達する。即ち、日本はすでにその地理的位置、気候、住民の特性と才能によって、世界において、そのような特別有利な地位を占めるように予定されている、と。「さらにわれわれの日本は、世界の文明の中心にある。各種各様の諸文明は、いつの日か一つの世界文明に統合されるであろう。あらゆる文明の方向を注意深く見守ると、それらはすべて一つの終点に向かうように、日本に合流するのである。ここから次のように結論できよう。日本は調和ある結合を生じさせ、唯一の真の文明という結果をもって、人類に幸いをもたらすよう定められている。」中国、インド、それにヨーロッパの文明は、日本に来てそこに留まった。しかも日本では物質文明より精神文明のほうが先行している。「この諸文明の前進は、そのすべてが日本で終点となるのであるが、この運命の声を認識しないのなら、それは盲目というべきであろう。日本が歴史の中心にあり、日本から未来の真の文明が発するという証拠はすでに十分ではあるまいか？」

私はもちろん、山川智応の言うことを真面目に受け取ろうとはしないし、また、すべての日本人ないし、真剣な多くの日本人たちが、この筆者と同じように考えていると主張するものではない。山川は、日本の勝利（日露戦争）の印象のもとで書いたのである。これはたしかに理解できるし、また許せるものではある。われわれは、現在の戦闘の勝利の陶酔の影響を度外視したとしても、このような日本人の発言は、やはりそれ以上に新しい前兆を意味しているように思える。かつて多くの日本人は、戦争前に長きにわたってこのように考えていた。その後も、そのように考えたり、今なお考えている日本人の数は、決して小さいものではない。全日本人の中の支配的な精神にとって、かなり特色的な気分がわれわれの前に明らかにされているのである。

私が今日的関連において、この日本人の気分を略述すべきであると信じているのは、高慢な日本人を咎めるつもりではなく、全く反対にこれと同じような文化的自惚れは、そこかしこに見出され、日本人がその世界的使命を確信しているのは、われわれがかつて同じように確信していたのと同様なのだと言いたいがためなのである。しかもヨーロッパ人の世界的使命は、ごく僅かの日本人のもとでなく、日本民族全体において認められていた。このことを、ありありと思い浮かべる時にのみ、先に述べた日本人の声が理解できるのである。その声は日本人外交官のインタビューより興味深いし、また刺激的であることと認められよう。

さて日本において、われわれにとってどんな問題があるかを見た後で、われわれは自ら一つの問題を提出したい。日本人はなぜそのように考えるべきではなかったのか？　彼らは、そのためにわれわれと同様の資格を有していないのか？　彼らが正しくないのは、全く自明であり、かつ決定的なのか？　近未来または遠い未来の成果が、どんなものになるかを決めるのは誰であろうか？　われわれのもとでは、かつてヨーロッパ文化の世界的使命が信じられていた。アジアでも恐らく西洋に対して、独自の使命を抱く権利があると信じられた。この双方が誤っていないのか、あるいはむしろ双方とも、ある程度正しいのではないか？　影響は双方の側から生ずべきではなかったのか？　双方は、お互いに何かを学ぶことはできないのか？

ここで私がこの問題に関し、十二年以上前に記したことを、(原注29)繰り返すのをお許し願いたい。「日本人はヨーロッパ人から学ぶべきである。しかしヨーロッパ人も日本人から。われわれはこれまで、ヨーロッパの日本への影響のみを語ってきた。だがその反対は生じなかったのか？　日本の文明も、ヨーロッパのわれわれに影響を及ぼすのではないか？　この問題に関し、われわれは未だほとんど説明していなかった。われわれは、日本文明の存在を否定、ないしせいぜい二、三の驚嘆すべき技能の存在を信じるくらいであって、日本からの影響の可能性など真面目に考えないし、高々幾つかの工芸の存在を認めるのみであった。とはいえわれわれは、日本人から多くのことを学ぶことができるのだ！　われわれの芸術への日本の影響がいかに強烈だったかを、われわれは今日十分には意識していない。むしろわれわれは、この日本からの影響は、芸術の領域のみに限られていたとし、しかもその影響は、すでに終ってしまったと信じている。われわれの日本に関する知識は、ごく最近のことであり、しかも不充分だったのを、もう忘れてしまっているのだ！　日本文明は多岐にわたっているのに、その文明から発するわれわれへの影響は、全く一つの方向のみに限られている。他の方向への影響も全く同じような力があるのであるが、われわれにはまだほとんど知られていない。われわれと日本との交渉がもっと活発になり、われわれの知識がもっと多面的かつ正確になったなら、われわれは日本文明の力を感じとり、またその影響力も知るであろう。イギリスとアメリカでは、日本の影響力のもつ、この作用ははっきり存在している、われわれもまた、この作用から逃れることは不可能なのである。それは日本がわれわれからの影響から逃れられないのと同様である。地球と天体との引力の法則では、その力は相互的であり、この引力は双方の側に存在することを教えている。同様の法則は、諸国民の国際的交流においても存在するのは、世界史が教えるところである。この法則のもとで、日本はヨーロッパに影響するが、それは正に、ヨーロッパが日本に影響するのと同様なのである。東洋とヨーロッパの文明は、ともに互いに他の文明を排除してはならない。それゆえ、両文明は絶えず効果ある相互作用の中にあるように、また双方が相手の利点を認識することが広く行われるようにと、祈りたい。このように相互に認識し合うことは、アジアのみならず、ヨーロッパの利益となるのである。なぜならわれわれには、今、どんなものが隠れているかは判らないのである。今日アジアは、至る所で灰燼に帰するまでに真っ赤に焼けている。日本、中国からエジプトに至るまで、アジアの諸民族はヨーロッパ人の支配にうんざりしているのである。もしここで一つの闘争が生じたとしたら、そこから勝利へと進むのが、東洋かまたは西洋かは、誰も予想できないのである。」

これが私の当時の詳述である。今これに、何一つ付け加えるものはない。歴史の歩みは、私がそこで述べたことを、他の誰よりも早く実証して見せたのである。当時、はるか遠い未来のこととされたものが、今や近づいている。しかも十年という短い期間のうちに！　世界史は時に、あらゆる人類の英知が夢見るより早く進むのである。

さて私が述べた相互の影響は、世界的権力国家の転位をもたらすのではあるまいか？　それは東洋かまたは西洋かの優位をもって終わるだろうか？　私はこのような問題提起を聞いているが、それは私には無益なことのように思われる。この問いには、答えを必要としない。なぜなら、これついての見解は各種各様であり、しかもそれはせいぜい推測以上のものでないからである。またこの問題は、私の今日的関連から外れている。しかし、もしこの問題が提起されたら、私は「一つ」だけ言いたい。即ち、私の見解によれば、いろいろな可能性は存在するが、ヨーロッパのわれわれに「あらゆる」チャンスがあるのではない、ということを認めねばならない、と。少なくともわれわれは、昔のアジアへの過小評価を捨て去り、われわれの文化が求めていたかの世界的使命も、いつかは東洋が引き受ける可能性も認めねばならないであろう。われわれが容認すべきは、全体は一つの問題であり、しかもそれは、答えられない問題だということである。しかもそれは、たしかに過大な要求である。なぜなら、唯一、われわれにとって明らかなのは、われわれの文化は決して文化の崇拝者が言うように、内側からも外側からも厳のように揺ぎないものではないからである。それゆえ、東洋の西洋への影響が、西洋の東洋へのそれに匹敵するようになり、またはそれを凌駕する日がいつか来ることもあるのではあるまいか？

とはいえ私は、この問題をそのままにしておきたい。そして人類のゆりかごである「アジアがまた新しい運命、未来の人類をその母胎に隠している」のが、明らかになっていくかどうかを、未来のこととして残しておこうと思う。

一つの別の問題を、私はこの結論において提起したい。われわれは西欧化されない日本を、強い精神的権力として知り、またこの精神的領域を見ると、日本人がヨーロッパの影響から得たものを見るのとは全く異なった展望が開けるのを知った。この事情からわれわれは、さらに次の問いを発せざるをえない。即ち、日本において、なお埋もれたままである要因が広がっていくのは、われわれにとって、それがどうなろうと残念なことなのであろうか？　アジア的理念とその方法がそのように拡大していくと、われわれは無条件に「危険」と見なければならないのか？　もし独自の日本文化が、われわれの文化同様、高度なものであることが真実ならば、また日本文化が、幸福をもたらす点で、われわれの文化より適しているとするならば、この日本文化の理念と方法の前進を、歓迎すべきであるのか、また多くの関連の中で、それは正に祝福となるのかを、われわれは反対に問うべきであろう。

この問題の解答には、一般的に二つの立場が対立して存在するのは疑いない。その一つの立場にあるのは、われわれの文化的業績の不可謬性を多かれ少なかれ確信しており、それゆえ、われわれの政治的、社会的生命の現状維持を、またわれわれの今日の国家的、社会的、道義的秩序を固守しようと望む人々、換言すれば、広義のヨーロッパの利益的立場を代表する人々である。これらの人々は、当然のことながら、アジアの理念やその方法、影響の侵入、または優勢を、初めからいかなる事情でも不幸なことと見ている。それゆえ、彼らが自らの立場からして、そこに政治的、経済的危険、あるいは精神的、道義的危険を見て、それを「黄禍」として警戒するのはおかしなことではない。なぜなら、日本人の目標と方法は、あらゆる点において、彼らのそれと対立しているからである。だから現在、支配的な国家的、社会的、精神的秩序から見て、そのような警告はたしかに根拠がないとは言えない。もっとも、そのような状況をはっきり「禍」であると日本人が前提された場合であるが、しかし、それらは残念ながらほとんどそうではないのである。

ここで「黄禍」という流行の問題と論争するのは、私の意図するところではない。なぜなら、私は今日「西欧化されない」日本を話題にしているのであって、幸いなことに、この領域では、近代的な経済、政治的問題は作用していないのである。私はまた、本来の意味における「黄禍」、つまり経済的領域における それについては、他の箇所で意見を述べておいた。黄禍とはこの意味では、新しく、しかも過小評価できない競争者の登場である。その限りにおいて、これは単なる一つの事実であり、考慮に入れるべきではあるが、それを否定し去るのは、正に愚かなことであり、また過度に恐れるのは誤りなのである。黄禍については、正に大きく眼を開いて、それを直視しなければならない。これは古いヨーロッパのわれわれにとっては、十二分に研究すべき刺激であるに違いない。——これがすべてである！　つまり「幽霊」は現実には痕跡などないのである！　ここで問題なのは、近代の世界的交流から生じる、ごく自然で不可避的な結果である。経済学者が、「日本人は外国貿易の操作において、より大きい取り分にあずかろうと努力しているのは、全く不可避的なことである。また才能があり、自意識のある国民に対し、商業上の後見役を買って出ることはできない」と記しているのは正しいのである。(原注30)しかし他面、日本人が東アジアで、すでに数年のうちに、われわれの手厳しい競争者となること、(原注31)そして日本の経済発展が上昇してゆくという事実は、遠い未来のことではないのである。日本は時とともにヨーロッパやアメリカの産業貿易国と同等のライバルに発展するであろう。そしてこのような事実は、行き過ぎた憂慮にはならないとしても、貿易当事者のサークルが、時に真剣に注意を払うことになろう。なぜなら少なくとも、さしあたって日本における輸入は、排除されたというより、延期が生じたからである。そのような事情にあっては、経済的利害の立場から、時宜を得た警告も正当なことである。もっとも「黄禍」という表現は誤解されるから、この語は避けねばならないであろう。(原注32)

ここでやはり、「近代」日本についての余談から再び出発点に戻ろう。即ち「西欧化されない」日本の、われわれへの影響についてである。政治、経済生活は、ここでは考察しない。しかしわれわれの道義的秩序の支持者たちは、アジアからの影響が強くなり、それによってわれわれの文化的成果が問題視されかねないという考えから、少なからず脅かされると感じているようだ。そこで彼らは、この「禍」に対し警告している。この警告を行っているのは、政治家、ビジネスマンばかりでなく、総じてヨーロッパ文化崇拝者、特にキリスト教宣教師たちである。(原注33) 宣教師たちは、物質的な意味ではないが、ヨーロッパの「利益」を代表している。

しかしこの立場と並んで、また別の立場も考えられる。それは特に、日本の精神的関連の中で始まる作用で、これは恐らく暖かく歓迎されるであろう。西欧化されない、独自の日本文化の特性と部分的にはヨーロッパを越える優秀さを眼前にすると、この立場から、次の問いが発せられるのもゆえなしとしない。即ち、われわれの既に老境に入った文化、明らかに能力を失った文化が、日本において、なお隠れたままで作用する健康な精神によって影響を受けることは、正直に喜びをもって歓迎すべき歩みではないか、と。不充分と判明したものを取り除いてしまう新鮮な風は、われわれにとって恐らく必要なものではないのか？　われわれは本当に、道義的、文化的に優越しているのであろうか？

この立場には、その代表者たちがいる。そしてなぜ、この立場の正しさに異論を唱えるべきなのであろうか？　なんといっても、西欧化されない日本が及ぼす物質上、政治、経済上での影響に対して、適切に防衛もなされることであろう。――そのような利益上の立場には、たしかに正当性があろう。そして、この領域での日本への過小評価は、確実に誤ったものであった。――しかし、西欧化されない日本がもたらすものを、われわれは恐れることはない！　「この」日本が及ぼすと思われる影響には「禍」はない。なぜなら、この影響はわれわれの文化にとって副次的な成果にすぎないからである。そしてこの影響に対して、現実には、これに対抗する利益上の立場は存在しない。ここで問題になっているのは、人間の一般的な立場から捉えられ、理解される問題や生活領域にすぎないからである！――これまで全体を見た上で、われわれにとって問題なのは唯一、日本が人類の文化世界全体にとって持つ意味は、通常考える以上に大きいということである。もっとも、その意味のすべてが及ぶのは、後の時代になってからであろうが。さしあたり、われわれはなお、外面的には優位を占めているヨーロッパの影響の時代に生きている。日本はまず、その政治的、経済的地位を創設しなければならない。それが生じた時、つまり政治的、経済的な「黄禍」が現出した時に、日本のその他の諸力も解放され――これを判断できるのは誰であろうか？――人類の後の時代、ことにヨーロッパ文化世界の後の時代に、事実上、日本の精神的、倫理・道義的な「黄禍」がもたらされるであろう。――少なくとも東洋から発した精神的影響を恐れ、それゆえ、この「黄禍」という名称を与えた人々にとってはである。しかし、この作用が生じるのは、私が「西欧化されない」日本と名づけたものからであろう！――

原注1　例えばラートゲンは、『日本人とその経済生活』(*Die Japaner und ihr Wirtschaftsleben*) の一三ページで次のように記している。「革新への努力は、繊細な感覚を持つフランス人が、《胸に秘めたもの》と名づけたもの (das Intirne) の前にくると停止する。日常生活、家、家庭、風俗、娯楽、芸術、宗教、世界観の点では西欧化していない。

原注2　この点について例えばムンチンガーは、その著『日本人―日本民族の精神的、社会的、宗教的生活を歩き見る』の中で次のように記している。「日本人は誰でも、その国土の美を知っている。時間と金のある人は、その美を堪能するために、遠い旅に出るのを苦にしない。自然への愛は、精神の最高度の発展と特徴づける心理学者がいるが、われわれのもとでは、自然の美は通常、教養ある人々によってのみ評価され、農民はそれについては無関心ないし鈍感に見過ごしてしまうので、この意見が正しいか試してみたい。日本では、自然への感覚は、上流階級の特権ではなく、生得的なもので日雇人も教授もそれを所有しているのである。」

原注3　Chamberlain, "Things Japanese., 2. Aufl., p.184. 邦訳『日本事物誌』（一）二六一頁。参照。

原注4　同前掲書、p.166『日本事物誌』（一）二二六―七頁。

原注5　ムンチンガーの前掲書を参照

原注6　Lafcadio Hearn, "Vom Ewig-Weiblichen"in "Nord und Süd", Juni 1904 邦訳　小泉八雲著、平河祐弘篇、『日本の心』講談社

学術文庫、一九九〇年、三四頁参照。

原注7　Hearn, "Vom Ewig-Weiblichen"　邦訳『日本の心』四二頁参照。

原注8　In: Alfred Stead (Hg.) Unser Vaterland Japann, Leipzig 1904, pp.251

原注9　"Das Erwachen Japans"『岡倉天心全集』一、平凡社　一九八〇年、二三九頁。

原注10　東京で国際的環境の中で生活している宮中の女性や大臣夫人たちと一人、二人と知己になった多くのヨーロッパの記述家たちが、そこで受けた印象から、日本女性の考え方について結論を引き出そうとするのは、好んでよくやる方法である。

原注11　日本人男性とヨーロッパの女性との結婚は、たいてい不幸な結果となる。タネラがその小説『いずな夫人』（Carl Tanera, Frau Izuna, Ein japanischer Roman, Berlin(Dunker) 1904）で述べたことは、その限りでは当たっていなくはない。その外面的な観察は大部分正しいとはいえ、いずな夫人が物事を見るその視覚は誤っており、かつ一方的である。それはヨーロッパ的視覚だからである。日本人女性だったら、それらすべてで別の考え方、別の感じ方をするであろう。ヨーロッパ人女性でなく、日本人女性がどのように感じるかが問題なのだ。

原注12　これに対してサムライ・ケンシンは、ヨーロッパの女性問題について記した『日本の手紙』（Samurai Ken- shinn: Japanische Briefe, Berichte eines Japaners über deutsche Kulturzustände und europäischeVerhält-nisse überhaupt, Bamberg(Handelsdruck) 1892 の中で、次のように言う。「家庭を築くことがだんだん困難になるにつれ、結婚しない女性の数が増えつつあるので、これらの女性は、職業に就くのが頼りとなる。しかしこれは、日本の女性が今まで楽しんできた快適で静かな生活を得ることにはならない。ヨーロッパの女性が生活手段が乏しくなってくると、彼女たちの自由はどうなるのだろうか？　彼女たちの多くは、ずっと独身であったことにその責任があるのは当然である。彼女たちは、できうる限りの知識を身につけている。それは不必要なものまでもである。外国語も話せるし、世界史の偉大な王侯の名をあげることもできる。しかし日常の食事の準備や家政を取り仕切ることはできない。世の男性たちが、彼女を恐れる理由は、そのおしゃれ好きと流行に目がないことである。わが日本の女性たちが、このヨーロッパの流行を模倣しないよう、天が守って下さるように！」（訳注）筆者サムライ・ケンシンについては不祥。

原注13　この儀式は、秘密の多いこの国が提供する中でも、最も秘儀に満ちたものとして知られている。茶の湯は禅宗の僧侶に起源をもち、はじめは宗教的な性格を有していて、すでに七百年の歴史がある。外面的には、食事の体裁をとってはいるが、その習慣は、仏教の礼拝へと発展していった。その際、信徒は祖先を崇拝する。儀式はしばらくの間、常に豪華なものとなっていったが、年を経るごとに反対に本質的な美的感覚規定として、単純さや古きものへの愛に変わっていった。今日でもなお、かなり練り上げ

られた作法の法典の遵守とならんで、主な教義をなすものは、簡素さと古代芸術の尊崇とである。作法の数は数え切れないほど多くある。この儀式が行われる部屋は、四畳半の広さで、飾りやその他の調度品はない。そこに配置されるべきものは、厳密に決められている。そこで飲む茶は粉末にされて濃い緑の粥のようである。飲む時には、どんな行動、どんな手振りをするか厳密に決まっており、ゆっくりと作法に従って飲むのである。

原注14　Wilfried Spinner, Moderner Shintoismus, In:Mitteilungen der Deutschen Ostasiatischen Gese lschaft 参照。そこには神道に関する資料も呈示されている。

原注15　In: "Japan, A attempt at interpretation" 1904 これは、最近ドイツ語訳された本、Kokoro に、この問題について多くの優れた観察が含まれている。

原注16　J.J.Rein, Japan nach Reisen und Studien, 1.Aufl. Leipzig 1881, p.519「この教えは、日本のサムライのためには福音であり、あらゆる処世訓の核心を与えてきたし、今でもそうである。」

原注17　今なお、この主張を堅持する人々は、われわれのために、その論証をするべきであろう。私は向こう側の東洋以上に、われわれのもとで、より多くの信者を見つけ出すであろうとは思っていない。「キリスト者」の名だけでは、何一つ言うことはないし、あるいは証明しえないのである。

原注18　J.J.Rein, Japan nach Reisen und Studien. 参照。

原注19　すでに引用したサムライ・ケンシンは、この点について次のように言う。「キリスト教の教えの研究において、私を最も満足させたのは、仏教への思いがあまりにも多かったことである。イエスと仏陀は、同じ目標を見つめていた。両者は民族を救おうとした。イエスは現世界の悲惨を捨てて未来の生命を示した。仏陀は存在の苦悩から脱して平静を指示した。それこそ涅槃であり、一切を捨てることによって到達するのである。イエスも仏陀も愛に満ちており、やさしさと慈悲を説いている。また両者は神々になり代わって、そこに生じたものである。しかし仏陀は神を説いてはいない。ただ物事は、すべて関連していると述べる。イエスは、人が祈るべき救い主として存在する。仏陀は、他の人々が到達することができる模範として存在する。仏教のほうがキリスト教より人間的である。そして仏教はキリスト教より多くの信者を持っているから、この仏教を尊ぶ多くの理由をわれわれは有しているのである。」

原注20　拙著『開国後五十年の日本の発展』二二一頁（本書一七二頁）参照。キリスト教が、国家にとって危険とされたのはゆえなしとしない。それはミカド理念と直接対立するからである。

原注21　J.J.Rein, *Japan nach Reisen und Studien.* p.537 参照。

原注22　サムライ・ケンシンは言う。憐れみと平和をもたらすはずのキリスト教という宗教は、剣をもたらした。この宗教は、ヨーロッパのほとんどすべての国々に恐るべき戦争を招いたのだ。そのような事実を眼前にして、いわゆる異教の国々は、キリスト教の布教に対して最高の警戒心を表明すべきであった。われわれがヨーロッパで仏教の説教することがほとんどできないように、キリスト教徒も、われわれのもとで十字架を立てる権利はほとんどないのである。われわれ異教徒は、たしかに寛容である。しかしキリスト教徒はそうでない。われわれには、少なくとも家にあっては、われわれの古き教理神学を守る義務がある。しかもこの信仰のため、国で内乱に悩んだことは一度もなく、数世紀にわたって完全にそれで充分だったのであった。

原注23　拙著『開国後五十年の日本の発展』三三三頁以降（本書一八三頁）参照。

原注24　ここでは、ラートゲンの記述のみを引用しておく。「今日、日本の国家構造は、古くからの道徳的・宗教的概念と古くからの義務感の支配下にある。これらのものは、日本古来の観念と中国哲学とが合流して、日本民族の思想・感情を規定したものである。」ラートゲンは、これがそのままであるとは考えにくいという意見である。（Rathgenn, *Die Japaner und ihr Wirschaftsleben*, p.142）

原注25　私が、日本民族のマイナス面を見限らなかったことは、拙著『開国後五十年の日本の発展』の中でも十分論じている。この著では、特に日本人の性格の中で欠けた部分をとりわけ強調したし、この国の欧米化がどんな動機から生じたかを論じている。

原注26　この点については、私は雑誌 "**Westöstliche Rundshau**" Mai 1894 に、「ヨーロッパと日本の文明」と題する論文の中で論じた。

原注27　**Stead** 編、ドイツ語版は、**Leipzig, Seemann** 出版社、一九〇四年発行。（訳注）この『わが祖国日本』は、当時の日本の政治、外交、法制、軍事、財政・金融、教育、宗教、産業・貿易、労働、交通、芸術・文学、台湾、皇室等々（二十八章）について、当時の各界の代表と思われる人が執筆したものの独語訳である。執筆者には、伊藤博文、山縣有朋、金子堅太郎、大山巌、斎藤実、有賀長雄、末松謙澄、大隈重信、沢柳政太郎、新渡戸稲造、穂積陳重、松方正義、渋沢栄一、岩崎弥太郎、後藤新平の名があげられる。ニッポルトはこの書籍を、当時の日本の情勢についての、日本人による表向きの紹介と捉えており、これだけでは日本人の本音はわからないと考えたのであろう。

原注28　この論文は「ベルリン日報」Berliner Tageblatt 一九〇五年七月九日付の東京特派員の記事からとった。

原注29　日清戦争の直前に、**Westöstliche Rundschau** で引用した論文の中においてである。私はさらに、一八九四年八月二十六日、九月二日、九日付のベルン連邦紙（**Bund**）の日曜版に、「ヨーロッパの内と外におけるヨーロッパ文明」というタイトルで、同じ

構想を展開している。

原注30　Rathgenn の前掲書、一三四頁参照。

原注31　ことに日本人商人の方法について、われわれのビジネスマンが苦情を言っているのは間違いではない。

原注32　ヨーロッパの大国やアメリカの「政治的」な利益の立場から、この警告がなされるのは不当なことではない。これを熱心に警告する人物は、論文「アーリアとモンゴルについての判断」Urteile über Arier und Mongolen (1905) を執筆した Spielmann である。

原注33　ことに Martin Maier は、その論文「黄禍とその防衛」Die gelbe Gefahr und ihr Abwehr (Basel 1905) の中で、黄禍には道義的側面があると強調する。彼の詳述のうち、その結論には同意できないにしても。経済的側面には多くの点で賛成したいと思う。

訳注1　ハーン『日本の心』四三頁　参照。

訳注2　岡倉天心　*The Ideals of the East with Especial Reference to the Art of Japan*, London, 1903.

訳注3　浮田和民（一八五九―一九四六）熊本生まれ。熊本洋学校、京都同志社に学び、同校の教師となった後、米国エール大学に留学、帰国後、東京専門学校（現・早稲田大学）の教授として、西洋史、政治学を講じた。

訳注4　ヤマダチオウと記されているが、山川智応（一八七九―一九五六）の誤記であろう。山川は宗教学者、国柱会を起こした田中智学（一八六一―一九三九）とともに、「純正日蓮主義」を掲げ、法華経の布教によって、日本が世界の中心となって、世界を法華経化するという目標を抱いた。『法華経十講』、『三大秘法概説』などの著書がある。

オトフリート・ニッポルトについて

生国ドイツ

本書の著者オトフリート・ニッポルトは、ドイツ生まれ。ドイツの大学で法律を学び、ベルリンで外務省に就職したが、プロイセンの官僚気質になじめなかったとみえ、後、スイスに帰化した人物である。その経歴を略述すると、[1] 彼は一八六四年五月二十一日、ヴィースバーデンに生まれた。ニッポルト家は、もともとスウェーデン出身で、十八世紀以降、オランダに定住していたが、オトフリートの父フリードリヒ（一八三八―一九一八）は、オランダとの国境のドイツの町エメリヒで生まれている。フリードリヒは教会史家で、一八七〇年スイスのベルン大学神学部教授に任ぜられると、一家はスイスに移り、オトフリートは、少年・青年時代をスイスで過ごした。父フリードリヒは、一八八四年ドイツのイエーナ大学教授に転任したが、オトフリートは、ベルン、ハレ、チュービンゲン、イエーナの各大学で法学を学び、一八九四年、主専攻の国際法の論文によって博士学位を得た。同年、ドイツ外務省に入ったが、間もなく法曹界に転じ、ワイマールで判事となった。

来日して「御雇教師」となる

一八八九（明治二十二）年、彼は東京の独逸学協会学校専修科（今日の獨協大学の前身）に招かれて、三年間、法律ごとに国際法を講じた。どういう機縁で、日本との関係が生じたかは不明である。ただ推測できるのは、スイス人牧師ヴィルフリート・シュピンナーとの関係からではないか、と思われるふしがある。シュピンナーは、一八八三年ドイツ普及福音宣教団の最初の宣教師として来日した人物である。この宣教団は、ドイツとスイスの自由主義的傾向のプロテスタントによって創立された海外布教の団体である。その設立総会には、オトフリートの父フリードリヒも出席しているので、すでに日本にあったシュピンナーを通じてオトフリートの日本行きが決められたのではないかと推測されるのである。彼の在任中の活動を知る資料は、旅行記『日本逍遥記』のほかほとんど残っていない。それは当時神田小川町にあった独逸学協会が、一九〇一年火災により校舎書庫にある古い資料一切を失ったためである。

ニッポルトが教授としてどんな教えぶりであったか、また日本人学生との交流はどんなであったかを示す資料もない。ただ彼が、その博士学位論文「国際法的条約、その体系における位置と国際法にとっての意義」の序文において、次のように記しているのは、注目される。

「私の東京における数年にわたる教職の時代の間、特に国際法に注目していたのであるが、当時支配的なものとして叙述される国際法に対して、私には原理的にも現実的にも疑念が生じていた。原理的疑念とは、国際法についての私の講義を仕上げる際に生じた。現行の（国際法の）体系の正当性を日本人たちに理論的に説くのは、私には困難であった。現実的疑念は、私が条約改正という日本にとって緊急の課題に立ち入って取り組んでいる際に生じた。そこで私はついに、われわれの国際法、特に条約法は、幾重にも全く誤った基盤の上に築かれていると確信するに至った。(2)」

ニッポルトは、国際法もあらゆる法と同様、正義の理念に奉仕しなければならないと信じていた。またその正義は個々の国家の下での法と同じく、諸国家共同体の下でも実現されなければならない。しかし現実はその通りであったか？　国家には強国と弱小国とがあり、その間の条約は、弱小国に不利な内容の不平等条約として締結されるのが現実であった。幕末の日本が、欧米各国と結んだ条約はまさにこれであった。この不平等条約の下、幕府に代わった明治の日本が、その条約に苦しまなければならなかったのである。正義の理念に反する不平等は、強国の特権として当然と認められていた。

明治維新の直後、新政府は一八七一年十二月より、二十ヵ月にわたる「岩倉遣外使節」を欧米に派遣し、不平等条約の改定を各国に打診している。使節一行は、一八七三年三月九日より、三週間ベルリンに滞在し、皇帝に謁見し、宰相ビスマルクの招宴に与っている。その際ビスマルクは次のように演説している。

「地球上のあらゆる国々は礼儀正しく友好的に交際しているようだが、実は、表面上だけのことである。各政府の考えは別であって、強国は常に弱小国を圧迫し、小国は大国に軽蔑されている。わがプロイセンは、私が若い頃は貧しく弱い国であった。その頃から私が常に思っていたのは、わが国は強大にならねばならぬということだった。国際法は、各国の法的秩序を互いに正しく保持するため、もし強国が他国と利害を異にした場合、何よりも国際法に従って行動すべきなのだが、それとても強国にとって有利である場合に限られている。もしそうでなかったら、強国は国際法を無視して「暴力」によって要求を通そうとする。小国は権利を行使しえないから、国際法の規定に沿って行動するよりほかかない。それゆえ小国は常に不利であり、悲しむべき状態にある。つまり自らの力で守ることができないのである。わがプロイセンも弱小国として長らく残念な状態にあった。そこでわれわれは全力を傾けて、他の国々と同等になろうと努めた。そのため、われわれはありとあらゆる方法で、祖国愛を養成し、それによって今日の地位に至ったのである。（中略）英仏は、外国で侵略を続け植民地を拡大しており、他の国々はそれに憤っている。ヨーロッパの列強は信用することができない。あなた方の国は、ちょうどかつてのプロイセンのようである。私はこの事情を真にわが事のように考えることができる。なぜなら私は今やっと今日の立場まで興隆したものの、その弱小国の中で生まれた者だからである。われわれは、わが権利と自立を守らねばならない。日本も同様であろう。この関係のゆえに、われわれは特に交際しなければならない。(3)」

これより明治政府は、国家の近代化を急ぎ、弱小国から強国への道を辿ることになる。

三年間の独逸学協会学校での勤務を終えると、ニッポルトは日本を離れ、ドイツには戻らず、第二の故郷というべきスイスに居を定め、ベルンで弁護士を開業している。一九〇五年にはスイスの市民権を得、同年ベルン大学で私講師となり、一九〇九年まで同大学で国際法を講じた。当時スイスをはじめドイツにおいても、国際法が独立の講座として存在する大学は多くなく、ニッポルトは一九〇七年、教授資格請求論文「国際法上の紛争における訴訟手続研修」(4)を作成したが、同大学では教授に昇進することなく終わっている。

平和・避戦運動に投じる

十九世紀のヨーロッパは自由の世紀と呼ばれている。(5) 自由を求める努力は、まず革命、次いで民族独立、民族統一の運動となって現れた。それはナショナリズムにほかならず、その達成手段には戦争が用いられた。しかもこれに反対する「反動」勢力に対しては、激しい憎しみに燃えて、殲滅《せんめつ》戦争をもって応えたのである。またこの世紀に飛躍的に発達した銃火器の威力は凄惨な死傷者の数の増大を招いた。

この悲劇を目の当たりにして、反戦平和の運動も生じてくる。まず「剣はさやに納めなさい。剣を取る者は、皆、剣で滅びる」(マタイによる福音書二六―五二)とのイエス・キリストの言葉を文字通り実践しようとしたキリスト教徒(特にクエーカー教徒)が登場した。例えば一八一五年のニューヨークの平和協会や一八一六年のロンドンの平和協会がそれであった。

十九世紀後半に入ると、ヨーロッパは英・仏・露・独・オーストリア＝ハンガリー・伊等の強国間の「勢力均衡」の下にあった。そして各国が国際法の遵守によって平和を維持できるならば、各国のうちの一国が抜け出して覇権を握るような、ニッポルトの表現によれば、諸民族生活の中での「単独支配」

は防止できるのである。[6] しかしヨーロッパの各国の「勢力均衡かまたは覇権か」[7] は、近代の成立とともに「平和か戦争か」の問題として展開した。十六世紀のスペインのフェリペ二世、十七—十八世紀のフランスのルイ十四世、十九世紀のナポレオンの覇権は、これを防ごうとする各国の連携によって「均衡」に復することによって平和が回復された。だが一八七一年、ビスマルクの手によって統一を成し遂げたドイツ帝国は、その後、ヴィルヘルム二世の野望によって、第一次世界大戦前とその戦中において「覇権」を目指すものと思われたのである。

一八七〇年の普仏戦争以来、しばらくヨーロッパでは硝煙を見なかったが、十九世紀末から二十世紀初頭にかけて、三、四十年に一度は戦争があるとの俗説も手伝って、戦争、ことにフランスの対独復讐戦争が近いとの噂が飛び交った。ドイツでは、どうせ戦争になるなら、先手を打って敵を打倒してしまえとの「予防戦争」も論ぜられていた。[8]

その頃、オーストリアの男爵夫人ベルタ・フォン・ズットナーの反戦長編小説『武器を捨てよ』[9] が、ベストセラーになり、ドイツでも数多くの版を重ね、さらに十二カ国語に翻訳されて、多くの人々に一大衝撃を与えた。[10] ズットナーは、これを機に一八九一年、オーストリア平和協会を設立し、市民運動に挺身することになった。これに深い感銘を受けたアルフレッド・ヘルマン・フリードは、翌年ドイツで平和雑誌「武器を捨てよ」を創刊、同年十二月には、ドイツ平和協会の誕生となった。

このような反戦・平和運動では、宗教的信念や戦争への嫌悪感から、すべての武器を捨てよと叫んでも、強国の政治家、軍人をはじめ要路の人々を動かして、平和路線へと百八十度転換させるのが困難なことは明らかであった。そこでむしろ国家の特権として生じる戦争を、国家間の相互理解や国際法遵守によって避けようとする努力を、権力者たちに訴えるのが効果的なのではないかとの見解が生じた。これは西洋近代化の啓蒙主義にもとづく合理主義の精神から、民族生命の根源的衝動をも、理性的思惟によって調整できるとする信念であった。[11]

フリードは、右の運動実現のため、二、三の学者にあたった後、最適任と思われた人物として、鋭い法感覚と活動家としても注目されていたニッポルトを見出した。[12]ニッポルトはその期待に応えて、ベルン大学を休職し、フランクフルト・アム・マインに移り、同市の「フランクフルト新聞」の論説委員の傍ら、ドイツの数多くの大学を回ってその趣旨を説いて賛同を得た。そして一九〇五年五月、「国際理解のための連盟」（以下「連盟」と略記）の設立が宣言された。その要旨は左の通りである。

「かつてドイツ民族の課題と目標は、国民国家の建設であった。しかし今や経済・技術の進歩によって、新たな国際主義の時代が出現した。だが国際的な政治組織は作られない。文化国家といえども武器をもって対立しているのである。列強の軍備増強が今のテンポで進捗するならば、それは廃墟に向かっての競争を意味しよう。今こそナショナリズムとインターナショナリズムとの一致を考えるべきである。かつてドイツ帝国の建設者たちは、ドイツ内の主権各邦の維持を求める正統主義とドイツ統一国家を求める国民主義との間の調整を行ったではないか。ナショナリズムとインターナショナリズムとの和解の第一歩はハーグの会議で踏み出されたではないか。この歩みをさらに進めるべきである。[13]」

この設立文に発起人として署名した十二名の大学教授の中には、ハルナック（神学）、ナトルプ（哲学）、ヘッケル（動物学）、ランプレヒト（歴史学）、トレルチ（神学）、マックス・ウェーバー（社会学）のような世界的に有名な人物が見出される。

「連盟」の設立総会は四十一名のメンバーが参集して、一九一一年六月十一日にフランクフルトで開かれた。この組織への入会者は、その後増加し、一九一二年に二百五十、一九一三年に三百五十で、その大部分は大学関係者や教養市民層の人々であった。

「連盟」は創立後まもなく、一九〇五年、デストゥルネル・ド・コンスタンによってパリで創立された組織「国際調停」に加盟した。この組織はアメリカにも有力な支部があり、「連盟」は単なるドイツの団体に留まらず、国際組織のドイツ支部となったのである。「連盟」の第一回大会は、一九一二年十月五日から三日間、各国から二百五十名が集ってハイデルベルクで、次いで第二回大会は、一九一三年十月、ニュルンベルクで開かれている。この二回の大会では、デストゥルネルは、仏独の相互理解こそヨーロッパ平和の道であると説得した。(14) さらに独仏両国の議員会議も、一九一三年五月、ベルンで開催されている。その会議の主催者はドイツの「連盟」とフランスの「国際調停」で、会議は成功を収めたと称しているが、参加者はフランスから百二十一名、ドイツからは三十四名に過ぎず、そのうち進歩人民党の六名と地方政党の三名を除くと、野党の社会民主党の人々で、ドイツ政界の少数派が出席したに過ぎなかった。

一九一四年六月二十八日のサラエボ事件事件を発火点として、オーストリアがセルビアに、七月二十八日宣戦布告すると、セルビアの同盟国ロシアは、総動員令を下し、オーストリア方面のみならず、大軍をドイツ国境にも進めてきた。ドイツは、これは「戦争を意味する」と解釈して、先手を打って、八月一日ロシアに、八月三日その同盟国フランスに宣戦布告した。しかも短期決戦の勝利を意図して、ドイツ軍は中立国ベルギー、ルクセンブルクを侵してフランスに侵入しようとした。これにより、英国は八月四日、ドイツに宣戦し、ここに第一次世界大戦の開幕となった。かくて、ドイツをはじめ戦争当事国は、国際平和よりも全国民に強い愛国心や自衛の戦いを訴えることになったのである。

ニッポルトは、開戦の直前にドイツを去り、スイスに戻った。

大戦勃発直後に書いた「戦争原因論」

ニッポルトは、第一次世界大戦直後の八月から「ヨーロッパ戦争の原因」と題して筆を執り、翌年五月のイタリア参戦までの間の戦争当事国の状況について考察している。その後も彼は、原稿を訂正加筆し続け、戦争終了時には、タイプ原稿二一一頁に達していた。

彼は一九一四年中、すでにこの原稿を要約して「国際法と現在の戦争」のタイトルで「スペイン連邦年報」に投稿し、掲載されている。(15) さらにドイツ軍の中立国ベルギー、ルクセンブルク侵犯について論評し、それもベルンの「連邦紙」の八月十七、十八、十九日に掲載されたが、ドイツ外交団からの介入によって、その後の連載は妨げられた。

ニッポルトは、まず戦争原因の叙述は、厳正中立の立場をとり、国民的情熱や興奮から無縁であらねばならぬと記している。また彼は執筆にあたって、国際法上の専門用語はできるだけ避け、広く読者に理解されるような文体で記すように努めた。彼の強調するところによると、戦争が生じた以上、そこに責任や責任者の存在は確かにある。即ち、この中立を旨とする客観的叙述においても、責任や誤りがあるならば、それについて沈黙するわけにはいかない。なぜなら、この叙述の目的は未来のために真相を明らかにすることである。誤りは改めなければ繰り返す。これがニッポルトの冒頭における主張である。

今ここで注目したいのは、大戦勃発直後の時点で、史料も不十分なまま、中立の立場で考察した際、どこまで大戦の真相に迫ることができるかである。

ニッポルトがその時、史料として用いたものは、「フランクフルト新聞」、「北ドイツ・アルゲマイネ新聞」が主なもので、連合国側については、「ロンドン・タイムズ」、「ニューヨーク・タイムズ」であるが、それ以上に「新チューリヒ新聞」に依拠した所が多い。また彼の記述の中には、戦争当事国の有力者たちとの交友から生じた情報は見出されるが、その入手先について詳しく述べていない。さらに一九一四年末から戦争終了まで、彼が手に入れた史料によって加筆訂正され、それらは脚注に示されている。

さてニッポルトは、ヨーロッパ戦争の原因を国別に論じていく前に、一般的原因として、軍事同盟政策と軍国主義とを挙げて考察している。

まず前者についてであるが、かの三国同盟といい三国協商といい、ヨーロッパ列強が結んだものは、平和保持のためであり、この「勢力均衡」によって、ヨーロッパの全面戦争を不可能にすると思われた。しかし他方、この同盟政策こそ、ヨーロッパ政治の諸悪のもとであり、全面戦争の起因となったとの見解もある。ニッポルトは、今次の戦争は、この後者の見解の正しさを示したと主張する。

　即ち、自国防衛のため、平和のためと信じられた同盟政策の意味について、見解の変化が生じたのである。これはドイツとオーストリア＝ハンガリーとの関係において顕著である。もちろん両国の軍事同盟は、初めは防衛的性格のものであった。ところが、一九〇八年、オーストリアはボスニア＝ヘルツェゴヴィナの併合を強行することによって、いわゆる「威信政策」をとり、この複雑な「人工的」国家の維持のために、進んで「攻撃的帝国主義」の道を歩むようになった。しかし、ドイツはこの政策を支持する義務はないのである。ここから、ドイツとロシアとの対立が生じる。もともとオーストリアとロシアとの敵対関係は存在していたが、ドイツとロシアの関係は友好的であり、宰相ビスマルクはこれを一貫した方針としていた。しかし二十世紀に入ると、ドイツの超ナショナリズムのサークルである全ドイツ派は、ゲルマンとスラヴとの闘争の必然性をスローガンとして掲げた。それにつられるように、ドイツ宰相ベートマン・ホルヴェークも、議会演説における軍事予算の説明で、ドイツは汎スラヴ主義の挑戦に備えなければならぬとしている。ニッポルトによれば、ロシアの汎スラヴ主義は民族心理や人種論としては注目すべきではあるが、現実政治としては、全ドイツ派の汎ゲルマニズム以上に重要なものではない。しかし、いつかはロシアは敵となって戦うべき運命となるとのドイツ人の感情はロシア人の間にも生じ、この国でも高まりつつあるナショナリズムは反ドイツへの傾向を強めたのである。

　このようにして、オーストリアとロシアとの対立に、ドイツが参加することによって、一大戦争の萌芽が生じたのである。ところで、ドイツはオーストリアをあくまで守ろうとしているが、これは正しいであろうか？　オーストリア＝ハンガリー二重帝国は、国内に他民族を抱えた人工的な権威主義国家でである。民族単位の国民国家誕生の趨勢の中で、このような国家は早晩崩壊の運命にある。それを防ごうとして全ヨーロッパが戦争に巻き込まれるのは、愚かなことであると、ニッポルトは説く。

ニッポルトが戦争の一般的原因として次に挙げるのは、軍国主義である。古代ローマの格言「平和を欲するならば、戦争を準備せよ」は、三国同盟、三国協商に属する諸強国による「勢力均衡」にもあてはまるであろう。しかし大戦前のドイツでは、平和は無限に続くものではないから、戦争のために準備せよとの声は次第に大きくなった。これはまた、諸列強のどの軍事サークルの中でも、絶えず増大する軍備拡張から、戦争は遅かれ早かれ到来するとの見解は見られたのである。しかしそれは、ヨーロッパの政治状況がそうさせたのではなく、ニッポルトによれば、軍事サークルの見解がそうさせたのである。またそこから、ことにドイツでは、「予防戦争理論」が生じてくる。「勢力均衡」の各当事国も、仮想敵国が軍備拡張すれば、平和のためと称して、同様に軍備拡張を計った。具体例としては、一九一三年のドイツの軍事予算は、直ちにフランスに反応して増大した軍事予算をもってし、さらに三年現役制をも導入した。それに応じてロシアも、軍備拡張を行っている。こういう状況の下で、ドイツの「予防戦争理論」は、ますます現実味を帯びてきたのである。

次にニッポルトは、大戦勃発に際しての、各国の行動とその責任について考察している。まずオーストリアとセルビアとである。一九一四年六月二十八日のサラエボ事件は、この頃、バルカン半島では稀ではない暗殺事件で、それだけで全ヨーロッパ紛争の種になるものではない。しかしオーストリアは、セルビアへの最後通牒を、セルビアの拒否を前提として、戦争による解決を計った。ニッポルトは、七月二十九日付の「フランクフルト新聞」の時評を挙げている。

「オーストリアの政治家は、セルビアの譲歩にもかかわらず、宣戦布告によって自国のみならず、全ヨーロッパに対して責任を引き受けた。」

この両国の緊張状態を見た英国外相グレイは、ロンドンで各国大使会議を開き、そこでの仲介が出されるまで、待つようにとの提案を出す。しかしオーストリアの回答は、宣戦布告であった。ニッポルトは言う。オーストリアでも、軍国主義の人々が、皇帝フランツ・ヨゼフの平和志向をしのいで、開戦へと急いだのであって、彼らは、ヨーロッパ戦争の責任を負うべきである、と。

次はロシアの行動である。全世界は、ロシアがオーストリアのセルビアに対する挑戦を冷静に見るか、あるいはセルビアとの軍事同盟のため、紛争に突入するかを見守っていた。ドイツとオーストリアは、ロシアが一九〇八年の際のように、今度も譲歩するか否か、危険な「力試し」をあえてした。今日知りうる所では、七月二十三日の閣議で、ロシア外相サゾノフはセルビア支持を強く主張し、オーストリアに四十八時間の期限延長の譲歩を求める決定がなされた。ところがオーストリアは、二十八日、セルビアに対し宣戦布告すると、ロシアも「部分」動員令を発して、オーストリアとの国境方面へ兵を進めた。翌日ドイツは、ロシアに動員の中止を要求し、中止しなければドイツも動員して戦争になると通告する。これに対してロシアは、かえって総動員令を発動すると、ドイツは直ちに対抗措置をとった。「北ドイツ・アルゲマイネ新聞」は同日、「この動員は戦争を意味する」と記している。事実八月一日、ドイツはロシアに宣戦布告する。ニッポルトの見解では、動員を伴う軍事行動は、国際政局が不安定な時、あらゆる国で採られるから、これは非難に価しない。一国が動員すれば、他国も動員するが、これは戦闘開始ではない。ロシアが七月三十日総動員を行った後でも、ロシア皇帝は、ドイツ皇帝、英国王（三人は従兄関係にある）への電報を打って外交交渉が続いていた。ロシア皇帝は、心中平和を望んでおり、ロシア政府も戦争を欲していない。ただロシアの軍事サークルが、総動員令とともに戦争を迫り、皇帝も政府もこれに抵抗できず、開戦に至ったのである。八月四日付の「フランクフルト新聞」には、ロシア皇帝のドイツ皇帝宛の電報が載っている。

「私は私に迫ってきた強制力に抵抗できず、戦争となる措置を採らざるをえなくなった。ヨーロッパ戦争になる不幸を防ぐために、古き友人の君に、これ以上悪化することのないよう、できるだけのことをするよう願う。」

この電報からも分かることは、ドイツがオーストリアに圧力をかけ、自重を促せば戦争は回避できた。ロシア皇帝は軍事圧力下にあった。もしドイツがオーストリアに圧力をかけ成功したとすれば、ロシア皇帝は軍部に抵抗してロシア軍の総動員を停止または延期しえたであろう。これはニッポルトの考察である。まずオーストリア、次いでロシア、そしてドイツで！　ロシアの総動員は早過ぎ、それゆえロシアもヨーロッパ戦争の共同責任を負っている。

次はフランスである。当時、フランスの世論は戦争を欲していなかった。七月末になっても、ドイツとロシア両国の皇帝は平和を望み、平和を保つであろうと期待した。ロシアで動員が始まっても、フランスは平和気分にひたっていた。その直後、ドイツで動員が発せられると、初めて戦争気分が生じる。フランスの世論では、ドイツとの戦争は望まないが、開戦となれば、それに応じた覚悟は醸成されていった。七月三十一日、ドイツは、ロシアとフランスに最後通牒を送る。フランスに対しては、独露開戦の場合、フランスの態度を問うものであった。フランスの回答は「自国の利益に従うのみ」であった。この意味は不明瞭であるが、フランスはロシアに同盟の義務を負うているから、それの履行をもってフランスを非難するわけにはいかない。フランスは八月二日、総動員令を発動し、翌日ドイツの対仏宣戦布告となった。フランス政府は、フランス国民に一致団結と断固として祖国を守るよう求めた。

ニッポルトの批評。ドイツ参謀本部はフランスを素早く打倒した後、ロシアに対抗しようと戦闘を急いだ。フランスにも、このヨーロッパ戦争への責任はあるが、戦争を望んだわけではなく、ロシアとの軍事同盟の犠牲となったのである。

次に英国について。この国ほど戦争を避けようと努力した国はない。すでに示したように、英国は七月二十六日、当事国でない英・独・仏・伊の四カ国による仲介の提案を行った。しかしドイツの拒否にあった。大戦前史において注目すべきは、ドイツが戦争となった場合、英国に中立を強く要求した事実である。七月二十九日、ベルリン駐在英国大使エドワード・ゴウシェンは、ドイツ帝国宰相ベートマン・ホルヴェークとの会談を本国に報告している。

「宰相はヨーロッパの紛争が不可避となった場合、ドイツはロシアがオーストリアを攻撃することを恐れている。ドイツはオーストリアの同盟国としての義務を果たさねばならない（たとえ平和を希望していたとしても）。そして宰相は、英国の中立を望んだ。中立があれば、英国はドイツとの友好的協定を期待してよい。またドイツがフランスに勝利しても、フランスからの領土要求はないと。ゴウシェンは、宰相にフランス植民地についてはどうかと問うと、これは同様とはまだ言えない。オランダの独立と中立はドイツの敵国がそうであるなら約束する。ベルギーについては、フランスの態度次第である。戦争後、ベルギーが反独的でないなら、その独立は守る。」（英国外交青書）

翌日、英国外相グレイはゴウシェンに変電する。

「ドイツ宰相の提案には応じられない。フランスが敗北して強国の地位を失い、ドイツの政策に服するのを見逃すわけにはいかない。さらにフランスを差し置いて英国がドイツと通商条約を結ぶなど恥さらしである。」（英国外交青書）

ニッポルトの評。この交渉から、ドイツの平和への志向はきわめて小さい。もしドイツがフランスに勝利したら、フランス植民地の獲得を考えており、これは全ドイツ派の構想がドイツ政府にも及んでいると言える。

ドイツが「戦争危険状態」を宣言した後でも、英国王は、ロシア皇帝、ドイツ皇帝宛、平和を求めている。その後、ロンドン駐在ドイツ大使リヒノフスキーは、本国に打電する。もしドイツが対仏戦のため、ベルギーの中立を侵犯したら、英国の世論は大きく変化し、英国政府を揺るがすであろう、と。事実、英国世論の動きは、八月四日の対独宣戦となったのであった。

第一次世界大戦の開戦にあたって、真っ先に宣戦布告したのはドイツであった。この国の戦争における役割と責任は、すでに諸強国に関する叙述の中で明らかにされているように見える。

しかしドイツは、ヨーロッパの平和を守るため、あらゆる努力をしたと力説している。一九一四年七月三十一日の「北ドイツ・アルゲマイネ新聞」の記述は次のようなものである。

「ドイツは初めから、セルビアとの紛争はまったくオーストリア＝ハンガリーとセルビアのみにかかわるものとの立場をとっている。われわれは、ヨーロッパの平和を守るため、あらゆる努力をしてきた。オーストリアも、列強に対して何ら征服を意図せず、セルビアの領土に介入するつもりはないと声明した。これはペテルスブルクにも強く伝えてある。われわれは同盟国（オーストリア）にもそれを忠告した。またウィーンとペテルスブルクとの間の仲介にも手をのばした。」

しかしこの仲介の行動は正しくない。なぜなら七月二十六日、オーストリアがセルビアに宣戦布告の後、英国外相グレイが共同仲介の提案を行った時、ドイツはこれを拒否したからである。グレイの提案は、独・仏・英・伊の大使がロンドンに集って会議を開こうというものであった。このロンドンの大使会議は、一九一二年のバルカン戦争に際して開かれた大使会議と同様、四カ国が状況を分析して解決の手段を討議しようというものである。つまりオーストリアとセルビアとの紛争を避け、ロシアとオーストリアにその共同提案を伝えるのである。これは四カ国による一種の集団仲介で、一八九九年のハーグ平和会議の第三条に基づくものであった。即ちそれによると、調印した各国は、紛争に加わらない諸国が、自らの発意で紛争当事国に周旋ないし仲介を申し出ることが有益であるとするものである。ニッポルトは考える。この共同提案は、当時の状況から見てもったも有効なものであろう。グレイの提案が受け容れられたら、ヨーロッパ戦争は十中八、九避けられたと思われる。この提案は、ドイツを除く各国に受け容れられた。ドイツは、この紛争はオーストリアとセルビア二国間のみの問題だとの見解に立って、ドイツ単独で両紛争国と交渉すると声明した。

ドイツの共同仲介拒否は、列国から激しい非難を浴びることになった。この拒否の理由は、そのような会議は、性格上、仲裁裁判のように見えるからであるという。今日知られる史料によると、ドイツ帝国宰相ベートマン・ホルヴェークは、「われわれは、セルビアをめぐる紛争において、オーストリアをヨーロッパ法廷に引き出すことはできない」と述べている。

ニッポルトの評。紛争中の列強のための仲介は、決して仲裁裁判ではない。今、ヨーロッパ戦争が死活の問題になっている時、国際法上認められているこの方途が、形式的理由で拒否されるべきではない。またこの提案が仲介でなく、仲裁裁判であったとしても、ドイツはその行動をとったほうが、拒否によって全ヨーロッパに戦争の火の手をあげるよりも千倍も良いことではなかったかと考えるべきであろう。

ニッポルトは断言する。ドイツ政府は、この拒否によってヨーロッパ戦争の共同責任を引き受けてしまった。将来の歴史記述は、この事実を避けて通らないであろう。もしドイツが、この重大な瞬間に拒否的な態度をとらなかったならば、この判決はなかったであろう。ドイツ政府が、グレイの提案に反対ならば、これに代わる対案を出すべきであった。例えば、ロンドンでなくベルリンで行いたいというような案で、これなら他の列強も反対しなかったであろう。しかしドイツは共同の行動に代わって単独でオーストリアと交渉した。前述した通り、この紛争をオーストリア、セルビア二国間にものとみなし、平和的解決を願って交渉したというものの、オーストリアには好きなようにさせ、ロシアには自制を促した。つまりドイツの外交は、平和のための行動とはしてはいたが、戦争が牛じるに違いないとの意識もあったのである。

ニッポルトはさらに、ドイツが強国として国際法の遵守より国家主権を優先し、国益のために戦争権を行使したと考える。このことは、一八九九年、一九〇七年のハーグ平和会議において、国際法の制定に対して、最も抵抗したのがドイツであったことからも明らかであるとする。

さてヨーロッパ大戦勃発直前の危機に際して、なおこれを回避する手段はなかったのであろうか？ニッポルトは言う。全ヨーロッパはこの危機に対し、あえて割って入る政治家、君主を待ち望んでいた。彼は当時次のように考えた。「ヨーロッパ戦争を止められる人は、ただ一人ドイツ皇帝である。彼は世界の中で平和の擁護者として知られていた。(16) フランスでもロシアでも、皇帝が旅行から帰ってからの行動に大きな期待がかけられていた。皇帝のみならず、帝国宰相ベートマン・ホルヴェークやドイツ外交官たちも、平和を求めて努力したことは疑いない。これは繰り返して言いたい。しかし皇帝からの救いの言は発せられなかった。ドイツ軍部は、あらゆる手段を講じて、ドイツの軍事的優位を信じ、長年の目標を達せんとした。皇帝の中では、政治的人間的判断と軍事的判断とが激しく闘ったに違いない。しかし軍事的思考がついに勝利したのだ！」

ニッポルトは、一九一四年七月三十日付の社会民主党の機関紙「前進」（フォーアヴェールツ）の記事を載せている。

「ヴィルヘルム二世の平和愛好は認められている。しかし戦争屋の君側の奸が働きかけ、恐るべきことをしようとしている。それは大規模戦争、世界放火、全ヨーロッパの荒廃である。ドイツはオーストリアに働きかけることこそ第一の仕事である。《前進》は、もしオーストリアが穏健を求める勧告を聞かず、良心を失ったとしても、ドイツがいかなる場合でも、オーストリアと行動をともにしないよう求めている。なぜなら、ドイツのプロレタリアートは平和を欲しており、紛争の解決を求めているからである。しかし戦争屋は皇帝と宰相を王手詰めにし、戦争の女神を呼び出そうとしている。」

ニッポルトは、日本の参戦について論評している。一九一四年八月二十三日、日本のドイツに対する宣戦布告はドイツにとって大きな驚きであった。ドイツは明治維新以来、日本の近代化に最も貢献したとの自負を抱いていた。ドイツ人は、日本人の師であるから、その日本がドイツに宣戦するとは、まさに「恩知らず」と激しい非難の声が上がったのである。

日本の参戦は、一九〇二年以来の日英同盟の誼によるとの通説があるが、この同盟は両国の防衛のためであり、英国が先んじて戦端を開いた以上、日英同盟が日本の参戦の理由にはならない。事実、八月四日、日本政府はまず中立を宣言している。しかし同月二十三日、日本はドイツに宣戦布告する。これは東アジアの海域に遊弋《ゆうよく》するドイツ海軍によって、日本の利益が損なわれるからであり、日本の参戦は、日本の国益追求のために戦争権を行使したのである。しかしニッポルトは、この時、日本人の心中深く、ドイツへの復讐心が隠されていたと見る。それは一八九五年日清戦争後、ロシア、ドイツ、フランスの三国干渉の結果、下関条約によって清国から割譲を約された遼東半島の清国への還付を強いられた時に育まれた。仏・露の日本への勧告文は、穏健な内容のものであったが、ドイツ公使フォン・グートシュミートは、和訳付きの勧告文の中で、「三国に対する戦いは、所詮日本国に望みないことであるがゆえに」との屈辱的な文言をもって威嚇した。[17]全く予期しなかったドイツの干渉参加によって、日本のドイツに対する態度はにわかに冷却した。日本人はこれを深く憾《うら》みに思い、その後長く忘れることがなかった。しかしニッポルトは、日本に与えられた屈辱は、ドイツのみならず、一八五八年の幕末の通商条約における不平等の強制から発していると考える。日本人の復讐心は、不平等を押しつけた欧米諸国すべてに向けられる。具体的には、まず日露戦争の際のロシアに対し、次いで第一次大戦におけるドイツに対する戦いであった。この戦争において日本は、またアジア人のため、欧米の支配下にあるアジアの解放を理想として掲げていた。それゆえ、日本人は近い将来には、次に英米に対して復讐の刃を向けることもあろうと予言するのである。

戦中戦後の行動

第一次世界大戦勃発直前の七月二十九日スイスに戻ったニッポルトは、「新チューリヒ新聞」等において、ドイツ軍国主義を批判し、平和の回復を訴える論陣を張った。[18] 戦争がドイツの敗北に終わると、彼は一九二〇年、ドイツ軍の中立国ベルギー、ルクセンブルク侵犯を国際法違反とする論文を発表している。[19] しかしドイツと勝利の連合国とのヴェルサイユ講和条約が締結され、ワイマール共和国となった敗戦国ドイツに、「単独戦争責任」を負わせるという厳しい条件が課せられると、ニッポルトは、ドイツの戦争責任に触れる彼の原稿の公開を控えるようになった。彼はまた一九二〇年、国際連盟によってドイツから離れて連盟の信託統治下に入ったザール地方の最高裁判所長官に任ぜられた。そこで彼は中立的立場を守るため、ますますドイツに対する政治的発言を避けるようになったのである。

ナチス党を率いるヒトラーが政権を握ったのは一九三三年一月三十日である。ニッポルトは一九三四年までザール地方にあったが、この地が住民投票によってナチス・ドイツに再編入されることになったのは、一九三五年一月である。この後、ニッポルトはスイスに隠棲し、一九三八年七月六日ベルンに没した。

彼は戦争直後、ドイツのために祈るがごとき気持ちで次のように記していた。

「私はドイツ国民がその優れた特性にふさわしい未来があるように希望している。しかしまさにそれゆえに私は、この優れた民族が誤れる方向に陥ることによって引き起こす危険を警告せずにいられない。それはドイツのみならず全世界にとって破滅のもととなる方向である。それは現実的にドイツ帝国の運命の時であるのに、今日、この重大な時について十分注目を浴びていないのである。それゆえ、ドイツ民族が直ちにこの心理を認識するように祈る！」[20]

ニッポルトは自らの理想とドイツへの期待とが、ナチス・ドイツによって次第に裏切られていくのを悲痛な思いで見ていたであろう。

第一次世界大戦の開始とともに、その原因について筆を執り、戦争終了まで推敲を重ねて完成したニッポルトの原稿「ヨーロッパ戦争の原因」は、世に出ぬまま、彼の死後はベルンのブルガー図書館に「ニッポルト遺稿」として収められ、長く人の眼に触れられなかった。[21] 筆者がスイス連邦政府奨学生としてベルン大学にあったのは、一九六二年から三年間であった。その時、オトフリート・ニッポルトの甥（妹の子）にあたるドイツ文学教授のヴェルナー・コールシュミット氏との知遇を得、ニッポルトの存在を知り、彼の日本に関する三つの書（本訳書）を入手することができた。その後、一九七二年、一九八一年、一九八八年にドイツ、スイスに滞在した際、ブルガー図書館収蔵の彼の「遺稿」の存在を知り、それらの史料に支えられて、一九九五年拙著『ドイツ人とスイス人の戦争と平和』が刊行された。二〇〇三年秋、東京在住のドイツ人の研究団体東アジア協会（ＯＡＧ）の月例会で、筆者がニッポルトの原因論について講演した際、この遺稿の史料としての大きな価値を見出したハラルド・クラインシュミット氏（国際政治学者、筑波大学教授）は、翌年からベルンの同図書館を訪れ、入念な編集作業の後、二〇〇五年ドイツで、『ヨーロッパ戦争の原因についての真相、日本、第一次世界大戦の開始と国際法による平和維持』の書が刊行されたのである。筆者も、この書の序文にオトフリート・ニッポルトの生涯とその業績を紹介した。[22]

この書の出版を機に、オトフリート・ニッポルトの説く国際法の理想と、第一次世界大戦の原因を、勃発直後早くも執筆した、その洞察力、そして彼の滞日中及びスイス帰国後に発表した日本観と日本への好意的な観察が、改めて世に知られることを願うものである。

（1）ニッポルトの経歴については、次の書によった。Kommission für bernische Hochschulgeschichte (Hrsg). Die Dozenten der bernischen Hochschule,Ergänzungen zu : Hochschulgeschichte (Bern,1984)

（2）Otfried Nippold,Der völkerrechtliche Vertrag, seine Stellung im Rechtssystem und seine Bedeutung für das internationale Recht, Bern 1894

（3）Otto von Bismarck, Die gesammten Werke, Bd,8, Berlin 1921,S.64f.

（4）Otfried Nippold, Die Fortbildung des Verfahrens in völkerrechtlichen Streitigkeiten,Leipzig 1907

（5）クローチェ著、坂井直芳訳『十九世紀ヨーロッパ史、自由の発展史』創文社、一九五七年、三頁

（6）Nippold,Der völkerrechtliche Vertrag, S.280 f.

（7）Ludwig Dehio, Deutschland und Weltpolitik im 20.Jahrhundert, 1955, S.13.

（8）第一次世界大戦末期に短期間、ドイツ帝国宰相であったゲオルク・ミヒャエリスは、ニッポルトの前任者として独逸学協会学校で法律を教えていた。彼が東京から故国に送った一八八七年二月一日付の手紙によると、「フランスが絶好の時を選んで攻撃をしかけるのを待つのは誤り」であるという「クロイツ新聞」に記事に賛意を表して「予防戦争論」を展開している。Bert Becker(Hrsg.)

Georg Michaelis, Ein preussischer Jurist in Japan der Meiji-Zeit, Briefe,Tagebuchnotizen, Dokument (1885-1889) München 2001,S.343

（9）Bertha Suttner, Die Waffen nieder, Wien 1889

（10）Dieter Riesensberger, Geschichte der Friedensbewegung in Deutschland, Von den Anfängen bis 1932 Göttingen 1985,S.43f.

（11）Fritz Hartung, Deutsche Geschichte 1871-1919, Leipzig S.267

（12）ニッポルトの避戦・平和運動の詳細については、拙著『ドイツ人とスイス人の戦争と平和』南窓社、一九九五年、第二部第一章「国際理解のための連盟とニッポルト」五二―八一頁参照。

（13）Frankfurter Zeitung,Nr.131, 13. Mai 1910, S.2

（14）d'Estournelles de Constant, Frankreich und Deutschland, In : Veröffentlichungen des Verbandes für internationale Verständigung, Heft 5, 1913

（15）Nippold, Das Völkerrecht und der jetzige Krieg, In : Politisches Jahrbuch der Schweizerischen Eidgenossenschaft, Bd.28, 1915

（16）ドイツの平和運動家フリートも、ヴィルヘルム二世の平和への役割に期待していた。Alfred Fried, The German Emperor and the Peace of the World, London, 1912

（17）外務省編『日本外交年表並主要文書』上、原書房、一九六九年、一七〇頁。

（18）ニッポルトの「新チューリヒ新聞」上の論争については、次の書を参照。Gustav Adolf Lang, Die Kontroverse um Kriegsursachen und Friedensmöglichkeiten 1914-1918 in Rahmen der „Neuen Zürcher Zeitung" Zürich 1968

（19）Otfried Nippold, Die Verletzugen der Neutraltät Luxenburgs und Belgiens, Zürich 1920

（20）Nippold, Grundsätzen der deutschen Kriegsführung, Zürich 1920

（21）Bürgerbibliothek Bern, Mss. h.h. XXX III.74, Nachlaß Nippold

（22）Otfried Nippold, Die Wahrheit über die Ursachen des europäischen Krieges, Japan, der Beginn des Ersten Weltkrieges und die völkerrechtlichen Friedenswahrung, heraus gegeben von Harald Kleinschmidt und eingeleited von Akio Nakai, München 2005

— Heinrich Lamarsch als Völkerrechtsgelehrter und Friedenspolitiker, In : Heinrich Lamarsch, Hrsg. von Marga Lamarsch und Hans Sperl, Wien 1922, S.118–153(SLB : N 35560/15)
— The Development of International Law after the World War, Oxford 1923 (StUB, : J.L.XLII 8, 38)
— Problem der Völkerbundsreform, In : Der Bund, Bern1936 (SLB : N 39860/12)

〈2. 日本に関するもの〉
— Wanderngen durch Japan, Briefe und Tagebuchblätter, Jena 1893 (StUB, : L.G.13468)
— Die Entwicklung Japans in den letzen fünfzig Jahren, Bern 1904 (SLB : N 3300/21)
— Ein Blick in das europafreie Japan , Frauenfeld 1905 (SLB : N 3790/22)

〈3. ドイツに関するもの〉
— Das Deutsche Reich und die zweite Haager Friedenskonferenz, In : Deutsche Revue, Februar 1908(SLB : NGb4490)
— Der deutsche Chauvinismus, 2.Auflage, Stuttgart 1913 (Veröffentlichungen des Verbandes für internationale Verständigung,H.9)
— L' Allemagne et la paix, Paris 1918 (StUB : Hist.var.2123)
— Deutschland und das Völkerrecht, 2 Bände, Zürich 1920 (SLB : N 84429)
— Le Chauvunisme allemand, Traduction française faite sur la nouvelle éd , augmentée d 'un nombre considérable d 'extraits nouveaux, Paris(SLB : N20384)
— Das Saarregime nach eigenem Erleben, In : Neue Zürcher Zeitung, Zürich 1935 (SLB : N38059/16)

〈4. スイスに関するもの〉
— Rechtsgutachten über die Grenzverhältnisse an Doubs zwischen Frankreich und dem Kanton Bern, Im Auftrag der Baudirektion des Kanton Bern erteilt von Otfried Nippold, Bern 1909(SLB : Nq 5600/31)
— Die Schweiz und der künftige Friede, Bern 1915 (SLB : N 1400/15)
— Neutrale Pflichten und nationale Aufgaben, Vortrag gehalten vor Freistudentenschaft Zürich, (StUB : H.var.3343)
— Neutraltät und Völkerrecht,Zürich 1917 , In : Neue Zürcher Zeitung.(StUB)
— Das Erwachen des deutschen Volkes und die Rolle der Schweiz, Zürich 1917.(SLB : N16430/24; dito, französisch : N 17030/19)
— Der Völkerbundsvertrag und die Frage des Beitritts der Schweiz, Bern 1919.(SLB : N18446)

〈5. 回顧録〉
— L' Allmagne avant la guerre , Souvenirs 1909-1914, Bern 1918.(SLB : N17680)
— Meine Erlebnisse in Deutschland vor dem Weltkriege(1909-1914),Bern,1918(SLB : N177330 /23)
— Berner Erinnerungen, Jena 1932.(SLB : N34300/25)

ニッポルトの著作一覧

彼の著書のうち、本書266頁（注22）に記されているように、生前には公開されることなく、2005年に初めて出版された『ヨーロッパ戦争の原因』は、第一次世界大戦勃発百周年に先立って、新たに注目される書と思われる。その他、ベルンの市立･大学図書館 Stadt- und Universitätsbibliothek(StUB)、スイス国立図書館 Schweizerische Landesbibliothek(SLB) に収蔵されているニッポルトの著作を下記に掲げる。

〈1. 国際法、国際関係に関するもの〉

— Der völkerrechtliche Vertrag, seine Stellung im Rechtssystem und seine Bedeutung für das Internationale Recht, Bern 1894,(StUB : Jus.840)

— Ein Haupterreignis der zweiten Haager Friedenskonferenz, In : Deutsche Revue, Dez.1907 (SLB : NGB 4491)

— Die Fortbildung des Verfahrens in völkerrechtlichen Streitigkeiten, Ein völkerrechtliches Problem der Gegenwart , speziell im Hinblick auf die Haager Friedenskonferenzen, erörtert von O. Nippold, Leipzig 1907 (SLB : N 5544)

— Diplomatie und Völkerrecht, Deutsche Revue, Dez. 1908.(SLB : NGb 4489)

— Die zweite Haager Friedenskonferenz, 2.Teile, Leipzig 1908-1911 (SLB : N 14306)

— Das Geltungsgebiet des Völkerrechts in Theorie und Praxis, Zeitschirift für Völkerrecht und-Bundestaatsrecht 2, 1908 (SLB : NGb 4455)

— Die auswärtige Politik und die öffentliche Meinung, Stuttgart 1912 (Veröffentlichung des Verbandes für internationale Verständigung,H.2) (SLB : N 15270/22)

— Die Friedensbewegung, Würzburg,München 1913 (Korrespondenz des Verbandes für internationalen Verständigung, II. Jg. Nr.2) (StUB : Jus var.1883)

— Vorfragen des Völkerrechts, In : Jahrbuch des öffentlichen Rechts 7, 1913.(SLB : NGbq 630)

— Ziele und Aufgaben dse Verbandes für internationale Verständigung,Stuttgart 1913 (Veröffentlichungen des Verbandes für internationale Versändigung.H.10) (SLB : V)

— Das Völkerrecht und der jetzige Krieg, Bern 1914, In : Jahrbuch der schweizerischen Eidgenossenschaft(StUB : Jus.var.7560)

— Sammlung von Briefen,Broschüren, Zeitungsartikeln usw. Über den Völkerbund und Pazifismus 1914-1925 (StUB : Jus,var.13314/1-4)

— Die Gestaltung des Völkerrechts nach dem Weltkriege, Zürich 1917.(SLB : N 16403)

— Meine offene Korrespondenz mit Prof. Philipp Zorn,Prof. Ludwig von Sybel,Prinz Alexander zu Hohenlohe, Bern 1918.(SLB : N 17580/4)

— Aus der völkerrechtlichen Literatur der Kriegsrecht, Zürich 1919. In : Schweiz.Juristenzeitung, Jg.15, 19 (StUB : Jus.var.7561)

— Durch Wahrheit zum Recht, Kriegsaufsätze, Bern 1919 (SLB : N17783)

— La Georgie du point de vue du droit international ; Bern 1920 (SLB : N 17783)

〔著者紹介〕オトフリート・ニッポルト（Otfried Nippold、1864年－1938年）
1864年生まれ、少年時代、スイスで生活。ベルン、ハレ、チュービンゲン、イエーナの各大学で法学を学び、1886年、イエーナ大学で主専攻の国際法の論文によって、博士学位を得た。1889年に来日、3年間独逸学協会学校（今日の独協大学の前身）で、法律、ことに国際法を講じた。1892年、スイスに定住し、市民権を得た。国際法学者として、国際平和を説き続け、第一次大戦直後に『ヨーロッパ戦争の原因』を執筆。1938年歿。

〔編訳者紹介〕中井 晶夫（なかい あきお）
1927年生まれ。上智大学名誉教授。
主な著書に『初期日本＝スイス関係史』（風間書房、1971年）、『ヒトラー時代の抵抗運動』（毎日新聞社、1982年）、『権力と人間―第二次大戦前後の諸潮流』（彩流社、1988年、共著）『ドイツ人とスイス人の戦争と平和―ミヒャエリスとニッポルト』（南窓社、1995年）、*Preussen,die Schweiz und Deutschland aus japanischer Sicht,* München 2014 .
訳書に『日本』（全9巻のうち、巻1、巻2）（シーボルト著、雄松堂書店、1978年）などがある。

えにし書房
Enishi Shobo

西欧化されない日本
スイス国際法学者が見た明治期日本

2015年 3月5日 初版第1刷発行

■著者　オトフリート・ニッポルト
■編訳者　中井晶夫
■発行者　塚田敬幸
■発行所　えにし書房株式会社
〒102-0073 東京都千代田区九段北1-9-5-919
TEL 03-6261-4369　FAX 03-6261-4379
ウェブサイト　http://www.enishishobo.co.jp
E-mail　info@enishishobo.co.jp

■印刷／製本　モリモト印刷㈱
■DTP・装幀　板垣由佳

ISBN978-4-908073-09-0 C0021

周縁と機縁のえにし書房

丸亀ドイツ兵捕虜収容所物語

高橋輝和 編著／四六判上製／ 2,500 円+税　　978-4-908073-06-9 C0021

青島を占領した日本軍は多くのドイツ軍兵士を捕虜とし、日本各地の捕虜収容所に収容した……。そのなかで、板東収容所に先行し、模範的な捕虜収容の礎を築いた丸亀収容所に光をあて、豊富な資料から当事者達に自らの声で色々な出来事を語らせ、収容所の歴史や生活を明らかにする。

語り継ぐ戦争

中国・シベリア・南方・本土「東三河８人の証言」

広中一成 著／四六判並製／ 1,800 円+税　　978-4-908073-01-4 C0021

かつての“軍都”豊橋を中心とした東三河地方の消えゆく「戦争体験の記憶」を記録する。戦後 70 年を目前に、気鋭の歴史学者が、豊橋市で風刺漫画家として活躍した野口志行氏（1920 年生まれ）他いまだ語られていない貴重な戦争体験を持つ市民８人にインタビューし、解説を加えた、次世代に継承したい記録。

朝鮮戦争

ポスタルメディアから読み解く現代コリア史の原点

内藤陽介 著／ A5 判並製／ 2,000 円+税　　978-4-908073-02-1 C0022

「韓国／北朝鮮」の出発点を正しく知る！　ハングルに訳された韓国現代史の著作もある著者が、朝鮮戦争の勃発―休戦までの経緯をポスタルメディア（郵便資料）という独自の切り口から詳細に解説。退屈な通史より面白く、わかりやすい、朝鮮戦争の基本図書ともなりうる充実の内容。

ぐらもくらぶシリーズ① 愛国とレコード

幻の大名古屋軍歌とアサヒ蓄音器商会

辻田真佐憲 著／ A5 判並製／ 1,600 円+税　　978-4-908073-05-2 C0036

軍歌こそ“愛国ビジネス”の原型である！　大正時代から昭和戦前期にかけて名古屋に存在したローカル・レコード会社アサヒ蓄音器商会が発売した、戦前軍歌のレーベル写真と歌詞を紹介。詳細な解説を加えた異色の軍歌・レコード研究本。

誘惑する歴史　誤用・濫用・利用の実例

マーガレット・マクミラン 著／**真壁広道** 訳

四六判上製／ 2,000 円+税　　978-4-908073-07-6 C0022

歴史、取り扱い注意！ サミュエル・ジョンソン賞受賞の女性歴史学者が驚くべき博識で真摯に歴史に向き合い、安直な歴史認識を戒める。歴史と民族・アイデンティティー、歴史的戦争・紛争、9.11、領土問題、従軍慰安婦問題……。歴史がいかに誤用、濫用に陥りやすいかを豊富な実例からわかりやすく解説。